公司企业法学(第四版)

徐新意 编著

華東理工大學出版社
EAST CHINA UNIVERSITY OF SCIENCE AND TECHNOLOGY PRESS
·上海·

图书在版编目(CIP)数据

公司企业法学/徐新意编著.—4版.—上海：华东理工大学出版社，2021.8

ISBN 978-7-5628-6531-5

Ⅰ.①公… Ⅱ.①徐… Ⅲ.①公司法—法的理论—中国②企业法—法的理论—中国 Ⅳ.①D922.291.911

中国版本图书馆CIP数据核字(2021)第115594号

项目统筹 / 左金萍
责任编辑 / 陈　涵
装帧设计 / 徐　蓉
出版发行 / 华东理工大学出版社有限公司
地址：上海市梅陇路130号，200237
电话：021-64250306
网址：www.ecustpress.cn
邮箱：zongbianban@ecustpress.cn
印　　刷 / 广东虎彩云印刷有限公司
开　　本 / 787 mm×1092 mm　1/16
印　　张 / 18
字　　数 / 393千字
版　　次 / 2006年8月第1版
2021年8月第4版
印　　次 / 2021年8月第1次
定　　价 / 58.00元

第四版前言

2020 年 5 月 28 日，第十三届全国人民代表大会第三次会议通过了《中华人民共和国民法典》（以下简称《民法典》）。《民法典》对我国现行的民事法律制度规范进行了系统整合，是一部适应新时代中国特色社会主义发展要求、符合我国国情和实际、内容完整并协调一致的法典。《民法典》"附则"明确："本法自 2021 年 1 月 1 日起施行。《中华人民共和国婚姻法》、《中华人民共和国继承法》、《中华人民共和国民法通则》、《中华人民共和国收养法》、《中华人民共和国担保法》、《中华人民共和国合同法》、《中华人民共和国物权法》、《中华人民共和国侵权责任法》、《中华人民共和国民法总则》同时废止。"

《民法典》没有直接影响《中华人民共和国公司法》（以下简称《公司法》）、《中华人民共和国个人独资企业法》（以下简称《个人独资企业法》）和《中华人民共和国合伙企业法》（以下简称《合伙企业法》），但间接影响了《公司法》的施行。为此，2020 年 12 月 31 日，为了与《民法典》施行相配合，中华人民共和国最高人民法院发布了法释〔2020〕18 号文件，对原来发布的《最高人民法院关于适用〈中华人民共和国公司法〉若干问题的规定》（以下简称《〈公司法〉司法解释》）（一、二、三、四、五）作了较大幅度修改。为此，本书中与此相关的内容已经不能适应时代发展，必须修订。

另外，2019 年 3 月 15 日，第十三届全国人民代表大会第二次会议通过了《中华人民共和国外商投资法》（以下简称《外商投资法》）。该法第四十二条规定："本法自 2020 年 1 月 1 日起施行。《中华人民共和国中外合资经营企业法》、《中华人民共和国外资企业法》、《中华人民共和国中外合作经营企业法》同时废止。本法施行前依照《中华人民共和国中外合资经营企业法》、《中华人民共和国外资企业法》、《中华人民共和国中外合作经营企业法》设立的外商投资企业，在本法施行后五年内可以继续保留原企业组织形式等。具体实施办法由国务院规定。"所以，本书之中有许多关于《外商投资法》的内容，随着相关法律被废止，已经不能适应时代的发展，必须修订。

同时，2019 年 12 月 28 日，第十三届全国人大常务委员会第十五次会议重新修订了《中华人民共和国证券法》（以下简称《证券法》）。2020 年 3 月 1 日起施行的新《证券法》确立了证券发行注册登记制度，对原《证券法》作了较大幅度的修改。公司法律制度与《证券法》紧密相关。《证券法》修订内容涉及本书的一些内容，这些内容必须修订。

本书第三版发行之后，2018 年 10 月 26 日，第十三届全国人民代表大会常务委员会第六次会议修订了《公司法》，修订了原《公司法》第一百四十二条，增加了股份有限公司收购自己股份的新途径。2017 年 8 月 28 日，最高人民法院通过了《〈公司法〉司法解释（四）》，完善了公司股东会或者股东大会决议效力、公司治理等方面制度。2019 年 4 月 22 日，最高人民法院通过了《〈公司法〉司法解释（五）》，就股东权益保护案件进行规范。所以，为了吸收这些新的公司法律制度，本书必须进行修订。

本书最初出版发行是在 2006 年 8 月，其中有许多关于“2005 年《公司法》修订变化”的内容。在当时来看，这些内容很有意义。但是，如今这些内容已显得不合乎时代。所以，这些内容必须进行修改。

2020 年 5 月 28 日，教育部印发《高等学校课程思政建设指导纲要》，要求高校把思想政治教育贯穿人才培养体系和全面推进高校课程思政建设，发挥好每门课程的育人作用，全面提高人才培养质量。公司企业法课程具有天然育人作用，却缺少与之相适应的教材。为此，笔者利用此次修订，增加了大量案例，优化了案例分析，评析了其中的主体做人做事的得失，以期得到读者内心呼应，继而提高读者道德修养。

总之，近年来关于公司的相关法律有很大变化，还增加了新的司法解释，这是笔者必须修订本书的原因。同时，为了更好地落实《高等学校课程思政建设指导纲要》，笔者也很愿意为本书添加一些育人的内容。

常州大学史良法学院对本书的再版给予了大力支持，在此表示感谢。

徐新意[①]

2021 年 5 月 21 日

① 274424527@qq.com

第三版前言

由于对《合伙企业法》作了重大修改，最高人民法院陆续出台了《公司法》相关的司法解释，为此，笔者在2012年9月修订了《公司企业法学》。由于国内外经济形势的巨大变化，我国调整了经济发展战略，简化了政府对企业的管理，降低了公司成立的门槛。

2013年12月28日，第十二届全国人民代表大会常务委员会第六次会议通过了《关于修改〈中华人民共和国海洋环境保护法〉等七部法律的决定》。这七部法律就包括《公司法》。现《公司法》对原法修订的部分有十二处之多，对原法中关于公司资本制度作了颠覆性的修改。另外，现《公司法》删除了原法第二十九条，导致原法第二十九条后面的全部条文顺序必须作相应的调整。为此，现《公司法》表面上只是对原法十二个法条进行了修订，事实上，新法对原法绝大多数法条进行了修订。据统计，原法中没有任何变化的条款只有二十四条，其他近二百条都有变化。其中，十二条的内容有实质性变化，其他的则是法条顺序发生变化。

这次《公司法》的修订，导致本书许多内容必须作调整，否则就不合时宜，甚至被认为是错误的。主要表现在：第一，本书原阐述的公司资本制度不是我国现行的制度，无法反映新法的精神；第二，本书的公司法章节引用了许多法条，由于新法对原法法条第二十九条后的全部法条顺序作了调整，直接导致大量法条与法条内容不配套的尴尬局面。

最关键的是，本次《公司法》的修订，还导致新法自身存在致命的立法错误。新法调整了第二十九条后的全部法条顺序，但没有修改《公司法》本身引用的第二十九条后的法律条文，导致新法中引用的条款内容与实际内容不相符。据统计，这种情形共有十九处之多。例如，现《公司法》第一百八十一条第一款规定："公司有本法第一百八十一条第(一)项情形的，可以通过修改公司章程而存续。"该法条存在明显错误：现《公司法》第一百八十一条第(一)款没有表述任何情形，不是该法条真正指向的内容。实际上，这里的"公司有本法第一百八十一条第(一)项"是指现《公司法》第一百八十条第(一)项。现《公司法》已经将原第一百八十一条调整为第一百八十条，一百八十二条调整为第一百八十一条，但现《公司法》没有将现一百八十一条内容中的原"一百八十一"调整为"一百八十条"。这样的立法瑕疵必须纠正。

所以，从表面上看，此次《公司法》修改幅度不大。由于删除了原《公司法》第二十九条，调整了其后的全部法条顺序，最后有一百九十五个法条发生变化。为此，《公司企业法学》第二版中的许多内容就无法适应这样的立法变化。同时，修订后的《公司法》还存在十九处明显瑕疵（前面已经阐述），重新修订《公司企业法学》似乎可以减少该立法瑕疵造成的影响。

此次修订包括三个方面：第一，公司设立条件减少，降低了公司成立门槛。除募集设立股份有限公司外，其他公司设立都无须实缴出资，没有最低注册资本要求，没有货币出资比例要求，没有注册资本到位的时间要求，没有验资机构验资并出具证明的要求。第二，本书中涉及《公司法》第二十九条后的全部法条顺序都向前调一位。该修订范围相当广，涉及章节特别多，甚至包括附录中的《公司法》法条。第三，本书附录中的现《公司法》涉及引用该法第二十九条后法条的、十九处没有作相应调整的，全部向前调一位，且字体加黑强调。

希望本次修订，能够为广大读者学习、运用公司企业法，提高公司企业管理水平，保护自己的合法利益提供一定的帮助。

徐新意

2016 年 4 月 15 日

第二版前言

《公司企业法学》出版至今，已经快6年了。在这6年的时间里，《中华人民共和国合伙企业法》修订通过，《中华人民共和国企业所得税法》和《中华人民共和国个人所得税法》修订通过，最高人民法院公布了《最高人民法院关于适用〈中华人民共和国公司法〉若干问题的规定(二)》和《最高人民法院关于适用〈中华人民共和国公司法〉若干问题的规定(三)》。新《中华人民共和国合伙企业法》对原法进行了较多幅度的修改，还增加了许多内容。新《中华人民共和国企业所得税法》废止了《中华人民共和国外商投资企业和外国企业所得税法》，统一了外资企业和内资企业所得税税率。《中华人民共和国个人所得税法》调整了个人所得税税率和个体企业的超额累进税税率。最高人民法院在总结司法实践经验的基础上，制定了《最高人民法院关于适用〈中华人民共和国公司法〉若干问题的规定(二)》这一司法解释文件，对在司法实践中审理公司解散和公司清算案件如何适用法律，作了全面的阐释和规定；最高人民法院制定的《最高人民法院关于适用〈中华人民共和国公司法〉若干问题的规定(三)》，对公司设立、出资、股权确认等纠纷案件如何适用法律，作了详细规定。这些都是近年来关于公司企业法律制度取得明显进步的标志。这样，修订《公司企业法学》的条件完全具备。

这次修订，增加了部分新的内容。新《合伙企业法》颠覆了原法基本结构，增加了许多全新的内容。所以，此次修订，对本书第12章的内容修改幅度较大。由于我国两大所得税法的修改，本书原第13章的内容就显得有点过时，所以此次修订，直接吸收了新法的规定，形成了一些新的内容。两个司法解释对人民法院审理公司设立、出资、股权确认、公司解散和公司清算纠纷案件如何适用法律，作了明确规定，所以此次修订，吸收司法解释的规定，在相关章节增加了“相关司法解释”等内容。希望修订后的本书能够为广大读者学习、运用公司企业法，保护自己的合法权益，提供一些帮助。

徐新意

2012年6月10日

第一版前言

多年前我就想写一本公司企业法教学用书，其中的原因不仅是因为自己对公司企业制度的兴趣，而且是为了教学的需要。我讲授公司企业法这门课已经多年，每次上课都有一种困惑：我国公司企业法法律制度和理论观念没有反映现代公司企业制度的发展状况，完全按照这种框架讲授，学生将无法学到真正有用的法律知识。为此，我在公司企业法课堂上尽可能给学生补充教材之外的内容。但由于这些内容没有教材文字，学生课前无法预习，课后不能复习，影响了教学效果。

2005 年 10 月 27 日第十届全国人民代表大会常务委员会第十八次会议对《中华人民共和国公司法》进行了修订并通过，自 2006 年 1 月 1 日起施行（本书中将本次修订后的《公司法》简称 2005 年《公司法》）。2005 年《公司法》吸收了许多近年来公司法理论研究的成果，也关注了公司运行中的实际问题，内容变化非常大。这样，以前出版的《公司法》教材都不再适用，反映 2005 年《公司法》的教材暂时又无法上市，学生和教师都没有合适的公司企业法教材。许多学生和朋友都极力要求我赶紧写一本适时的新教科书，而我所在的单位也给予了极大支持，于是我编写了本书。

公司企业法学是一门显科学。在西方发达国家，公司企业法理论非常发达，著述也极为丰富；公司企业法律制度也相当完善，司法经验十分丰富。而在我国，公司企业理论研究不够深入，公司企业法制发展历史很短，但却比较复杂。从 1993 年到现在，我国《公司法》经过了两次修正一次修订，其中 2005 年《公司法》将 2004 年《公司法》（根据 2004 年 8 月 28 日第十届全国人民代表大会第十一次会议《关于修改〈中华人民共和国公司法〉的决定》第二次修正，以下简称原《公司法》）绝大多数内容都进行了修改。另外，我国制定了三部外商投资企业法和相应的实施细则，还制定了《合伙企业法》和《个人独资企业法》。要将这些法律知识和基本理论在一本书中全部反映，并让读者能够很好地学习、运用相关知识，确实有较大的难度。为此，我在写作过程中提出了新的写作思路。

本书是在 2005 年《公司法》刚刚生效的大背景下写的，面对的读者主要是广大的已经研习过公司企业法学的人员。较原《公司法》，2005 年《公司法》有了很大的修改。为了便于已经研习过公司企业法学读者的学习，我在本书的每一章或者节前，专门用较大的篇幅阐述 2005 年《公司法》修改、增加或删除的内容。

公司企业法学是一门理论与实践性都很强的学科，学习并掌握相关知识具有一定的难度。国内公司企业法学书籍一般采取演绎逻辑的思维方式，即从一般原理到具体形式，先阐述公司企业法学基本理论，再具体介绍公司法、合伙企业法和个人独资企业法。但是，我认为一般人的学习方式是归纳逻辑方式，即从具体形式到一般原理。据此，本书先介绍公司法知识、合伙企业法知识和个人独资企业法知识，然后再总结出一般企业法知识，以指导读者选择适合自己的企业形式。

在我国，公司企业法学研究的对象较广，包括公司法、外商投资企业法、合伙企业法和个人独资企业法等。其中，外商投资企业法包括中外合资经营企业法、中外合作经营企业法和外资企业法。一般书籍将中外合资经营企业法、中外合作经营企业法和外资企业法单独阐述，这样，著作者比较容易写，但读者却难掌握。为此，本书将全部的外商投资企业法知识分解到公司法知识之中，让读者在学习公司法知识同时，可与外商投资企业法知识作比较，从而可以轻松而准确地掌握相关法律知识。

另外，本书特别关注著述的指导意义。读者通过阅读本书，不但可以了解公司企业法学的相关知识，而且可以运用这些知识来选择合适的企业形式，科学地运用新的企业制度，维护自己的合法权益，更好地管理和经营公司。

本书的形成得益于本人长期的教学过程。在这个过程中，学生对教学的反馈意见使我不断地调整思路、完善内容。因此，我需要向听过我公司企业法课程的所有学生致谢。

江苏工业学院对本书的出版提供了多方面的支持，在此表示感谢。

徐新意

2006 年 4 月

目　　录

第一章 公司与公司法概述

第一节 引 言

【案例】

张某是某大学二年级学生，有人请他在不需要实际支付任何费用的前提下，成为注册资本为1亿元人民币的甲有限责任公司的股东(以下简称“甲公司”)，且认缴1 000万元人民币，占公司注册资本的10%。张某很高兴，以为“天上掉馅儿饼”，自己要发大财了。但是，一年后，张某不但没有得到任何收益，反而收到了甲公司所在地B人民法院的传票。原来，A公司在B人民法院起诉张某，要求他以其认缴出资1 000万元人民币的范围内，承担甲有限责任公司无力向A公司支付的100万元人民币债务。张某这才意识到问题很严重，感到非常害怕。

为此，张某向学校法学院老师请教：自己是否可能败诉，而去承担这100万元人民币债务?

【案例分析】

《公司法》第三条规定：“公司是企业法人，有独立的法人财产，享有法人财产权。公司以其全部财产对公司的债务承担责任。有限责任公司的股东以其认缴的出资额为限对公司承担责任；股份有限公司的股东以其认购的股份为限对公司承担责任。”

本案中，甲公司是企业法人，有自己独立的法人财产，享有法人财产权。甲公司以其全部财产对公司的债务承担责任。甲公司的财产包括股东已经实际缴付的出资额及其收益，同时甲公司还享有要求公司股东按照章程规定缴付其尚未缴付出资的权利。同时，张某已经向甲公司认缴出资1 000万元人民币，但至今未实际缴付任何出资。甲公司无力偿还A公司100万元人民币债务，还需要100万元人民币来对A公司承担责任。

所以，张某应当以其认缴的出资额为限对甲有限责任公司承担责任。A公司在B人民法院起诉张某，在张某认缴的出资额1 000万元人民币的范围内，承担甲公司对A公司的100万元人民币债务，是合理合法的。张某应当对甲公司承担100万元人民币债务。

【评析】

世界上没有"天上掉馅儿饼"的好事，也没有无缘无故的好处和利益。当我们得到任何利益的时候，必须要思考这些利益的取得是否合法，是否存在风险。世上没有后悔药，一旦因为贪利而忘掉忧患，我们将无法回到过去。本案中，尽管张某为正在接受高等教育的大学生，但在利益面前放松警惕，最后导致自己必须承担自己无法承受之痛。

第二节　公司的概念与特征

一、公司的概念

公司是资本主义社会发展的产物，是世界性的经济组织形式。所以，要认识公司概念，必须对各国公司法进行比较分析。由于各国法律文化及公司法制度的差异，各国的公司概念不尽一致。

在英美法系国家和地区，公司是指数人出于共同目的而进行的组合，常常是为了营利而经营业务，对于合伙难以胜任的联合，一般采用这种组织形式。[①] 所以，英美法系国家和地区对公司的概念，强调公司与合伙的区别，公司具有法人性和股东的有限责任性。

在大陆法系国家和地区，公司立法通常明确规定公司的定义，具体可分为以下三种情况。一是在公司法中对公司统一下定义，如《日本商法典》第五十二条规定，"本法所谓公司，指以经营商行为为目的而设立的社团。依本编规定设立的以营利为目的的社团，虽不以实施商行为为业，也视为公司。"[②]二是法律没有对公司下统一的定义，而是对各类公司分别下定义，如《意大利民法典》分别对无限责任公司、普通两合公司、股份有限公司、股份两合公司、有限责任公司的概念作出了明文规定。三是没有对公司下定义，而是规定各类公司设立的目的、性质，但从中能够概括出公司的定义，如德国《公司法》就是这样的。在大陆法系国家和地区，公司的定义具有共同的特征：(1) 公司必须依法设立，须经过公司登记后正式成立；(2) 公司以营利为目的。

对于公司是否具有法人资格，大陆法系国家和地区的法律规定不一。在德国《公司法》中，有限责任公司和股份有限公司为资合公司，具有法人资格；无限责任公司和两合公司为人合公司，不具有法人资格。法国法律规定，所有公司都具有法人资格，包括无限责任公司。

对于公司是否是社团法人，大陆法系国家和地区的规定近年来发生了变化。传统公司法特别强调公司的股东必须是二人以上，禁止一人公司存在。但是，近年来这种状况已

---

① 戴维·M.沃克.牛津法律大辞典[M].北京：光明日报出版社，1988：188.

② 2005年7月26日制定的《日本公司法》取代了《日本商法典》中的公司法内容。该法第二条规定，"公司指股份公司、无限责任公司、两合公司、合同公司"。这表明《日本公司法》放弃了公司的社团性，也不再坚持公司的营利性。

经改变，许多国家或者地区已经允许一人公司存在，不再强调公司的社团性。

我国《公司法》第三条规定："公司是企业法人，有独立的法人财产，享有法人财产权。公司以其全部财产对公司的债务承担责任。有限责任公司的股东以其认缴的出资额为限对公司承担责任；股份有限公司的股东以其认购的股份为限对公司承担责任。"所以，我国《公司法》直接规定了公司的定义，强调公司具有法人资格，具有营利性、股东的有限责任性，没有强调公司的社团性。根据我国《公司法》规定，公司是由股东投资设立的、以营利为目的、股东以其认缴的出资或者股份为限对公司承担责任的企业法人。公司以其全部财产对公司的债务承担责任。

分公司尽管也有"公司"字样，但其实不是真正的公司，并不具有公司的主要特点。分公司是公司所管辖的分支机构，在业务、资金、人事等方面均受公司管辖。公司可以设立分公司。设立分公司，应当向公司登记机关申请登记，领取营业执照。分公司不具有法人资格，其民事责任由公司承担。分公司没有自己的名称和章程，没有自己独立的财产，也没有自己独立的公司组织机构。

二、公司的特征

（一）营利性

所谓营利，是指公司因经营而获得利益的意思。利益有两层含义：一是指公司的盈余；二是指公司的盈余及除盈余外，公司的剩余财产。公司的"营利性"中的"营利"应当指第二层含义。我国公司法没有明确规定公司的营利性，只是说公司属于企业法人，但企业营利性又可以证实公司的营利性。公司的营利性包含以下两层含义。一是指公司就是以营利为目的，为获得利润而存在的。这是公司成立的唯一理由。二是指公司存续期间的目的依然是以营利为目的，不能只是偶然以营利为目的。当然，公司解散清算期间，并不能以营利为目的。

（二）法人性

各国法律都赋予有限责任公司和股份有限公司以法人地位，我国《公司法》第二条规定："本法所称公司是指依照本法在中国境内设立的有限责任公司和股份有限公司。"所以，我国的公司都具有法人性。

法人就是具有民事权利能力和民事行为能力，依法独立享有民事权利和承担民事义务的组织。《民法典》规定，法人必须具备以下条件：(1) 依法设立；(2) 有自己的名称、组织机构、住所财产或者经费；(3) 能够独立承担民事责任。

公司的设立必须按照公司法的规定条件和程序设立，否则就不能成立公司。公司股东的投资构成了公司的基本财产，公司在这些财产的基础上经营、发展。公司股东将财产投入公司后，就不再对这些财产享有权利，公司成为这些财产的权利人。公司按照法定程序取得名称，对自己的名称享有权利。公司一般都有股东会或者股东大会、董事会、监事会等组织机构，有自己的场所。公司以自己的全部财产对外承担民事责任，股东仅仅以其认购的出资或者股份为限对公司承担责任。

世界各国法律对法人的概念认识不一，一般认为法人的投资人仅仅对法人承担有限责任，不承担无限责任，所以无限责任公司和合伙企业不是法人。但是，法国等少数国家法律规定，无限责任公司的股东和合伙企业的合伙人对企业承担无限责任，但它们仍然具有法人资格。

（三）公司在组织上属于社团法人

法人依照其内部组织基础的不同，分为社团法人和财团法人。公司属于社团法人。一般公司都有两个以上的股东，社会团体性质比较突出。但是，我国《公司法》承认一人有限责任公司和国有独资公司，而这两种公司的股东只有一人，那么公司是否还是社团法人，有加以探讨的必要。《日本商法典》允许一人有限公司和股份有限公司存在，但其公司仍然被定义为社团法人。认为一人公司属于社团法人的学说主要有以下两个。(1) 潜在性社员说。一人公司之股份虽集中于单一股东，但如果以后将股份或者出资转让就会产生复数股东，所以认为一人公司为潜在社团法人。(2) 复数股份说。股份有限公司之信用基础，与其说是股东，还不如说是资本，所以股份有限公司是以股东地位（股份）之复数，满足社团性之要求。因此，股份有限公司之社团性，无须在股东为潜在性复数之点上求其基础，只要股东地位之股份系属复数已足。同样具有资合公司性质之有限公司，其股东之人的个性在内部固属重要，但对外并不重要，故自立法论而言，只要股东有意如此，并无否定一人公司存在之必要。①

（四）公司原则上具有永存性

公司的存在与股东的变化无关，如果股东死亡或者转让股票，股权转让给新股东，公司仍然继续存在。如果公司需要追加资本，可以进行增资，公司形式可以保持不变。所以，从理论上讲，公司可以永远存在下去。但合伙企业和个人独资企业的存续与股东生死紧密联系，企业可能因为合伙人或者企业业主生病或者死亡而终止。因此，合伙企业和个人独资企业不是永远存在的。我国《公司法》没有规定公司经营期限，公司具有永存性。

第三节　公司的分类

当代公司作为企业的主导组织形式，呈现出各种各样的形态。依照不同的标准，可以对公司进行不同的分类。

① 柯芳枝.公司法论[M].北京：中国政法大学出版社，2004：5.

一、无限责任公司、有限责任公司、股份有限公司、两合公司和股份两合公司

按照公司股东对公司债务所负责任的不同，公司可以分为无限责任公司、有限责任公司、股份有限公司、两合公司和股份两合公司。这是大陆法系国家和地区的公司法对公司的最基本的法律分类。我国《公司法》仅仅承认其中两种公司形态，即有限责任公司和股份有限公司。

（一）无限责任公司

无限责任公司，是指由两个以上股东组成的，股东对公司债务负连带无限责任的公司。无限责任公司具有以下特点：(1) 股东人数的复合性，无限责任公司的股东人数为二人或者二人以上，股东必须是自然人；(2) 股东对公司债务承担无限连带责任；(3) 公司具有浓厚的合伙性。各国的无限责任公司的地位不同，有的国家（如法国、意大利等）承认无限责任公司为法人，有的国家（如德国、瑞士等）不承认无限责任公司具有法人资格，属于合伙的一种。

（二）有限责任公司

有限责任公司是指股东向公司出资，并以其认购的出资额为限对公司承担有限责任，公司以其全部资产对其债务承担责任的企业法人。

（三）股份有限公司

股份有限公司是指注册资本由等额股份构成，并通过发行股票筹集资本，股东以其认购的股份为限对公司债务承担有限责任，公司以其全部资产对公司债务承担责任的企业法人。

（四）两合公司

两合公司是指由一个以上的无限责任股东与一个以上的有限责任股东所组成，其中，无限责任股东对公司债务承担无限连带责任，有限责任股东对公司债务以其认购的出资额为限对公司债务承担有限责任。两合公司具有以下特点：(1) 公司中存在两种不同责任的股东，有的股东对公司债务承担无限责任，有的股东对公司债务承担有限责任；(2) 公司兼有无限责任公司和有限责任公司的特点，但以无限责任公司特点为主；(3) 无限责任股东对公司的业务执行有控制权，有限责任股东对公司业务有监督权。

（五）股份两合公司

股份两合公司是指两合公司中的有限责任股东认购等额股份，并以其认购的股份对公司承担有限责任的一种公司形态。

二、人合公司、资合公司和人合兼资合公司

按照公司信用基础的不同，公司可以划分为人合公司、资合公司和人合兼资合公司。这是大陆法系国家和地区公司法学者对公司所进行的一种学理分类。

以股东个人信用为基础，而不考虑公司资本数额的公司被称为人合公司。无限责任公司是典型的人合公司。

以公司资本为基础，而不考虑股东个人的信用的公司为资合公司。股份有限公司是典型的资合公司。有限责任公司也属于资合公司，但它还具有一定的人合因素。

既具有股东个人信用，也具有资本信用两个方面特点的公司被称为人合兼资合公司。两合公司和股份两合公司属于人合兼资合公司。

三、封闭式公司和开放式公司

按照公司资本筹集方式及出资转让方式的不同，公司可以划分为封闭式公司和开放式公司。这是英美法系国家和地区对公司的基本划分。

封闭式公司（英称“private company”，美称“close corporation”），又称为少数人公司、不上市公司，是指资本全部由设立该公司的股东所拥有，不能对外发行股份，股东的出资证明不能在股票市场上自由流通的公司。此种公司类似于大陆法系国家和地区中的有限责任公司。

开放式公司（英称“public company”，美称“share corporation”），又称为多数人公司、上市公司，是指可以公开招股，股票可以在股票市场公开进行交易的公司。此种公司类似于大陆法系国家和地区中的股份有限公司。

四、本国公司和外国公司

按照公司国籍的不同，公司可以划分为本国公司和外国公司。

世界各国对公司国籍的认定，有着各种不同的标准。综合来看，标准主要包括：(1) 设立准据法主义，即依照公司设立所依据的法律为本国法律还是外国法律来确定公司的国籍；(2) 股东国籍主义，即以公司股东的国籍或者半数出资者的所属国为公司的国籍；(3) 设立行为地法主义，即依照公司设立登记行为所在地为本国还是外国来确定公司的国籍；(4) 住所地国籍主义，即以公司住所所在地的国家为其国籍。

我国对公司国籍的认定，兼采设立准据法主义和设立行为地法主义，即凡依照我国法律在我国被批准登记设立的公司，包括外商投资公司，都是我国本国公司。

不是按照所在地国家法律设立的公司被称为外国公司。外国公司在得到该国的许可，并办理必要的登记手续后，才可以在该国进行营业活动。

五、有限责任公司的分类

我国《公司法》规定，有限责任公司有三种类型。

（一）一般有限责任公司

一般有限责任公司是指由两个或者两个以上五十个以下的股东共同出资，每个股东以其认购的出资额为限对公司债务承担有限责任，公司以其全部资产对公司债务承担责任的企业法人。一般有限责任公司的注册资本为在公司登记机关登记的全体股东认缴的出资额。公司设立股东会、董事会、经理和监事会等公司机构。

（二）一人有限责任公司

一人有限责任公司，是指只有一个自然人股东或者一个法人股东的有限责任公司。一个自然人只能投资设立一个一人有限责任公司。该一人有限责任公司不能投资设立新的一人有限责任公司。一人有限责任公司应当在公司登记中注明自然人独资或者法人独资，并在公司营业执照中载明。一人有限责任公司章程由股东制定。一人有限责任公司不设股东会。股东作出股东会职权范围的决定时，应当采用书面形式，并由股东签字后置备于公司。一人有限责任公司应当在每一会计年度终了时编制财务会计报告，并经会计师事务所审计。一人有限责任公司的股东不能证明公司财产独立于股东自己的财产的，应当对公司债务承担连带责任。

（三）国有独资公司

国有独资公司，是指国家单独出资、由国务院或者地方人民政府授权本级人民政府国有资产监督管理机构履行出资人职责的有限责任公司。国有独资公司章程由国有资产监督管理机构制定，或者由董事会制订报国有资产监督管理机构批准。国有独资公司不设股东会，由国有资产监督管理机构行使股东会职权。国有资产监督管理机构可以授权公司董事会行使股东会的部分职权，决定公司的重大事项，但公司的合并、分立、解散、增减注册资本和发行公司债券等事务，必须由国有资产监督管理机构决定；其中，重要的国有独资公司合并、分立、解散、申请破产的，应当由国有资产监督管理机构审核后，报本级人民政府批准。国有独资公司设立董事会，依照法律行使职权。董事每届任期不得超过三年。董事会成员中应当有公司职工代表。董事会成员由国有资产监督管理机构委派；但是，董事会成员中的职工代表由公司职工代表大会选举产生。董事会设董事长一人，可以设副董事长。董事长、副董事长由国有资产监督管理机构从董事会成员中指定。国有独资公司设经理，由董事会聘任或者解聘。经理依照法律行使职权。经国有资产监督管理机构同意，董事会成员可以兼任经理。国有独资公司的董事长、副董事长、董事、高级管理人员，未经国有资产监督管理机构同意，不得在其他有限责任公司、股份有限公司或者其他经济组织兼职。国有独资公司监事会成员不得少于五人，其中，职工代表的比例不得低于三分之一，具体比例由公司章程规定。监事会成员由国有资产监督管理机构委派；但是，监事会中的职工代表由公司职工代表大会选举产生。监事会主席由国有资产监督管理机构从监事会成员中指定。

2009年5月1日，《中华人民共和国企业国有资产法》施行。该法规定，国务院国有资产监督管理机构和地方人民政府按照国务院的规定设立的国有资产监督管理机构，根据本级人民政府的授权，代表本级人民政府对国家出资企业履行出资人职责。国务院和地方人民政府根据需要，可以授权其他部门、机构代表本级人民政府对国家出资企业履行出资人职责。代表本级人民政府履行出资人职责的机构、部门，以下统称履行出资人职责的机构。履行出资人职责的机构代表本级人民政府对国家出资企业依法享有资产收益、参与重大决策和选择管理者等出资人权利。履行出资人职责的机构依照法律、行政法规的规定，制定或者参与制定国家出资企业的章程。履行出资人职责的机构对法律、行政法规和本级人民政府规定须经本级人民政府批准的履行出资人职责的重大事项，应当报请本级人民政府批准。履行出资人职责的机构对本级人民政府负责，向本级人民政府报告履行出资人职责的情况，接受本级人民政府的监督和考核，对国有资产的保值增值负责。履行出资人职责的机构应当按照国家有关规定，定期向本级人民政府报告有关国有资产总量、结构、变动、收益等汇总分析的情况。履行出资人职责的机构依照法律、行政法规以及企业章程的规定，任免或者建议任免国有独资公司的董事长、副董事长、董事、监事会主席和监事。这些被任命或者被建议任命的董事、监事、高级管理人员，应当有良好的品行，有符合职位要求的专业知识和工作能力，有能够正常履行职责的身体条件，以及法律、行政法规规定的其他条件。如果这些董事、监事、高级管理人员在任职期间出现不符合法律规定情形的，履行出资人职责的机构应当依法予以免职或者提出免职建议。履行出资人职责的机构对拟任命或者建议任命的董事、监事、高级管理人员的人选，应当按照规定的条件和程序进行考察。考察合格的，按照规定的权限和程序任命或者建议任命。

六、股份有限公司的分类

我国《公司法》规定，股份有限公司有三种类型。

（一）发起式设立的股份有限公司

发起式设立的股份有限公司，是指公司发起人将公司发行的全部股份全部认购，不再向发起人之外的人募集股份的股份有限公司。股份有限公司采取发起设立方式设立的，注册资本为在公司登记机关登记的全体发起人认购的股本总额。以发起式设立股份有限公司的，发起人应当书面认足公司章程规定其认购的股份，并按照公司章程规定缴纳出资。以非货币财产出资的，应当依法办理其财产权的转移手续。发起人不按照规定缴纳出资的，应当按照发起人协议承担违约责任。发起人认足公司章程规定的出资后，应当选举董事会和监事会，由董事会向公司登记机关报送公司章程以及法律、行政法规规定的其他文件，申请设立登记。

（二）募集式设立的股份有限公司

募集式设立的股份有限公司，是指公司发起人认购的股份不得少于公司股份总数的百分之三十五，其余股份向社会公开募集或者向特定对象募集，使得公司成立的股份有限公司。股份有限公司采取募集方式设立的，注册资本为在公司登记机关登记的实收股本总额。发起人向社会公开募集股份，必须公告招股说明书，并制作认股书。募集式设立的股份有限公司可以分为公开募集式设立的股份有限公司和向特定对象募集式设立的股份有限公司。发起人向社会公开募集股份，应当由依法设立的证券公司承销，签订承销协议。发起人向社会公开募集股份，应当同银行签订代收股款协议。代收股款的银行应当按照协议代收和保存股款，向缴纳股款的认股人出具收款单据，并负有向有关部门出具收款证明的义务。发行股份的股款缴足后，必须经依法设立的验资机构验资并出具证明。发起人应当自股款缴足之日起三十日内主持召开公司创立大会。创立大会由发起人、认股人组成。发行的股份超过招股说明书规定的截止期限尚未募足的，或者发行股份的股款缴足后，发起人在三十日内未召开创立大会的，认股人可以按照所缴股款并加算银行同期存款利息，要求发起人返还。发起人应当在创立大会召开十五日前将会议日期通知各认股人或者予以公告。董事会应于创立大会结束后三十日内，向公司登记机关申请设立登记。

我国《证券法》规定，向不特定对象发行股份或者向累计超过二百人的特定对象发行股份，属于公开发行股份。公开发行股份的股份有限公司必须符合法律、行政法规规定的条件，并依法报经国务院证券监督管理机构或者国务院授权的部门核准；未经依法核准，任何单位和个人不得公开发行证券。向特定对象募集式设立的股份有限公司除了公司发起人认缴股份外，公司还向特定的人发行股份。非公开发行证券，不得采用广告、公开劝诱和变相公开方式。

（三）上市公司

上市公司是指其股票在证券交易所上市交易的股份有限公司。上市公司与普通的股份有限公司的区别除了其股票能够在证券交易所交易外，还具有以下特点：(1) 上市公司在一年内购买、出售重大资产或者担保金额超过公司资产总额百分之三十的，应当由股东大会作出决议，并经出席会议的股东所持表决权的三分之二以上通过；(2) 上市公司设立独立董事，具体办法由国务院规定；(3) 上市公司设立董事会秘书，负责公司股东大会和董事会会议的筹备、文件保管以及公司股东资料的管理，办理信息披露事务等事宜；(4) 上市公司董事与董事会会议决议事项所涉及的企业有关联关系的，不得对该项决议行使表决权，也不得代理其他董事行使表决权。该董事会会议由过半数的无关联关系董事出席即可举行，董事会会议所作决议须经无关联关系董事过半数通过。出席董事会的无关联关系董事人数不足三人的，应将该事项提交上市公司股东大会审议。

申请股票上市交易，应当向证券交易所提出申请，由证券交易所依法审核同意，并由双方签订上市协议。申请证券上市交易，应当符合证券交易所上市规则规定的上市条件：对发行人的经营年限、财务状况、最低公开发行比例和公司治理、诚信记录等提出要求。

第四节　一人有限责任公司

一、一人有限责任公司概述

按照传统公司法观念，公司是以多数成员组成的社团法人，所以，法律规定公司股东必须由多数构成。然而，现代公司法的发展趋势是承认"一人公司"，适应了社会经济的发展。

一人有限责任公司，也称为一人公司，是指全部股份或者出资归于单一股东持有的公司。但是一人责任公司在现实中表现出各种形态。

按照公司的表现形式不同，一人公司可以分为形式上的一人公司和实质上的一人公司。形式上的一人公司，就是在公司登记簿上登记为一人持有公司全部股份或者出资的公司；实质上的一人公司，就是在公司登记簿上登记为两个或两个以上的人持有公司股份或者出资，而实质上公司真正的股东只有一人，其余的股东只不过是挂名而已的公司。在我国，以前不承认形式上的一人公司（国有独资公司除外），所以没有形式上的一人公司，但存在大量的实质上的一人公司。现行《公司法》承认一人有限责任公司，将来会出现大量形式上的一人公司，而实质上的一人公司则会逐渐减少。

按照一人公司的形成不同，一人公司可以分为设立时的一人公司和设立后的一人公司。设立时的一人公司，是指公司是由一人投资设立的公司；设立后的一人公司，则是指公司设立时的股东为数人，但在公司设立后，基于各种原因，股东人数发生变动而减至为一人的公司。在我国，以前禁止一人公司（国有独资公司除外）设立，没有规定设立后的一人公司，所以没有设立时的一人公司，只存在设立后的一人公司。现行《公司法》允许设立一人有限责任公司，所以，将会有许多设立时的一人公司出现。

按照投资者的身份不同，一人公司可以分为一个自然人股东的一人公司和一个法人股东的一人公司。一个自然人股东的一人公司，其独立性受到怀疑，而一个法人股东的一人公司则不存在此担忧。在我国，以前仅仅承认国家授权投资机构或者投资部门可以投资设立一人公司，自然人不能投资设立一人公司，所以只有国有独资的一人公司，没有一个自然人独资的一人公司。现行《公司法》允许自然人和法人投资设立一人有限责任公司，将会出现许多一个自然人股东的一人公司和一个法人股东的一人公司。

按照公司的类型不同，一人公司可分为一人有限责任公司和一人股份有限公司。在我国，以前的《公司法》仅仅允许设立国有独资公司；现行《公司法》允许自然人和法人投资设立一人有限责任公司，禁止设立一人股份有限公司。

就各国公司法的规定来看，对于一人公司的态度可分为以下几种情况：一是禁止设立一人公司，当公司股东剩下一人时，即应当宣告公司解散，禁止一人公司存在，如比利时等国家的公司法就作了以上规定；二是禁止设立一人公司，但在公司成立后，股东仅剩一人时，仍允许该公司存在，单一股东个人必须负无限责任，如意大利等国家的公司法作了以上规定；三是禁止设立一人公司，但在公司成立后，股东仅剩一人时，仍然允许一人公司存在，该公司并不当然解散，同时规定，一人公司的股东也不因此而负无限责任，如奥地利、丹麦、法国、荷兰、瑞士等国家的公司法作了以上规定；四是既允许一人公司设立，也允许一人公司的存在，既允许一人有限公司设立，也允许一人股份有限公司存在。

二、承认一人公司存在的必要性

任何事物的存在都具有两面性。一人公司的存在同样具有利与弊的两面性。我们应当在承认一人公司的同时，尽量对一人公司的弊端加以防范，使其最大限度地发挥作用。承认一人公司的好处主要表现为如下四点。

第一，承认一人公司有利于降低投资者的经营风险。传统企业法理论认为，一人只能投资独资企业，并对企业承担无限责任。然而，许多人一方面希望一人投资，另一方面还希望利用公司的股东有限责任特权。如果法律允许一人公司存在，就能够满足这些人的需要，有利于社会财富的增加。

第二，承认一人公司有利于企业维持，保护交易安全。企业维持是支持承认一人公司的主要依据。如果公司成立后，因为某种原因导致股东人数不符合法定要求而被强行解散，既是现存企业的重大损失，又有碍交易安全。

第三，承认一人公司有利于减少纠纷，降低交易成本。如果法律不承认一人公司，那么，有些公司股东为了满足这种形式上的需要，就会找来一些无关的人凑数，从而产生了所谓“傀儡股东”的现象。这种做法将为今后发生纠纷埋下隐患。[①] 在我国，以前法律不承认一人公司，结果出现了大量的实质上的一人公司，造成大量的诉讼纠纷。

第四，承认一人公司不会导致公司丧失独立人格。否认一人公司存在的理由是一人公司将使公司的独立性受到挑战，公司人格和股东人格容易混同，公司将不复存在。事实上，公司的独立人格是建立在公司对自己的财产独立处分权之上的，公司独立财产是公司人格的物质保障。只要公司拥有独立的财产，公司的独立性就不会丧失。当然，一人公司的股东只有一个，公司的董事、经理可能由股东一人兼任，股东可能像管理自己私人家产一样控制公司。但是，法律完全可以通过强化一人公司的管理来消除这些可能出现的弊端，不必因此而禁止一人公司的存在。

三、我国一人公司制度

(一)《公司法》中的“一人公司”概念

一人公司就是只有一个股东的公司，包括一人有限责任公司和一人股份有限公司，但

① 施天涛.公司法论[M].北京：法律出版社，2005：78.

我国《公司法》只承认一人有限责任公司，不承认一人股份有限公司。

根据投资人的身份不同，一人有限责任公司分为国有一人有限责任公司和普通一人有限责任公司，所以，一人有限责任公司有广义和狭义之分。狭义上的一人有限责任公司是指只有一个自然人股东或者一个法人股东的有限责任公司；广义的一人有限责任公司不仅包括狭义上的一人有限责任公司，还包括国有独资公司，即国家单独出资，由国务院或者地方人民政府授权本级人民政府国有资产监督管理机构履行出资人职责的有限责任公司。我国《公司法》中的一人有限责任公司属于狭义上的一人有限责任公司。

（二）一人有限责任公司的法律适用

一人有限责任公司仍然是有限责任公司，因此，在法律上仍然适用有限责任公司的一般规定。但是，一人有限责任公司又具有自己的特点，有着一些与一般有限责任公司不同之处，所以，《公司法》对一人有限责任公司进行了特别规定。《公司法》第五十七条规定，一人有限责任公司的设立和组织机构，适用一人有限责任公司的特别规定；没有特别规定的，适用一般有限责任公司的规定。

（三）一人有限责任公司设立的特别规定

一人有限责任公司的股东可以是自然人，也可以是法人；可以是中国人，也可以是外国人。但是，《公司法》第五十八条规定："一个自然人只能投资设立一个一人有限责任公司。该一人有限责任公司不能投资设立新的一人有限责任公司。"第六十三条规定："一人有限责任公司的股东不能证明公司财产独立于股东自己的财产的，应当对公司债务承担连带责任。"

（四）一人有限责任公司的名称

一人有限责任公司必须在其公司登记中标明自己的特点。《公司法》第五十九条规定："一人有限责任公司应当在公司登记中注明自然人独资或者法人独资，并在公司营业执照中载明。"这样做的目的在于使他人一看就知道该公司为一人有限责任公司，是一个自然人股东或者法人股东，股东对公司承担有限责任，第三人因此可以了解交易风险，保护自己的利益。

（五）一人有限责任公司的章程

一人有限责任公司只有一个股东，所以公司章程只能由这个股东制定、变更。《公司法》第六十条规定："一人有限责任公司章程由股东制定。"公司章程一旦制定就发生效力，对股东自己、公司、董事、监事、公司高级管理人员都具有拘束力。

（六）一人有限责任公司的组织机构

1. 一人有限责任公司的权力机构

一人有限责任公司只有一个股东，自然不设立股东会。公司法规定的属于股东会的职权由股东行使，股东的决议就是股东会的决议，公司法规定的股东会召集程序失去意义。但是，针对一人有限责任公司的特殊情况，《公司法》第六十一条规定，一人有限责任公司不设股东会。股东作出属于股东会职权范围的决定时，应当采用书面形式，并由股东签字后置备于公司。

2. 一人有限责任公司的业务执行

《公司法》第五十条规定："股东人数较少或者规模较小的有限责任公司，可以设一名执行董事，不设董事会。执行董事可以兼任公司经理。执行董事的职权由公司章程规定。"所以，一人有限责任公司是否设立董事会，完全由股东自己决定。但是，一人有限责任公司是否可以连执行董事都不设立，法律没有明确规定。本书认为，一人有限责任公司是否设立执行董事属于公司内部事项，法律没有必要进行干涉；另外，《公司法》也没有明文规定一人有限责任公司必须设立执行董事。所以，一人有限责任公司不设立董事会或者执行董事并不违法。

（七）一人有限责任公司股东的特别责任

一人有限责任公司的最大弊端就是容易产生股东人格和公司人格的混同，影响公司人格的独立性。为了消除一人有限责任公司的这一弊端，《公司法》第六十三条规定："一人有限责任公司的股东不能证明公司财产独立于股东自己的财产的，应当对公司债务承担连带责任。"这样，如果一人有限责任公司的股东不能自觉地将自己的财产与公司财产分开，不能将股东与公司分清，一人有限责任公司的股东就必须对公司债务承担连带责任，且股东必须承担举证责任。

第五节 关联关系

一、关联关系概述

我国《公司法》第二百一十六条第四款规定："关联关系，是指公司控股股东、实际控制人、董事、监事、高级管理人员与其直接或者间接控制的企业之间的关系，以及可能导致公司利益转移的其他关系。但是，国家控股的企业之间不仅因为同受国家控股而具有关联关系。"

根据该条款规定，关联关系包括两种类型：一是公司控股股东、实际控制人、董事、监事、高级管理人员与其直接或者间接控制的企业之间的关系；二是可能导致公司利益转移的其他关系。

（一）有控制与从属关系的类型

控制与从属关系的成立，存在着多种形式。

一是通过持有公司一定比例的股份或者出资，从而达到控制该公司的目的的形式。这是最常见的控制与从属关系，控制人称为控股股东，被控制公司称为从属公司。如果控股股东是公司，则称为从属公司的母公司，从属公司称为子公司，两者之间的关系称为母子公司关系。母子公司都具有法人资格，能够独立承担民事责任。

我国《公司法》第二百一十六条第二款规定："控股股东，是指其出资额占有限责任公司资本总额百分之五十以上或者其持有的股份占股份有限公司股本总额百分之五十以上的股东；出资额或者持有股份的比例虽然不足百分之五十，但依其出资额或者持有的股份所享有的表决权已足以对股东会、股东大会的决议产生重大影响的股东。"

二是不持有公司的股份或者出资但通过其他方式控制公司的形式。通过这种方式形成的控制与从属关系，属于间接控制与从属关系，比较隐蔽，表面上看不出来，控制人不是公司股东，称为实际控制人。

我国《公司法》第二百一十六条第三款规定："实际控制人，是指虽不是公司的股东，但通过投资关系、协议或者其他安排，能够实际支配公司行为的人。"

尽管法律对实际控制人下了定义，但实际上仍然难以认定。我国《公司法》没有具体的公司实际控制人认定标准，将导致相关法律难以实施。我国台湾地区所谓的"公司法"的规定值得我们借鉴，其第三百六十九条之三规定，有下列情形之一者，推定为有控制与从属关系：一、公司与他公司之执行业务股东或者董事有半数以上相同者。二、公司与他公司之已发行有表决权之股份总数或资本总额有半数以上为相同之股东持有或出资者。

三是在公司中担任董事、监事、高级管理人员从而控制该公司的形式。公司的董事、监事、高级管理人员属于公司的负责人，掌握着公司主要事项的决策权，公司直接为他们所控制。

（二）可能导致公司利益转移的其他关系

我国《公司法》没有说明可能导致公司利益转移关系的具体形式，但这些关联关系有一个共同的特点，即可以被用来转移公司利益。随着社会的发展，这些关联关系的形式会越来越多，法律无法穷尽列举，如相互投资公司之间的关系等。

我国台湾地区所谓的"公司法"特别规定了相互投资公司，认为如果一个公司与其他公司相互投资各自达到对方表决权股份总数或者资本总额的三分之一以上的，就会因为产生虚增资本及董事、监事职位永久保障从而损害公司小股东及债权人利益的弊端，所以应当进行限制；如果相互投资公司各自持有对方已经发行有表决权的股份总数或者资本总额超过半数以上的，或者相互可直接或者间接控制对方之人事、财务或者业务，没有形成单方面控制与从属关系，可以被确定为互为控制公司与从属公司。①

二、关于关联关系公司的决策制度

我国《公司法》第十六条规定，公司为公司股东或者实际控制人提供担保的，必须经股东会或者股东大会决议。这些股东或者实际控制人支配的股东，不得参加事项的表决。

---

① 柯芳枝.公司法论[M].北京：中国政法大学出版社，2004：589.

该项表决由出席会议的其他股东所持表决权的过半数通过。

另外，我国《公司法》第一百二十四条规定："上市公司董事与董事会会议决议事项所涉及的企业有关联关系的，不得对该项决议行使表决权，也不得代理其他董事行使表决权。该董事会会议由过半数的无关联关系董事出席即可举行，董事会会议所作决议须经无关联关系董事过半数通过。出席董事会的无关联关系董事人数不足三人的，应将该事项提交上市公司股东大会审议。"

我国《公司法》中关于关联关系公司的决策制度具有以下四点特点。

第一，公司为公司股东或者实际控制人提供担保的，必须经股东会或者股东大会决议；而公司为其他人提供担保的，法律没有规定需要经过股东会或者股东大会决议。除非公司章程规定，公司董事会就可以决定该事项。

第二，公司股东会或者股东大会在决议为公司股东或者实际控制人提供担保事项时，这些股东或者实际控制人支配的股东，不得参加事项的表决。该项表决由出席会议的其他股东所持表决权的过半数通过。而在一般情形下，公司股东会或者股东大会在决议时，股东的表决权是平等的，都可以参加表决。其中，有限责任公司股东会通过决议，必须经过出席会议的股东所持表决权的半数以上同意；股份有限公司的股东大会通过决议，必须经过出席会议的股东所持表决权的半数以上同意。

第三，上市公司决议事项所涉及的企业有关联关系时，相关董事不得在董事会上对该项决议行使表决权，也不得代理其他董事行使表决权。董事会会议由过半数的无关联关系董事出席举行，经过无关联董事过半数同意就可以通过董事会决议。如果出席董事会的无关联关系董事人数不足三人的，公司应将该事项提交上市公司股东大会审议。如果一般上市公司决议，必须经过半数以上董事出席，经过半数以上董事同意；不足半数以上董事出席会议的，董事会会议不能作出决议，不能将该讨论事项提交公司股东大会审议。

第四，国有独资公司未经履行出资人职责的机构同意，不得有以下行为：(1) 与关联方订立财产转让、借款的协议；(2) 为关联方提供担保；(3) 与关联方共同出资设立企业，或者向董事、监事、高级管理人员或者其近亲属所有或者实际控制的企业投资。

三、关联关系的从属公司的赔偿请求权

关系企业之控制公司往往操纵交易条件，使其从属公司不利益之经营，使自己获利，或者借以调整其所属关系企业的损益，以达利益输送或逃漏税捐之目的，导致该从属公司及其少数股东、债权人遭受损害，而使控制公司或者其他从属公司获利。[①]

为了保护从属公司的合法权益，许多国家公司法确立了从属公司损害请求权，即如果控制人利用关联关系损害从属公司的利益，从属公司有权要求控制人赔偿。

---

① 柯芳枝.公司法论[M].北京：中国政法大学出版社，2004：590.

我国《公司法》第二十一条规定："公司的控股股东、实际控制人、董事、监事、高级管理人员不得利用其关联关系损害公司利益。违反前款规定，给公司造成损失的，应当承担赔偿责任。"

从属公司赔偿请求权的行使必须确定以下几个条件。

第一，判断公司的控股股东、实际控制人、董事、监事、高级管理人员是否利用其关联关系损害公司利益的标准。

我国台湾地区所谓的"公司法"第三百六十九条之四第一款及第二款规定，控制公司直接或间接使从属公司进行不合常规经营或进行不以营利为目的的行为，并且会计年度终了也没有适当补偿，导致从属公司受到损害的，应负赔偿责任。此处的"不合常规"经营，在美国称为"非常交易"，是指企业间之交易不符合营业常规，如贱价出售或者高价购入之类，常见于企业间进销货之交易上。例如，甲、乙公司属于同一关系企业，乙公司经政府核准免税五年，甲公司则没有，甲公司将市价每千克 20 元的商品以 12 元卖给乙公司，以减低甲公司销售收入，并增加乙公司利润，使甲公司利润转移到乙公司，这样可以享受五年免税，从而逃避税收。

我国《公司法》对此没有规定。我国台湾地区所谓的"公司法"的规定却是值得借鉴的。有了法定标准，公司才能真正行使赔偿请求权。

第二，控制人的赔偿范围。如果控制人使从属公司进行不合常规经营或者进行无利益的经营活动，导致从属公司利益受到损害，控制人应当赔偿全部损失，而不是仅仅以自己获取的利益为限。但是，如果控制人本身无资产赔偿从属公司的损失，那么，从属公司是否还可以通过其他方式索取赔偿呢？我国《公司法》对此没有规定。根据实际情况，如果控制人无力赔偿从属公司的损失，因为控制人的行为而得到利益的其他关系公司也应当与控制人一起负连带责任，但其责任应当限于所得到的利益。

第三，从属公司行使赔偿请求权。正常情形下，公司董事会代表公司对外进行各种法律行为，但是，现在公司的索赔对象是与公司存在关联关系的控股股东、实际控制人、董事、监事、高级管理人员，完全指望公司董事会主动要求这些人赔偿公司的损失是不现实的。所以，这时公司的赔偿请求权的行使应当参照我国《公司法》第一百五十一条的规定，有限责任公司的股东、股份有限公司连续一百八十日以上单独或者合计持有公司百分之一以上股份的股东，可以书面请求监事会或者不设监事会的有限责任公司的监事向人民法院提起诉讼；监事有利用关联关系损害公司利益的情形的，这些股东可以书面请求董事会或者不设董事会的有限责任公司的执行董事向人民法院提起诉讼。

第四，从属公司股东的代位损害赔偿请求权。如果从属公司的监事会、不设监事会的有限责任公司的监事，或者董事会、执行董事收到股东书面请求后拒绝提起诉讼，或者自收到请求之日起三十日内未提起诉讼，或者情况紧急，不立即提起诉讼将会使公司利益受到难以弥补的损害的，这些少数股东有权依法以自己的名义代位请求控制人赔偿，其赔偿所得为公司所有。

第五，从属公司债权人的代位损害赔偿请求权。如果控制人控制从属公司的行为损害从属公司的利益，还可能间接损害债权人的利益。为此，有些国家和地区的公司法，如我国台湾地区所谓的“公司法”规定，从属公司债权人可以以自己的名义代位请求赔偿，其赔偿所得为公司所有。但是，我国《公司法》没有这样的规定，应当加以完善。

《〈公司法〉司法解释（五）》规定：关联交易损害公司利益，原告公司可以根据《公司法》第二十一条规定请求控股股东、实际控制人、董事、监事、高级管理人员赔偿所造成的损失，被告不得仅以该交易已经履行了信息披露、经股东会或者股东大会同意等法律、行政法规或者公司章程规定的程序为由进行抗辩。如果公司没有提起诉讼的，符合《公司法》第一百五十一条第一款规定条件的股东，可以依据该条第二款、第三款规定向人民法院提起诉讼。

关联交易合同存在无效或者可撤销情形，公司没有起诉合同相对方的，符合《公司法》第一百五十一条第一款规定条件的股东，可以依据该条第二款、第三款规定向人民法院提起诉讼。

第六节　公司章程

一、公司章程概述

公司章程是指公司所必备的关于公司组织和公司行为的基本规则的书面文件，是对公司、股东、董事、监事、高级管理人员具有约束力的自治性规则。

多数国家的公司法规定，公司章程是单一的文件，一般记载公司的名称、宗旨、资本总额、组织机构及其他重要事项。但是，英美等国家或者地区，公司章程则由两个文件组成。英国公司法规定，在设立公司时，应当先制定一项公司组织大纲，处理公司的对外事务，主要包括公司的名称、住所、宗旨、公司种类、责任范围、资本等内容；另外，公司还需要制定一项公司组织章程，处理公司内部事务，主要包括股东的权利义务、公司机构及人员活动等方面。公司组织大纲对外公布，交登记机关备案，对外发生法律效力；公司组织章程则不对外公布，也无须登记机关备案，主要对内发生效力。美国各州的公司法一般要求公司设立时提交两个基本文件：一是公司章程，其性质和作用与英国的公司组织大纲相近；二是章程细则，其性质和作用与英国的公司组织章程相近。

关于公司章程的性质，主要有两种不同的学说：一是“契约说”，二是“自治说”。“契约说”认为，公司章程是全体股东或者发起人之间的一种协议；“自治说”认为，公司章程是社团法人的自治规则。公司章程一经生效，其效力就及于公司、股东、董事、监事和高级管理人员，它不仅对股东或者发起人具有约束力，而且对其他许多主体发生效力；另外，公司章程的内容涉及公司的组织原则、业务活动范围、公司内部管理体制等方面，是公司及其成员的基本活动准则，公司章程对公司从设立到解散的全过程，始终具有全面的指导和规范作用。

公司章程对公司设立和运行具有十分重要的意义。

第一，公司章程是公司成立的必备条件。任何国家的公司法均规定，公司设立必须制定章程。我国《公司法》第十一条规定："设立公司必须依法制定公司章程。"

第二，公司章程是公司治理的重要依据。作为社团法人，公司必须有公司章程以约束其成员，并以公司章程分清各成员的权利和义务。公司成员依法享有权利和承担义务，但公司还可以根据法律具体规定公司各机构或者人员的权利和责任。公司成员必须按照法律和公司章程例行自己的职责，行使自己的权利，承担相应的义务。

第三，公司章程是对外进行经济交往的基本法律依据。公司章程应当交登记机关备案。投资人、债权人和其他第三人可以根据公司章程，了解公司的宗旨、营业范围、资本数额、责任形式、组织和财产状况，从而决定是否与公司进行经济往来。

二、章程的制定

公司章程是公司最重要的法律文件，所以，公司章程的制定必须反映投资人的真实意思，由股东制定。一般来说，有限责任公司的章程应当由全体股东共同制定，对股份有限公司则没有这样的要求。有的国家，如日本、韩国、法国、德国的公司法规定，公司章程必须经过公证才能进行登记。我国外商投资企业的章程必须经过审批部门（现在为中华人民共和国商务部）批准，才能进行登记。

我国《公司法》第二十三条规定，一般有限责任公司章程由全体股东共同制定。另外，《公司法》第六十条规定："一人有限责任公司章程由股东制定"，即由这唯一的股东自己制定。《公司法》第六十五条规定："国有独资公司章程由国有资产监督管理机构制定，或者由董事会制订报国有资产监督管理机构批准。"这样，国有独资公司章程既可能由国有资产管理机构制定，也可能由国有独资公司董事会制订报国有资产监督管理机构批准。

股份有限公司的章程制定制度比较复杂，发起式设立的股份有限公司章程由全体股东或者发起人共同制定；募集式设立的股份有限公司章程则先由全体发起人制订，然后经过公司创立大会以决议的形式通过。

关于公司章程生效时间，目前理论界存在分歧。有人认为，公司章程一经出资人签字、盖章，就发生法律效力；有人认为，公司章程以登记机关登记为生效的前提，在公司登记机关登记之前，章程没有法律效力；有人认为，章程的效力分为对内效力和对外效力，公司章程经过出资人同意后就在出资人之间发生法律效力，但只有公司章程登记后才对外发生法律效力。本书认为，公司章程作为公司的自治准则，必须以公司成立为前提，公司都没有成立，也就不存在股东、董事、监事和高级管理人员，公司章程还能对谁发生效力呢？

三、章程记载事项

依据法律对公司章程记载事项的规定，以及所记载事项对章程效力的影响，章程的记载事项可分为绝对必要记载事项、相对必要记载事项、相对记载事项和任意记载事项。

（一）绝对必要记载事项

绝对必要记载事项，是指章程中必须记载的、不可缺少的事项，公司章程缺少其中任何一项或者任何一项记载不合法，就会导致整个章程无效。对于章程的绝对必要记载事项，各国公司法都予以明文规定，主要是公司性质所要求的章程的必备条款。

我国《公司法》第二十五条规定："有限责任公司章程应当载明下列事项：（一）公司名称和住所；（二）公司经营范围；（三）公司注册资本；（四）股东的姓名或者名称；（五）股东的出资方式、出资额和出资时间；（六）公司的机构及其产生办法、职权、议事规则；（七）公司法定代表人。"第八十一条规定："股份有限公司章程应当载明下列事项：（一）公司名称和住所；（二）公司经营范围；（三）公司设立方式；（四）公司股份总数、每股金额和注册资本；（五）发起人的姓名或者名称、认购的股份数、出资方式和出资时间；（六）董事会的组成、职权和议事规则；（七）公司法定代表人；（八）监事会的组成、职权和议事规则；（九）公司利润分配办法；（十）公司的解散事由与清算办法；（十一）公司的通知和公告办法。"

（二）相对必要记载事项

相对必要记载事项，是指《公司法》列举的一些章程应当记载的事项，但如何记载，由章程制定人自主决定。章程缺少任何一项或者任何一项记载不合法，不会导致整个章程无效。相对必要记载事项对于公司的意义和重要程度逊于绝对必要记载事项。

我国《公司法》规定的公司章程相对必要记载事项包括：(1) 公司章程应当依法规定有限责任公司股东会的议事方式和表决程序；(2) 公司章程应当规定股东人数较少或者规模较小的有限责任公司的执行董事的职权；(3) 公司章程应当规定有限责任公司和股份有限公司的董事任期，但每届任期不得超过三年；(4) 公司章程应当对董事、监事任期届满未及时改选，或者董事在任期内辞职导致董事会成员低于法定人数的，在改选出的董事就任前，原董事、监事履行职务的方式进行规定；(5) 公司章程应当规定监事会的议事方式和表决程序；(6) 公司章程应当规定职工代表监事在公司监事会成员中的具体比例；(7) 股份有限公司章程应当规定股东大会或者董事会对新股发行事项进行决议；(8) 有限责任公司应当按照公司章程规定的期限，将财务会计报告送交各股东；(9) 公司章程应当规定由股东会、股东大会或者董事会决定公司聘用、解聘承办公司审计业务的会计师事务所。

（三）相对记载事项

相对记载事项，是指《公司法》列举的公司章程制定人可以自主决定是否载于章程的一些事项。一旦公司章程予以记载，便发生法律效力。如果没有记载，则这些事项就应当依照法律规定进行，章程的其他事项仍然有效，不影响整个章程的效力。相对记载事项对于公司的意义和重要程度逊于相对必要记载事项。

我国《公司法》规定了多项公司章程的相对记载事项：(1) 公司章程可以依法规定股东会会议股东表决权行使的方式，章程对此没有规定的，则由股东按照出资比例行使表决权；(2) 公司章程可以依法规定经理的职权，章程对此没有规定的，则经理的职权则依照《公司法》第四十九条确定；(3) 有限责任公司的章程可以依法规定股权转让制度，如果对此没有规定的，则应当按照《公司法》第七十一条之规定进行；(4) 有限责任公司章程可以依法规定自然人股东死亡后其股权继承制度，章程对此没有规定的，则其合法继承人可以继承股东资格；(5) 股份有限公司章程可以规定公司股东大会按照累积投票制选举董事、监事，章程对此没有规定的，股东大会按照直选制度选举董事、监事；(6) 股份有限公司章程可以对公司董事、监事、高级管理人员转让其所持有的本公司股份作出较多限制性规定，公司章程对此没有规定的，则应当按照《公司法》第一百四十一条之规定进行操作；(7) 股份有限公司章程可以规定不按股东持股比例分配公司弥补亏损和提取公积金后所余税后利润，章程对此没有规定的，则股份有限公司按照股东持有的股份比例分配。

（四）任意记载事项

任意记载事项，是指在不违反法律强制性规定、不违背公序良俗的前提下，公司章程制定人可以根据实际需要载入章程的各种事项。这些事项一旦载入章程，其效力与其他事项等同，非经股东会或者股东大会特别决议不能变更；如不加以记载，也不影响整个章程的效力；如记载不合法，也仅该事项无效，章程的其他事项仍然有效。

对于任意记载的事项，有些内容法律直接列举出来，如《韩国商法》第二百九十条规定，下列事项，因记载于章程而发生其效力：(一) 发起人应得到的特别利益及受益人的姓名；(二) 实物出资者的姓名及其标的——财产的种类、数量、价格及拟发配的股份的种类及数量；(三) 约定公司成立后可以受让的财产的种类、数量、价格及其转让人的姓名；(四) 公司应承担的设立费用及发起人应得的报酬。有些内容没有直接列举，完全由章程制定人自己根据需要决定。

我国《公司法》第二十五条第八项规定的“股东会会议认为需要规定的其他事项”和第八十一条第十二项规定的“股东大会会议认为需要规定的其他事项”，属于任意记载的事项。例如，公司章程可以授权股东会或者股东大会、董事会、监事会法律规定的其他权力。

四、章程的变更

与公司章程的性质和效力相适应，章程一经生效，应保持其内容的稳定性，不得随意加以变更。如果情况变化确需加以修改的，必须依照法律规定进行。大多数国家的公司法都将变更公司章程的职权赋予股东会或者股东大会，且规定修改或者变更公司章程的决议应当为特别决议。

我国《公司法》第四十三条规定，股东会会议作出修改公司章程的决议，必须经代表三分之二以上表决权的股东通过；第一百零三条规定，股东大会作出修改公司章程的决议，必须经出席会议的股东所持表决权的三分之二以上通过。我国外商投资企业章程如有重大变更的，必须经过审批机关（现在为中华人民共和国商务部）批准，才能生效。

另外，我国《公司法》第七十三条规定，依照本法第七十一条、第七十二条转让股权后，公司（有限责任公司）应当注销原股东的出资证明书，向新股东签发出资证明书，并相应修改公司章程和股东名册中有关股东及其出资额的记载。对公司章程的该项修改不需再由股东会表决。

第七节　公司的能力

公司从事经营活动，必须遵守法律、行政法规、社会公德、商业道德，诚实守信，接受政府和社会公众的监督，承担社会责任。公司的合法权益受法律保护，不受侵犯。公司应当在其能力范围内进行各种经营活动，享有权利，承担义务和责任。公司的能力包括权利能力、行为能力和侵权行为能力。

一、公司的权利能力

公司法人作为民商法主体，和自然人一样，都具有民事权利能力，即有享有民事权利和承担民事义务的资格。但公司的权利能力不是与生俱来的，而是由民法及其他法律所确认的。与自然人不同，公司的民事权利能力不是始于出生、终于死亡的，而是始于依法登记领取营业执照之日，终于其注销营业执照之时的。

公司的权利能力范围非常广泛，但也受到限制。公司权利能力限制主要体现在两个方面。

（一）公司权利能力受其性质的限制

尽管公司与自然人一样，具有民事权利能力，但公司毕竟不是真正的“人”，公司是一个组织，没有生命，所以不能享有自然人所固有的一些权利，如生命权、健康权、婚姻权、肖像权等。但是，公司可以与自然人一样享有名誉权、财产权等。

（二）公司的权利能力受到《公司法》的限制

为了维护公司的正常经营，保护股东、债权人的合法权益，各国公司法都对公司的权利能力进行了必要的限制。根据我国《公司法》及相关法律法规规定，我国公司的权利能力受到以下方面的限制。

1. 转投资的限制

公司转投资是指公司作为投资主体，以自己特定的财产出资参加另一企业，成为这一企业的股东或者合伙人的行为。公司作为商事主体，应当具有向其他经济组织投资的权利，但为了保证公司的正常运行，维护公司债权人的利益，各国公司法对公司转投资均作出限制规定。这种限制一般包括以下三个方面。

第一，投资对象的限制。为了防止公司对其他营利性经济组织承担无限责任，包括无限责任公司或者两合公司及合伙企业，许多国家公司法禁止公司向这些企业投资。我国《公司法》第十五条规定："公司可以向其他企业投资；但是，除法律另有规定外，不得成为对所投资企业的债务承担连带责任的出资人。"但也有一些国家对此没有限制，如《美国示范公司法(修正案)》规定："公司可以成为任何合伙组织的发起人。"另外，为了避免公司相互参股而造成公司资产的重复计算，许多国家法律限制或者禁止子公司或者从属公司拥有母公司或者控股公司的股份或者资产，限制公司相互持股。英国《1989 年公司法》第一百二十九条规定："除非本节规定，法人公司不能是其控股公司的股东。任何向其下属公司分配或者转让股份的行为无效。"我国《公司法》没有对此进行规定。

第二，转投资额度的限制。为了保证公司资本充实，保护公司债权人的利益，有些国家公司法就公司对其他公司的投资总额所占公司的比例作出限制性规定。我国原《公司法》就有这样的规定，但现《公司法》将此条删除，即我国现在已经取消了公司转投资额度的限制。

第三，转投资的程序限制。我国《公司法》第十六条规定，公司向其他企业投资，依照公司章程的规定，由董事会或者股东会、股东大会决议；公司章程对投资的总额及单项投资的数额有限额规定的，不得超过规定的限额。接受投资的股东或者受实际控制人支配的股东，不得参加公司该事项的表决。该项表决由出席会议的其他股东所持表决权的过半数通过。

2. 借贷款项的限制

公司资本是公司运营和对外承担责任的物质基础与保证，向社会借贷资金还会扰乱金融秩序，超出公司经营目的，因此，公司向社会借贷资金为许多国家公司法所限制甚至禁止。德国《股份公司法》第八十九条规定，公司给予董事或者其他高级职员贷款需要得到监事会同意，这一规定同样适用于董事从公司的子公司或者母公司贷款以及向董事的配偶和子女贷款的情况。

我国原《公司法》禁止公司董事、经理将公司资金借贷给他人。但由于我国除金融机构外并无类似国外财务融资的公司，为使资金调度畅通无阻，适当开放公司借贷，对公司发展有利。因此，法律无须绝对禁止公司借贷行为，公司可以严格按照法律规定的程序对外适度借贷。我国《公司法》第一百四十八条规定，董事、高级管理人员不得违反公司章程的规定，未经股东会、股东大会或者董事会同意，将公司资金借贷给他人。根据该规定，从另一个角度理解，我国公司董事、高级管理人员可以根据公司章程，或者通过公司股东会、股东大会的决议，或者经过董事会同意，将公司资金借贷给他人。这样规定，目的在于增加企业的融资渠道，活跃资金市场。

本书认为，为了减少借贷款项给公司及公司债权人带来的负面影响，除了《公司法》要求的公司严格按照法定程序决定借贷事项外，公司借贷还必须具备以下两个条件：第一，接受借贷人必须与公司有业务往来；第二，借贷期限不超过一年，且借贷款额不超过接受借贷人净资产的百分之四十。

3. 担保的限制

公司保证，是一项风险极大的行为。如果说公司转投资是一种资产的有偿置换，那么，公司保证是一种“信用资产”的无偿施与行为。但是，对外保证是各国公司法承认的公司行为能力之一，关系企业之间相互给予财务支持，也是一个商业的内在需要。所以，法律既不能禁止公司对外担保，也不能放任公司对外担保。那么，法律应该如何限制公司保证行为呢？各国公司法对待公司担保限制的立法模式主要有三种：第一种模式是“原则禁止，例外允许”，即原则限制公司的保证行为能力；第二种模式是“是否提供保证是董事的商业判断”；第三种模式是“原则允许，例外限制特定保证行为”。①

我国原《公司法》第六十条第三款规定：“董事、经理不得以公司资产为本公司的股东或者其他个人债务提供担保。”根据该条款规定，法律只是禁止公司对特定主体（本公司股东或其他个人）提供担保，而不限制对其他主体提供担保。所以，这种制度应当属于第三种模式。这种模式只是限制了公司担保能力，并没有减少公司风险，存在着许多弊端。现《公司法》对这种模式进行了修改：(1) 取消了公司对特定主体担保的禁止，公司可以依法为任何其他企业或者个人，包括公司股东或者其他个人债务提供担保；(2) 公司对外提供担保必须经过严格的程序，必须按照公司章程的规定由董事会或者股东会、股东大会决议，其中上市公司在一年内对外担保的金额超过公司资产总额百分之三十的，应当由股东大会作出决议，并经出席会议的股东所持表决权的三分之二以上通过；(3) 公司章程可以确定公司对外担保的总额及单项担保的数额，公司必须执行；(4) 公司为本公司股东或者实际控制人提供担保的，必须经过股东会或者股东大会决议，且被担保的股东或者受实际控制人支配的股东不参加该事项表决，该项表决由出席会议的其他股东所持表决权的过半数通过。对于公司担保的形式，《公司法》没有规定，但公司法限制公司担保，目的在于稳定公司财务，避免公司负责人以公司名义为他人担保而产生弊端。所以，公司以提供财产为他人设定物权担保，与为他人提供人保（保证）没有什么区别，公司担保形式没有必要限制。

4. 公司经营范围的限制

公司的经营范围是指公司在登记机关核定登记的，允许公司从事经营活动的权限范围。我国《公司法》称为“经营范围”，英国、美国称为“公司目的”，法国称为“公司宗旨”，德

① 傅穹.重思公司资本制原理[M].北京：法律出版社，2004：214，217.

国称为“经营对象”。

在传统公司法中，公司的权利受到公司经营范围的限制，其中，英美法系国家，超越公司目的的行为，被认为是绝对无效；大陆法系国家，公司经营范围之外的行为属无效行为。但是，公司经营范围限制公司的权利的理论在实践中产生了极大的弊端，严重窒息了公司的发展活力，限制了公司的发展空间。同时，超越公司经营范围的行为无效，公司不承担任何责任，造成了交易安全危机，损害了市场运行机制。为此，现代公司法顺应了实践的需要，抛弃了传统公司理念，取消了公司经营范围对公司权利能力的限制。但这并不是说公司经营范围没有意义，只是其意义发生了变化。

我国原《公司法》第十一条第二款、第三款规定：“公司的经营范围由公司章程规定，并依法登记。公司的经营范围中，属于法律、行政法规限制的项目，应当依法经过批准。公司应当在经营范围内从事经营活动。公司依照法定程序修改公司章程并经公司登记机关变更登记，可以变更其经营范围。”尽管该条款没有对公司超越经营范围的行为性质及效力作出规定，但规定“公司应当在经营范围内从事经营活动”，说明公司有义务在经营范围内从事经营活动，所以，学者对公司经营范围是否限制公司的权利能力有不同的观点。

我国《民法典》第五百零四条规定：“法人的法定代表人或者非法人组织的负责人超越权限订立的合同，除相对人知道或者应当知道其超越权限外，该代表行为有效，订立的合同对法人或者非法人组织发生效力。”在实践中，已出现为避免受公司经营范围的约束而采取从事任何合法业务的一般性条款的公司，如 2001 年 4 月 2 日成立的北京清华科技园技术资产经营有限公司的营业执照上没有任何具体经营项目，其执照上的经营范围是“法律、法规禁止的，不得经营；应经审批的，未获审批前，不得经营；法律、法规未规定审批的”。[①]

我国现《公司法》对原来的规定进行了修改，将“公司应当在经营范围内从事经营活动”删除，即公司没有义务限制在营业执照登记的经营范围内从事经营活动，公司权利能力不受其经营范围的限制。当然，如果法律、行政法规禁止经营的或者应当经过审批而未得到审批的项目，公司仍然无权经营，其权利能力受其限制。

5. 公司回购自己股权的限制

在当今金融市场，股权回购已经是公司处分其多余现金，从而避免市场惩罚公司不将现金返还给股东的一个标准财务工具。所谓公司股权回购，是指公司与股东之间所进行的股权买卖行为。传统公司法对公司回购自己的股权持否定态度，其原因在于以下几点。首先，如果一家公司购买另外公司的股票，它就拥有了一项可记账甚至可抵押的资产。但是如果公司购买了自己的股份，那么，它拥有什么呢？当然不是一项“资产”。股权回购将使公司的资产减少，减少了公司借款的基础，减少了总的股东收益。其次，股权回购导致股东出资的返还，如果以公司的资本或者公积金作为购买股份的资金，则必然侵害公司债

① 毛亚敏.公司法比较研究[M].北京：中国法制出版社，2001：34.

权人的利益。另外，股权回购还对股东平等、交易公平性等原则产生危害。所以，许多国家和地区的传统公司法都禁止或者原则禁止、例外允许公司股权回购。其中，欧盟国家采取“原则禁止，例外允许”的模式。如法国《商事公司法》第二百一十七条、德国《股份公司法》第七十一条、1992年《欧盟第二公司法指令》第十九条规定，原则禁止公司股权回购，但基于员工认股、认股期权的考虑，可以实行公司股权回购。

我国原《公司法》股权回购制度采用了欧盟国家的“原则禁止，例外允许”的模式，该法第一百四十三条规定：“公司不得收购本公司的股票，但为减少公司资本而注销股份或者与持有本公司股票的其他公司合并时除外。公司依照前款规定收购本公司的股票后，必须在十日内注销该部分股份，依照法律、行政法规办理变更登记并公告。公司不得接受本公司的股票作为抵押权的标的。”另外，《上市公司章程指引》规制了股份回购架构，允许有条件地例外性股份回购。条件包括：(1) 经公司章程规定的程序通过；(2) 报国家有关主管机构批准。例外情形包括：(1) 为减少公司注册资本而注销股份；(2) 与持有本公司股票的其他公司合并；(3) 法律、行政法规许可的其他情形。

现《公司法》对股权回购进行了以下修改。

第一，增加了有限责任公司股权收购制度。《公司法》第七十四条规定：“有下列情形之一的，对股东会该项决议投反对票的股东可以请求公司按照合理的价格收购其股权：(一) 公司连续五年不向股东分配利润，而公司该五年连续盈利，并且符合本法规定的分配利润条件的；(二) 公司合并、分立、转让主要财产的；(三) 公司章程规定的营业期限届满或者章程规定的其他解散事由出现，股东会会议通过决议修改章程使公司存续的。自股东会会议决议通过之日起六十日内，股东与公司不能达成股权收购协议的，股东可以自股东会会议决议通过之日起九十日内向人民法院提起诉讼。”

第二，增加和完善了股份有限公司回购的例外情形。《公司法》第一百四十二条规定：“公司不得收购本公司股份。但是，有下列情形之一的除外：(一) 减少公司注册资本；(二) 与持有本公司股份的其他公司合并；(三) 将股份用于员工持股计划或者股权激励；(四) 股东因对股东大会作出的公司合并、分立决议持异议，要求公司收购其股份；(五) 将股份用于转换上市公司发行的可转换为股票的公司债券；(六) 上市公司为维护公司价值及股东权益所必需。公司因前款第(一)项、第(二)项规定的情形收购本公司股份的，应当经股东大会决议；公司因前款第(三)项、第(五)项、第(六)项规定的情形收购本公司股份的，可以依照公司章程的规定或者股东大会的授权，经三分之二以上董事出席的董事会会议决议。公司依照本条第一款规定收购本公司股份后，属于第(一)项情形的，应当自收购之日起十日内注销；属于第(二)项、第(四)项情形的，应当在六个月内转让或者注销；属于第(三)项、第(五)项、第(六)项情形的，公司合计持有的本公司股份数不得超过本公司已发行股份总额的百分之十，并应当在三年内转让或者注销。上市公司收购本公司股份的，应当依照《中华人民共和国证券法》的规定履行信息披露义务。上市公司因本条第一款第

（三）项、第（五）项、第（六）项规定的情形收购本公司股份的，应当通过公开的集中交易方式进行。公司不得接受本公司的股票作为质押权的标的。”

根据《公司法》的规定，我国股权回购制度具有以下特点。

第一，法律没有规定有限责任公司股权回购权，只是规定有限责任公司在特定情形下的强制回购的义务。如果按照民商法的“意思自治原则”解释，法律没有限制有限责任公司回购股权，公司就可以回购。但是，本书认为，股权回购可能产生许多弊端，如果放任公司股权回购，将危害公司债权人的利益，影响交易安全。所以，法律应当明确限制有限责任公司主动回购自己的股权，而仅仅允许公司在特定情形下进行股权回购。而特定情形就是《公司法》第一百四十二条规定的股份有限公司可以回购股权的情形。

另外，《公司法》没有规定有限责任公司回购股权的资金来源，没有规定公司回购股权的处理，也没有规定公司是否可以接受本公司出资证书作为质押权的标的，这将直接影响有限责任公司股权回购制度的存在和发展。本书认为，有限责任公司应当按照《公司法》第一百四十二条的规定处理自己股权，不得接受自己的出资证书作为质押权的标的。

第二，法律对股份有限公司股份回购采用“原则禁止，允许例外”的原则，即原则上禁止股权回购，只有在特定情形下才能股份回购。

第三，股份有限公司应当依法回购股份，并在法定期间内依法注销、转让持有本公司的股权。

二、公司的行为能力

公司的行为能力，是指公司以自己的意思或者行为独立取得权利、承担义务的资格。我国《民法典》第五十七条规定，法人具有民事行为能力。我国的公司都是法人，所以都具有行为能力。

公司与自然人不同，其本身不能实施民事行为，而是通过其机关来实现其行为能力的。公司的机关是公司的组成部分，公司机关以公司的名义对外进行的民事法律行为就是公司本身的行为。公司机关的行为体现着公司的意志，代表了公司的整体利益，其产生的权利和义务也由公司享有和承担。

公司的代理人不是公司的机关，代理人根据公司的委托，以公司的名义与第三人进行民事法律行为，其产生的权利和义务也由公司享有和承担。但代理人不同于公司机关，不是公司的组成部分，而是一个独立的民事主体，代理人的意志与公司法人的意志是各自独立存在的。

公司代表机关，没有具体行为资格，所以，公司代表机关必须是行为实体，即自然人，才能对外代表公司进行民事法律行为。如果政府或者法人为股东而被当选为公司的董事时，必须指定自然人代表行使职务。

三、公司的侵权行为能力

我国《民法典》规定，法人应当独立承担民事责任，《公司法》第十二章进一步明确了公司的法律责任，所以，公司具有侵权行为能力。

公司侵权行为能力应当具备以下条件。

（一）必须是公司代表机关或者其他有权代表公司的人实施的行为

公司法人代表机关的行为就是公司本身的行为，公司必须对此行为负责。此外，其他有权代表公司的人（公司的董事长、经理等）的行为，公司也应当为此负责。但是，公司的非代表机关或者不能代表公司的一般从业人员实施的侵权行为，不能作为公司的侵权行为。

（二）必须是公司机关成员执行公司职务行为

公司机关成员以公司名义对外代表公司实施的民事行为，属于公司的本身行为，公司应当为此负责。但是，如果公司机关成员不代表公司执行公司职务的作为或者不作为，公司就无须对此行为负责，而由当事人自己负责。

（三）必须是公司机关成员在执行职务时所实施的侵权行为，即其行为必须具备一般侵权行为的要件

公司因为侵权行为致使他人受到损害时，应当对受害人负损害赔偿责任。公司赔偿了他人损失后，可视具体情况决定是否可以请求实施侵权行为的公司机关成员作出补偿。但这种补偿请求的依据不是法律，而是公司章程及内部规章。

第八节　公司法

公司法是规定公司组织和行为的法律规范的总称，是组织法，也是行为法。公司法的内容包括公司的种类、法律地位、性质、设立、治理结构、财会制度、变更、股权转让、解散与清算等，所以，公司法又是实体法，也是程序法。

一、公司法的渊源

公司法属于国内法，各国和各地区根据其实际情况制定相应的公司法。法的存在形式包括成文法和判例法两大类，但是无论是大陆法系国家和地区还是英美法系国家和地区都制定了相应的公司法。综合起来看，各国和各地区公司法渊源可以分为以下几种类型。

（1）制定独立的公司法典式。这种类型就是制定一部公司法典，将公司的各种问题全面系统地进行规定。如中国（除澳门特别行政区外）、英国等。

（2）在民法典中规定公司问题。采取这种类型的国家都是民商合一的国家或者地

区，如意大利、瑞士等。

(3) 在商法典中规定公司问题，但随着形势的发展又补充单行公司法规。典型的国家或者地区有法国、日本、德国、中国澳门特别行政区等。

(4) 地方型公司立法。美国的公司立法权属于各个州，全国没有统一的公司法，各个州负责制定本州的公司法。

此外，在英美法系国家和地区，公司法的渊源还包括涉及公司的案例。

二、公司法的特征

与其他法律比较，公司法具有以下特征。

（一）公司法是商事组织法

一般认为，商事主体包括独资企业、合伙企业和公司企业。商事主体的特点是以营利为目的，但不同的商事主体还存在着许多区别。公司具有一般商事主体的基本特征，同时，公司也有自身的特点。公司法规定了公司的种类、设立条件、设立程序、章程、变更、组织机构，以及公司的名称、住所、法定代表人等内容，所以，公司法是商事组织法。

（二）公司法是商事行为法

公司法还规制了公司的商事活动。商事活动很多，需要多种法律进行规范调整，如票据法、证券法、保险法、合同法、海商法等。公司法规范了股票的发行与转让、债券的发行与转让、有限责任公司股权转让等，从这个角度来看，公司法是商事行为法。

（三）公司法是实体法

公司法规定了股东的权利与义务、董事的权利与义务、监事的权利与义务、经理等高级管理人员的权利与义务等，从这个角度来看，公司法是实体法。

（四）公司法是程序法

公司法规定了公司设立程序、股东大会的召集程序、董事会和监事会的召集程序、公司合并与分立程序、增资与减资、解散与清算程序等，从这个角度来看，公司法是程序法。

三、各国公司立法

（一）德国公司立法

德国的公司立法最早见于1861年的旧商法的第二编。1897年，德国制定了新商法，其中第二编为“商事公司及隐名合伙”，共五章，分别规定了无限责任公司、两合公司、股份公司、股份两合公司的组织及活动。1892年，德国通过了世界上第一部有限责任公司法——《私人有限公司法》。1965年9月6日，德国颁布了新的《联邦德国股份公司法》，1993年7月22日修改。1993年7月22日，德国修改了《德国有限责任公司法》。

（二）法国公司立法

法国实行民商分立，公司法属于商法范畴。法国商法始于1673年路易十四皇帝颁布的《商事敕令》。《商事敕令》专门规定陆商的法律问题，包括商人、票据、破产、商事裁判的管辖等内容，其中，商人的部分内容专门规定了公司。1807年，法国颁布了第一部资本主义商法典——《法国商法典》，该法典的第一编商行为中的第三章是关于公司的规定，共29条。1966年，法国制定了一部全面规定各种公司形式的《法国商事公司法》，共509条。

（三）英国公司立法

1844年，英国国会通过一项法律，允许私人组织公司并采用完全公开原则作为保护投资公众利益的最佳方式。1856年，英国颁布了现代意义的《有限责任公司法》。1985年，英国颁布了《1985年公司法》。1989年，英国颁布了《1989年公司法》。

（四）美国公司立法

在美国，联邦政府只能制定涉及公司破产、证券等方面的法律，1933年制定了《证券法》，1934年制定了《证券交易法》。关于企业组织的立法权属于州议会，于是，50个州便有50个公司法。为了使各州相同对象的立法能够统一，有学者拟订示范公司法给各州议会参考使用。现在，美国尚未形成统一公司法，但1950年美国律师协会制定起草的《示范公司法》已经对各州立法发生了作用。纽约州在1807年制定了第一部关于公司的法律，允许私人组织公司。特拉华州的《普通公司法》对整个美国影响最大，该法的特点就是灵活和方便，在纽约证券交易所上市的股份公司近一半是在该州注册的。由于美国经济对全球的决定性影响和美国社会在商业活动中的活力所在，美国在公司立法方面的经验引起世界各国的关注，许多制度为世界各国所效仿。

（五）日本公司立法

日本是民商分立的国家。1890年，日本仿效德国颁布了《商法典》，即旧商法。1899年，日本颁布了新商法。1938年，日本颁布了《有限公司法》。第二次世界大战后，日本受到美国公司立法的影响，对公司法进行了较大修订。1955年、1962年、1963年、1966年、1981年均修订过公司法。1990年，日本对《商法典》和《有限公司法》作了修订。2003年10月，日本提出了《关于日本公司法现代化的纲要试案》，指明了日本公司立法改革的方向。2005年7月26日，日本制定了《日本公司法》。

（六）中国公司立法

1903年，清政府聘用日本的商法专家帮助起草了《公司律》，这是我国最早的成文公司法典。该法共131条，规定："凡凑集资本共营贸易者，名为公司。"该法规定公司的形式有四种：合资公司、合资有限公司、股份公司和股份有限公司。1910年，清政府制定了《商事草案》，其中第二编为"公司律"。辛亥革命后，中华民国于1914年颁布了《公司条例》和《证券交易法》，规定公司的形式有无限公司、两合公司、股份有限公司和股份两合公司。1929年，中华民国政府颁布了《公司法》，共233条，除了继续保留前四种形式的公司外，又增加了外国公司形式。

我国台湾地区于1966年、1968年、1969年、1970年、1980年、1983年、1990年、1991

年、2001 年对所谓的“公司法”进行了多次修订。我国台湾地区现行的所谓的“公司法”规定的公司形式已经没有了股份两合公司。

中华人民共和国成立后，废除了国民党政府的《六法全书》。1950 年，政府颁布了《私营企业暂行条例》，规定了独资企业、合伙企业和公司三种形式。公司的形式包括无限公司、有限公司、两合公司、股份有限公司和股份两合公司。私营企业在我国的社会主义改造后，就不再存在。1979 年，国家颁布了《中华人民共和国中外合资经营企业法》，规定外国合营者与中国合营者创办的企业是有限责任公司。1988 年，国务院颁布了《中华人民共和国私营企业暂行条例》，其中规定了有限责任公司。

1993 年 12 月 29 日，第八届全国人民代表大会常务委员会第五次会议通过了《中华人民共和国公司法》，并于 1994 年 7 月 1 日正式实施。该法共有 11 章，计 230 条。1999 年 12 月 25 日，第九届全国人民代表大会常务委员会第十三次会议通过了《公司法》第一次修正案。2004 年 8 月 28 日，第十届全国人民代表大会常务委员会第十一次会议通过了《公司法》第二次修正案。2005 年 10 月 27 日第十届全国人民代表大会常务委员会第十八次会议通过了《公司法》第三次修正案，并于 2006 年 1 月 1 日开始实施。2013 年 12 月 28 日，第十二届全国人民代表大会常务委员会第六次会议通过了《关于修改〈中华人民共和国海洋环境保护法〉等七部法律的决定》，对《公司法》也进行了修订。该法于 2014 年 3 月 1 日起实施。2018 年 10 月 26 日，第十三届全国人民代表大会常务委员会第六次会议再一次修订了《公司法》。

在多次修正案中，前两次修正案对原《公司法》修改的范围较小，第三次修正案对原《公司法》进行了大规模的修订。据统计，在这次修正案中，原《公司法》中的共 37 条内容得以保留，60 条被删除，114 条被修改，新增加了 32 条，修改范围超过 80%。2005 年《公司法》增加了“有限责任公司的股权转让”和“公司董事、监事、高级管理人员的资格和义务”两章，从原来的 11 章增加到 13 章；2005 年《公司法》在“有限责任公司的设立和组织机构”一章中增加了“一人有限责任公司的特别规定”一节，在“股份有限公司的设立和组织机构”一章中增加了“上市公司组织机构的特别规定”一节。2013 年 12 月 28 日通过的 2013 年《公司法》对 2005 年《公司法》中的公司注册资本制度进行了重大修改，且删除了第 29 条，致 29 条以后的条款号全部改变。2018 年 10 月 26 日通过的 2018 年《公司法》对 2013 年《公司法》的第一百四十二条进行了较大程度修订。

2019 年 3 月 15 日，第十三届全国人民代表大会第二次会议通过了《中华人民共和国外商投资法》。该法确定，外商投资是指外国的自然人、企业或者其他组织（以下简称外国投资者）直接或者间接在中国境内进行的投资活动。国家对外商投资实行准入前国民待遇负面清单管理制度。准入前国民待遇就是指在投资准入阶段给予外国投资者及其投资不低于本国投资者及其投资的待遇；负面清单就是指国家在特定领域对外商投资实施的准入特别管理措施。国家对负面清单之外的外商投资，给予国民待遇。同时，该法还规定，外商投资企业的组织形式、组织机构及其活动准则，适用《中华人民共和国公司法》《中华人民共和国合伙企业法》等法律规定；本法自2020年1月1日起施行。《中华人民共和国中外合资企业法》《中华人民共和国外资企业法》《中华人民共和国中外合作经营企业法》同时废止。本法施行前依照《中华人民共和国中外合资企业法》《中华人民共和国外资企业法》《中华人民共和国中外合作经营企业法》设立的外商投资企业，在本法施行后五年内可以继续保留原企业组织形式等。具体实施办法由国务院规定。

思考题

1. 甲公司由A、B、C三位股东投资设立，经营环保事业，业绩很好。乙公司由A与E、F共同投资设立，经营房地产，需要大量资金。现在，乙公司准备向甲公司借款1 000万元人民币，还希望向中国银行某支行贷款，请甲公司为其担保。请问：

根据我国《公司法》的规定，乙公司的以上目标是否可以实现？为什么？

第二章 公司的设立

第一节 引 言

【案例】

2019年11月，A、B、C、D、E、F六人准备共同投资设立甲有限责任公司。其中A出资200万元，其他人各出资30万元，主营餐饮业。在甲公司还没有成立之前，A为了将来甲公司经营方便，作为六位出资人代表，以甲公司名义与乙公司签订餐馆用房租赁合同，承租了乙公司近2 000 m^2的商业楼，年租金30万元，租期为10年，支付定金30万元。同时，A还以自己的名义与丙公司签订房屋装修合同，支付定金20万元。正在A忙着准备公司登记、酒楼开业时，发生重大疫情，餐饮业受到极大冲击。为了最大限度地减少损失，大家决定不成立甲公司。

但是，A却为此非常烦恼，因为其为了将要成立的甲公司，分别与乙、丙公司签订了房屋租赁、房屋装修合同，且支付了数十万元定金。请问：

甲公司在设立过程中夭折，但因此而产生的费用应当如何分配呢？为什么？

【案例分析】

《〈公司法〉司法解释（三）》规定：如果发起人为设立公司以自己的名义对外签订合同，合同相对人有权请求该发起人承担合同责任；在公司成立后，合同相对人有权请求公司承担合同责任。

如果发起人以设立中"公司"名义对外签订合同，"公司"因故未成立，债权人可以请求全体或者部分发起人对设立公司行为所产生的费用和债务承担连带责任。部分发起人承担责任后，可以请求其他发起人按照约定的个人承担比例分担责任，或者按照约定的出资比例分担责任，或者按照均等份额分担责任。

本案中，A、B、C、D、E、F六人分别以A出资200万元，B、C、D、E、F分别出资30万元，作为发起人设立甲公司。在甲公司还没有成立之前，A作为发起人以甲公司名义与乙公司签订餐馆用房租赁合同，支付定金30万元。同时，A作为发起人还以自己的名义与丙公司签订房屋装修合同，支付定金20万元。

现在，甲公司因故未成立，而作为发起人的A与乙公司签订的房屋租赁合同，以及与丙公司签订的房屋装修合同均已生效，且均已分别支付定金30万元和20万元，但都不能履行，需要承担相应的法律责任，既不能向乙公司取回30万元定金，也不能向丙公司取回20万元定金。A已经作为发起人承担了总金额为50万元的责任。

所以，A在承担甲公司因故未成立而产生的费用和50万元债务后，可以请求其他发起人按照约定出资比例分担责任。

【评析】

投资办公司是一项风险很高的活动，需要特别注意风险问题，否则就可能遭受重大损失。本案中的A、B、C、D、E、F六人对风险考虑不够，最终导致公司没有成立却要承担巨大经济损失。同时，公司发起人本身就是利益共同体，相互之间应当充分信任，更应当同甘共苦。尽管A、B、C、D、E、F此次合作设立公司失败，但也检验了每个人的德行和格局。

第二节　公司设立概述

一、公司设立的概念

公司设立就是发起人为创办公司，取得法人资格而进行的一系列法律行为。公司设立的本质就是建立新的公司主体。公司设立不同于公司成立。公司成立是公司经过设立程序后，具备了法律规定的条件，经过主管机关核准登记，签发营业执照，成为独立法人的事实。公司设立的目标就是公司成立，公司设立是公司成立的前提。同时，有了公司设立，并不一定就会有公司成立，公司设立并不必然导致公司成立。另外，如果公司最后成立了，公司设立中发生的债权债务一般由根据设立行为而成立的公司承担；如果公司没有成立，公司设立中发生的债权债务则由发起人连带承担。

《公司法》第六条规定："设立公司，应当依法向公司登记机关申请设立登记。符合本法规定的设立条件的，由公司登记机关分别登记为有限责任公司或者股份有限公司；不符合本法规定的设立条件的，不得登记为有限责任公司或者股份有限公司。法律、行政法规规定设立公司必须报经批准的，应当在公司登记前依法办理批准手续。公众可以向公司登记机关申请查询公司登记事项，公司登记机关应当提供查询服务。"

二、公司设立的原则

公司设立的原则实际就是国家对设立公司的基本态度。由于社会政治经济条件、传统文化、法律文化等因素的差异，各国对公司设立的态度在各个时期都有较大差异。所以，公司设立原则具有地域性、时代性。概括起来，公司设立原则主要有以下四种。

（一）自由设立原则

自由设立原则，也称为放任主义，是指国家不干涉公司设立，公司是否设立、如何设立，完全由当事人自己决定。在欧洲中世纪，公司发展初期，国家对公司设立就采取这种态度。自由设立原则便利了公司的产生，但容易导致公司与合伙难以区分，虚假公司泛滥，危及债权人的权益，影响交易安全，国家难以控制。所以，自由设立原则已经被各国抛弃，成为历史。

（二）特许设立原则

特许设立原则，是指公司设立必须经由国家颁发专门的法令予以特别许可方能设立。特许设立原则起源于13—15世纪，盛行于17、18世纪。特许设立原则其实就是国家权力的延伸。1600年成立的英国东印度公司等就是经过国王特许设立的。特许设立原则容易形成行业垄断，阻碍自由竞争和统一市场的形成，不利于市场经济的发展。到19世纪，特许设立原则被各国所抛弃，成为历史。

（三）核准设立原则

核准设立原则，也称为审批主义，是指公司设立除必须具备法律规定的一般条件外，还必须经过政府行政主管机关审批。法国早期的《商事条例》最早确立这一原则，后为德国等欧洲国家所效仿。核准设立原则显然比特许设立原则进步了，方便了公司的设立，但仍然有碍公司的成立和发展。

（四）准则设立原则

准则设立原则，又称为登记主义，是指法律规定公司设立的条件，如果发起人认为具备法律规定的条件，就可以直接向公司登记机关申请登记，无须经过主管机关审批。较核准设立原则，准则设立原则减少了国家对公司设立的审查，有利于公司的产生和发展。但是，这种原则容易造成公司的泛滥。所以，许多国家对传统准则设立原则进行了修改，从严制定了公司设立的条件，强化了国家机关对申请的审查，这就是所谓的严格准则设立原则。它克服了核准设立原则程序繁琐的缺点，又不像自由设立原则那样对公司设立放任自流，是一种比较科学的公司设立原则，为现代大多数国家所采用。

我国1993年12月29日制定的《公司法》对公司设立采取了以下态度：第一，对设立一般的有限责任公司采取严格的准则设立原则，凡符合法律规定条件的，即可直接向公司登记机关申请注册登记，但对于法律、行政法规规定必须报批的有限责任公司，须在登记前办理审批手续，即仍然采取核准设立原则；第二，对设立股份有限公司，仍然采取核准设立原则，即设立股份有限公司必须经过国务院授权的部门或省级人民政府批准。

但是，现《公司法》对此进行了修改，对设立股份有限公司和有限责任公司采取同样的态度，即严格准则设立原则，设立股份有限公司无须经过国务院授权的部门或省级人民政府批准。

第三节　公司设立的方式

根据《公司法》规定，公司设立方式有发起式设立和募集式设立两种。

一、发起式设立

发起式设立是指公司设立时，公司注册资本由发起人全部认购，不向发起人之外的任何人募集而设立公司的方式。

无限责任公司、两合公司和有限责任公司属于封闭式公司，不能向社会发行股份，只能采取发起式设立公司。股份有限公司属于开放式公司，既可以采取发起式设立，也可以采取募集式设立公司。

发起式设立公司具有许多优点：无须招股，公司设立周期短，设立费用少，同时，发起式设立公司的注册资本为在公司登记机关登记的全体发起人认购的股本总额，不是实缴股本总额。发起式设立是世界上比较通行的公司设立方式。发起式设立公司的缺点在于，对于资金需求量很大的公司来讲，发起人出资责任太大。所以，发起式设立方式不适合于设立大型公司。

二、募集式设立

募集式设立是指公司设立时，发起人仅认购公司一定比例的股份，其余公开募集而设立公司的方式。募集式设立与发起式设立的主要不同在于，募集式设立公司可以向外招募股份。

募集式设立公司的优点在于，可以通过以发行股份的方式吸收社会闲散资金，在短期内筹集成立公司所需的巨额资本，缓解发起人的出资压力，便于公司成立。募集式设立公司的缺点在于，募集式设立公司需要许多繁琐的程序，公司设立周期长，设立费用高。通常只有设立需要巨额资本的公司时才采取募集式设立公司。

各国公司法对募集式设立公司都有一些限制，加重了发起人的责任，保护了广大投资者的利益。我国新、原《公司法》都规定，以募集式设立股份有限公司的，发起人认购的股份不得少于公司股份总数的百分之三十五。同时，《公司法》第八十条第二款规定："股份有限公司采取募集方式设立的，注册资本为在公司登记的实收股本总额。"而发起式设立股份有限公司则没有以上要求。

募集式设立可分为公开募集式设立和非公开募集式设立。公开募集式设立，是指股份有限公司发起人向不特定对象、向累计超过二百人的特定对象发行股份，或者法律、行政法规规定的其他发行行为筹集资本的设立公司的行为。非公开募集式设立，是指股份有限公司发起人向累计不超过二百人的特定对象，不采用广告、公开劝诱和变相公开方式发行股份而筹集资本的设立公司的行为。

相对来说，非公开募集设立公司具有吸收社会闲散资金、在短期内筹集成立公司所需的巨额资本、缓解发起人的出资压力、便于公司成立等优点，同时还兼有设立周期短、设立费用少的特点。

第四节　公司设立的条件

公司设立的条件是指公司成立所必须具备的基本要素。我国《公司法》对有限责任公司和股份有限公司的设立条件作了规定。《公司法》对公司设立条件要求较低，大大方便了公司的成立。

一、有限责任公司的设立条件

按照《公司法》规定，设立有限责任公司，应当具备以下基本条件。

（一）股东符合法定人数

《公司法》第二十四条规定："有限责任公司由五十个以下股东出资设立。"这些股东既可以是自然人，也可以是法人，在法律上没有特别限制。作为自然人的发起人应当具有完全民事行为能力。作为法人的发起人，一般不能是政府机关。《公司法》允许一人有限责任公司的存在。但是，为了防止股东利用公司逃避债务，《公司法》对一人有限责任公司的设立增加了一些特别条件，并对股东对公司承担有限责任加以特别规定。《公司法》规定，一个自然人只能投资设立一个一人有限责任公司，并且该一人有限责任公司也不能投资设立新的一人有限责任公司。一人有限责任公司应当在其执照中载明自己的特点。另外，《公司法》第六十三条规定："一人有限责任公司的股东不能证明公司财产独立于股东自己的财产的，应当对公司债务承担连带责任。"原《公司法》规定，有限责任公司由两个以上五十个以下股东共同出资设立，没有承认一人有限责任公司。

（二）股东出资达到法定资本最低限额

股东出资是股东依法应当履行的义务，是取得股东资格、行使股东权利的前提条件。股东出资是公司作为独立经济组织赖以存在的物质基础，出资不到位或者不能全部到位，可能影响成立的公司正常的经营活动，也不利于保护公司债权人的合法权益。公司股东以其认缴的出资额为限，对公司债务承担责任。公司股东出资应当何时到位影响公司运行，影响公司利益，与他人关系不大。为此，我国《公司法》不再强制要求公司最低出资限额，公司注册资本金额完全由公司根据自己的需要确定。另外，《公司法》不再规定公司股东出资到位时间。公司股东出资到位时间也完全由公司自己决定。

我国对外商投资企业没有规定法定资本最低限额，所以，如果设立的是有限责任公司，应当按照《公司法》的规定执行。

（三）股东共同制定公司章程

公司章程是依法设定公司内部的法律关系，确立公司内部管理体制和公司运行程序，明确股东及公司机关权利义务关系的制度规则，也是公司有效成立的法律文件。《公司法》规定："股东共同制定公司章程"。这说明公司章程的各项规定由全体股东参加制定，全体股东或股东代表必须在公司章程上签名、盖章。一人有限公司的章程由股东制定。

公司章程的记载事项，一般包括绝对必要记载事项、相对必要记载事项、相对记载事项和任意记载事项。绝对必要记载事项是涉及公司重大问题的内容，是法律强制性规定、应该在公司章程中记载的，缺少其中任何一项，公司就不能成立。相对必要记载事项是法律列举的、由章程制定人自主决定如何记载的内容。相对记载事项一般也由法律予以列举，但仅供股东选择、参考。任意记载事项，法律没有列举，股东结合公司的实际情况，在不违法的前提下，决定是否记载在公司章程中。《公司法》第二十五条规定："有限责任公司章程应当载明下列事项：（一）公司名称和住所；（二）公司经营范围；（三）公司注册资本；（四）股东的姓名或者名称；（五）股东的出资方式、出资额和出资时间；（六）公司的机构及其产生办法、职权、议事规则；（七）公司法定代表人；（八）股东会会议认为需要规定的其他事项。股东应当在公司章程上签名、盖章。"

公司章程一经制定，对公司的各机构、股东等具有约束力。《公司法》第十一条规定："公司章程对公司、股东、董事、监事、高级管理人员具有约束力。"另外，作为公司的纲领，在特定情形下，公司章程还会对第三人产生影响。如第三人明知公司章程规定公司不能进行某项事务，仍然与公司的法定代表人进行此项事务，在法律上可能不会发生法律效力。

外商投资企业的章程必须经过商务部批准同意才能生效。

（四）有公司名称，建立符合公司要求的组织机构

公司名称是一个公司特定人格的表示，是一个公司区别于其他公司的重要标志。在我国，基本上是采用的"有限制的自由主义原则"与"真实原则"。"有限制的自由主义原则"是指，在不违反法律之规定的前提下，公司可以根据自己的意志选择自己的名称。"真实原则"是指，公司选择的名称必须与经营的内容、经营的范围、承担的责任一致，不使他人产生误解，也可保护社会利益。

《公司法》第八条规定："依照本法设立的有限责任公司，必须在公司名称中标明有限责任公司或者有限公司字样。依照本法设立的股份有限公司，必须在公司名称中标明股份有限公司或者股份公司字样。"

一人有限责任公司必须在其公司登记中标明自己的特点。《公司法》第五十九条规定："一人有限责任公司应当在公司登记中注明自然人独资或者法人独资，并在公司营业执照中载明。"这样做的目的在于使他人一看就知道该公司为一人有限责任公司，是一个

自然人股东或者法人股东，股东对公司承担有限责任，第三人因此可以了解交易风险，保护自己的利益。

2020 年 12 月 14 日国务院第 118 次常务会议修订通过，且在 2021 年 3 月 1 日施行的《企业名称登记管理规定》规定："企业只能登记一个企业名称，企业名称受法律保护。企业名称应当使用规范汉字。民族自治地方的企业名称可以同时使用本民族自治地方通用的民族文字。企业名称由行政区划名称、字号、行业或者经营特点、组织形式组成。跨省、自治区、直辖市经营的企业，其名称可以不含行政区划名称；跨行业综合经营的企业，其名称可以不含行业或者经营特点。企业名称中的行政区划名称应当是企业所在地的县级以上地方行政区划名称。市辖区名称在企业名称中使用时应当同时冠以其所属的设区的市的行政区划名称。开发区、垦区等区域名称在企业名称中使用时应当与行政区划名称连用，不得单独使用。企业名称中的字号应当由两个以上汉字组成。县级以上地方行政区划名称、行业或者经营特点不得作为字号，另有含义的除外。企业名称中的行业或者经营特点应当根据企业的主营业务和国民经济行业分类标准标明。国民经济行业分类标准中没有规定的，可以参照行业习惯或者专业文献等表述。企业应当根据其组织结构或者责任形式，依法在企业名称中标明组织形式。"

《企业名称登记管理规定》还规定："企业名称不得有下列情形：（一）损害国家尊严或者利益；（二）损害社会公共利益或者妨碍社会公共秩序；（三）使用或者变相使用政党、党政军机关、群团组织名称及其简称、特定称谓和部队番号；（四）使用外国国家（地区）、国际组织名称及其通用简称、特定称谓；（五）含有淫秽、色情、赌博、迷信、恐怖、暴力的内容；（六）含有民族、种族、宗教、性别歧视的内容；（七）违背公序良俗或者可能有其他不良影响；（八）可能使公众受骗或者产生误解；（九）法律、行政法规以及国家规定禁止的其他情形。"

另外："企业名称冠以'中国'、'中华'、'中央'、'全国'、'国家'等字词，应当按照有关规定从严审批，并报国务院批准。国务院市场监督管理部门负责制定具体管理办法。企业名称中间含有'中国'、'中华'、'全国'、'国家'等字词的，该字词应当是行业限定语。使用外国投资者字号的外商独资或者控股的外商投资企业，企业名称中可以含有'（中国）'字样。"

关于公司名称之组成，可以归纳如下：(1) 公司名称应当冠以公司所在地行政区划名称。有特殊情况，也可以不冠以公司所在地行政区划名称。(2) 公司可以选择字号。这是公司自己唯一可以自由选择的内容。字号应当由两个以上的汉字组成。公司有正当理由可以使用本地或者异地地名作字号，但不得使用县以上行政区划名称作字号。私营公司可以使用投资人姓名作字号。(3) 公司应当根据其主营业务，依照国家行业分类标准划分的类别，在公司名称中标明所属行业或者经营特点。(4) 公司应当根据其组织结构或者责任形式，在公司名称中标明组织形式。所标明的组织形式必须明确易懂。有限责任公司，必须在公司名称中标明有限责任公司字样。股份有限公司，必须在公司名称中标明股份有限公司字样。

有限责任公司的组织机构是指依照公司法的规定而设立的公司机构。公司的组织机构包括股东会、董事会、监事会和经理等。这些机构的组成、职权、运行程序等都应该被明确规定。

（五）有自己的住所

公司的住所是其主要机构的所在地，必须在公司章程中载明，在公司登记机关登记，并据以同其客户进行正常的业务联系和办理其他事务，也是政府实施管理、征取税收、确定诉讼管辖、送达司法文书、确定债务履行、确定登记机关等的处所。

二、股份有限公司的设立条件

根据《公司法》第七十六条规定，设立股份有限公司，应当具备以下条件。

（一）发起人符合法定人数

运行中的股份有限公司的股东人数成千上万，在公司设立时，不可能由所有的公司股东共同办理公司设立事宜。因此，法律允许一部分人承担公司设立的责任，这部分人就是发起人。股份有限公司的设立及运作对社会经济生活有较重要的作用和影响，为了维护公共利益和可能成为公司股东的许多人的利益，法律规定发起人应该达到一定人数，同时人数不能太多。《公司法》第七十八条规定："设立股份有限公司，应当有二人以上二百人以下为发起人，其中须有半数以上的发起人在中国境内有住所。"

（二）发起人认购和募集的股本达到法定资本最低限额

注册资本是公司从事经营活动的物质基础，也是公司债权人实现债权的基本担保。《公司法》第八十条规定，以发起式设立股份有限公司的，全体发起人应当足额认缴全部注册资本；第八十四条规定，以募集式设立股份有限公司的，全体发起人应当认缴注册资本的百分之三十五以上，其余部分向社会公开募集。

另外："股份有限公司采取发起设立方式设立的，注册资本为在公司登记机关登记的全体发起人认购的股本总额。股份有限公司采取募集方式设立的，注册资本为在公司登记机关登记的实收股本总额。"

以发起设立方式设立股份有限公司的，发起人应当书面认足公司章程规定其认购的股份，并按照公司章程规定缴纳出资。以非货币财产出资的，应当依法办理其财产权的转移手续。发起人不按照前款规定缴纳出资的，应当按照发起人协议的约定承担违约责任。

（三）股份发行、筹办事项符合法律规定

发起人设立股份有限公司，必须按照法律规定发行股份并进行其他筹办事项。首先，发起人应当签订发起人协议，明确各自在设立公司过程中的权利和义务。其次，发起人按照法律、发起人协议认购并缴纳出资。发起式设立股份有限公司的，发起人应当选举董事、监事，组成董事会和监事会，制定公司章程。

以募集式设立股份有限公司的，发起人根据法律和发起人协议认购公司股份后，公告招股说明书，并制作认股书。同时，发起人应当与依法设立的证券公司签订承销协议，与银行签订代收股款协议。股款缴足后，必须经依法设立的验资机构验资并出具证明。发起人应当在三十日内主持召开公司创立大会。创立大会由认股人组成。发行的股份超过招股说明书规定的截止期限尚未募足的，或者发行股份的股款缴足后，发起人在三十日内未召开创立大会的，认股人可以按照所缴股款并加算银行同期存款利息，要求发起人返还。发起人应当在创立大会召开十五日前将会议日期通知各认股人或者予以公告。创立大会应有代表股份总数过半数的发起人、认股人出席，方可举行。公司创立大会通过公司章程，选举董事、监事，组成董事会、监事会。

（四）发起人制定公司章程，采用募集方式设立的经创立大会通过

股份有限公司的章程是全体发起人共同制定的。以发起式设立股份有限公司的，发起人制定并由全体发起人签字盖章后生效；以募集式设立股份有限公司的，发起人制订公司章程草案后，必须经过创立大会讨论，最后必须经过出席创立大会的代表股份总数半数以上的认股人同意通过，才能真正成为公司章程。我国《公司法》第八十一条规定："股份有限公司章程应当载明下列事项：（一）公司名称和住所；（二）公司经营范围；（三）公司设立方式；（四）公司股份总数、每股金额和注册资本；（五）发起人的姓名或者名称、认购的股份数、出资方式和出资时间；（六）董事会的组成、职权和议事规则；（七）公司法定代表人；（八）监事会的组成、职权和议事规则；（九）公司利润分配办法；（十）公司的解散事由与清算办法；（十一）公司的通知和公告办法；（十二）股东大会会议认为需要规定的其他事项。"

（五）有公司名称，建立符合股份有限公司要求的组织机构

公司的名称应当符合法律、法规的规定。公司的组织机构如股东大会、董事会、监事会及经理等，依照《公司法》和公司章程规定设立、运作。

（六）有公司住所

公司的主要办事机构所在地是公司的住所。

第五节　公司设立的程序

一、有限责任公司的设立程序

根据《公司法》的相关规定，设立有限责任公司主要经过下列程序。

（一）签订发起人协议

发起人协议是发起人之间为设立公司所达成的、明确彼此权利和义务关系的书面合同。与公司章程不同，发起人协议的作用在于规范、约束发起人的行为，其性质类似于合

伙协议。发起人协议的内容包括组建公司的方案、股权分散或集中的程度，发起人之间的职责分工等。所以，发起人协议对公司组建至关重要，对公司的未来发展也有较大影响。

（二）订立公司章程

订立公司章程是公司设立的一个必经程序。任何公司的设立均须订立章程，目的就是为了确定公司的宗旨、设立方式、经营范围、注册资本、组织机构及利润分配等重大事项，为公司设立创造条件，也为将来公司的运作提供基本规范。

（三）报经主管部门审批

《公司法》规定，法律、行政法规规定公司必须报经批准的，应当在公司登记前办理批准手续。在我国，需要经过批准手续的有两种情形：一是某行业的公司由某特定的政府机关审批并进行业务监督管理，如金融性公司需要经中国人民银行及其各级分行批准；二是公司的业务范围中涉及的相关事宜应经某机关的审查批准，如涉及公共安全器材的生产和服务的，需要经过公安机关批准等。报批时，应向政府机关提交申请书、公司章程、资信证明、营业场地使用证、企业名称预先核准通知书等文件。经过审批机关批准后，才可办理注册登记手续。

（四）缴纳出资

公司资本来源于股东的出资。出资是股东基于股东资格对公司所为的一定行为。股东都有出资义务。公司章程中所记载的资本总额，在公司成立时必须落实到每个股东名下。《公司法》第二十六条规定："有限责任公司的注册资本为在公司登记机关登记的全体股东认缴的出资额。法律、行政法规以及国务院决定对有限责任公司注册资本实缴、注册资本最低限额另有规定的，从其规定。"所以，公司注册资本只是公司在公司登记机关登记的由全体股东认缴的出资额，没有要求部分到位，更没有要求完全到位，甚至股东出资到位时间也没有任何法律规定。但是，如果其他法律、行政法规及国务院对有限责任公司有特殊规定的，仍然应当按照这些规定办理。同时，公司股东确实是以其认缴的出资额为限对公司债务承担责任。为此，公司注册资本的作用就是一种股东对公司债务承担的担保额，也是股东之间的一种出资契约。

原《公司法》还强调了股东出资的程序："必须经依法设立的验资机构验资并出具证明。"现《公司法》已经删除了该规定，即公司股东出资已经没有经依法设立的验资机构验资并出具证明的法律义务，具体如何出资完全由公司自己确认，法律不再强制规定。

《公司法》第三十条规定："有限责任公司成立后，发现作为设立公司出资的非货币财产的实际价额显著低于公司章程所定价额的，应当由交付该出资的股东补足其差额；公司设立时的其他股东承担连带责任。"

（五）确立公司管理机关

公司管理机关是对内管理事务，对外代表公司的法定机构。作为法人的公司，其意志的形成和实现，均依赖于法人机关及其成员的活动。因此，公司登记前，必须对公司的权力机构、业务执行机构和监督机构的组成及其成员的分工作出符合法律规定的决定。

（六）申请公司登记

《公司法》第二十九条规定："股东认足公司章程规定的出资后，由全体股东指定的代表或者共同委托的代理人向公司登记机关报送公司登记申请书、公司章程、验资证明等文件，申请设立登记。"法律、行政法规规定设立时必须审批的，还应该提交有关审批文件。公司登记机构应该对于申请设立登记的文件进行认真审查，符合法律规定条件的，应当予以登记，发给营业执照。依法设立的公司，由公司登记机关发给公司营业执照。公司营业执照签发日期为公司成立日期。公司营业执照应当载明公司的名称、住所、注册资本、经营范围、法定代表人姓名等事项。公司营业执照记载的事项发生变更的，公司应当依法办理变更登记，由公司登记机关换发营业执照。

一个自然人只能投资设立一个一人有限责任公司。该一人有限责任公司不能投资设立新的一人有限责任公司。一人有限责任公司应当在公司登记中注明自然人独资或者法人独资，并在公司营业执照中载明。

二、股份有限公司的设立程序

（一）发起式设立程序

采取发起式设立股份有限公司的，公司资本全部由发起人认购，无须向社会公众募集，其设立程序相对简单，与有限责任公司的设立程序相当。原《公司法》规定，设立股份有限公司，必须报国务院授权的部门或省级人民政府审批。这样规定，严重妨碍了股份有限公司的建立和发展。现《公司法》已经将此规定删除。

（二）募集式设立的程序

采取募集式设立股份有限公司，需要对外募集股份，其设立程序相对复杂。与发起式设立程序相比，募集式设立多了下列程序。公开募集式设立公司与非公开募集式设立公司的程序不同。公开募集式设立公司的程序包括以下几点。

1. 发起人认足部分股份

《公司法》第八十四条规定："以募集设立方式设立股份有限公司的，发起人认购的股份不得少于公司股份总数的百分之三十五；但是，法律、行政法规另有规定的，从其规定。"所以，发起人只有认购以上规定比例的股份后，方可进行以后的募集设立行为。

2. 制作招股说明书

招股说明书，又称为募股章程，是公司发起人制订的，向社会公开的，旨在使社会公众了解公司基本情况和认股具体办法的，便于公众认购公司股份的书面文件。根据《公司法》第八十六条规定："招股说明书应当附有发起人制订的公司章程，并载明下列事项：（一）发起人认购的股份数；（二）每股的票面金额和发行价格；（三）无记名股票的发行总数；（四）募集资金的用途；（五）认股人的权利、义务；（六）本次募股的起止期限及逾期未募足时认股人可以撤回所认股份的说明。”

3. 报经国务院证券监督管理机构或者国务院授权的部门注册

由于公开募集股份涉及广大公众的利益，关系到社会经济秩序的正常和稳定，我国《证券法》第九条规定：“公开发行证券，必须符合法律、行政法规规定的条件，并依法报经国务院证券监督管理机构或者国务院授权的部门注册。未经依法注册，任何单位和个人不得公开发行证券。证券发行注册制的具体范围、实施步骤，由国务院规定。有下列情形之一的，为公开发行：(一) 向不特定对象发行证券；(二) 向特定对象发行证券累计超过二百人，但依法实施员工持股计划的员工人数不计算在内；(三) 法律、行政法规规定的其他发行行为。非公开发行证券，不得采用广告、公开劝诱和变相公开方式。”同时，该法还规定，公司申请公开发行股票，依法采取承销方式的，应当聘请证券公司担任保荐人。保荐人应当遵守业务规则和行业规范，诚实守信，勤勉尽责，对发行人的申请文件和信息披露资料进行审慎核查，督导发行人规范运作。

根据我国《证券法》的相关规定：“设立股份有限公司公开发行股票，应该向国务院证券监督管理机构报送募股申请和下列文件：(一) 公司章程；(二) 发起人协议；(三) 发起人姓名或者名称，发起人认购的股份数、出资种类及验资证明；(四) 招股说明书；(五) 代收股款银行的名称及地址；(六) 承销机构名称及有关的协议。依照本法规定聘请保荐人的，还应报送保荐人出具的发行保荐书。法律、行政法规规定设立公司必须报经批准的，还应当提交相应的批准文件。”

4. 公告和招募股份

发起人在募集申请得到证券管理部门核准后，即可以向社会公告招股说明书，邀约公众认购股份，制作认股书，供认股人填写。认股人根据招股说明书和自己的情况，在认股书上填写认购股数、金额、住所，并签名、盖章。认股人按照所认购股数缴纳股款。

股份发行有直接发行与间接发行两种方式。直接发行就是公司直接向社会公众发行。间接发行则是公司以证券公司为中介，向社会公众发行股份。《公司法》第八十七、八十八条规定：“发起人向社会公开募集股份，应当由依法设立的证券公司承销，签订承销协议。发起人向社会公开募集股份，应当同银行签订代收股款协议。代收股款的银行应当按照协议代收和保存股款，向缴纳股款的认股人出具收款单据，并负有向有关部门出具收款证明的义务。”

第八十九条规定：“发行股份的股款缴足后，必须经法定的验资机构验资并出具证明。”

5. 召开创立大会

公司发行股份的股款缴足后，发起人应当在三十日内主持召开公司创立大会。创立大会又称为认股人大会，由认股人组成，决定是否成立公司、公司设立中和公司成立后的重大事项。创立大会是公司成立前的决议机关。《公司法》第九十条规定：“发起人应当在创立大会召开十五日前将会议日期通知各认股人或者予以公告。创立大会应有代表股份总数过半数的发起人、认股人出席，方可举行。创立大会行使下列职权：（一）审议发起人关于公司筹办情况的报告；（二）通过公司章程；（三）选举董事会成员；（四）选举监事会成员；（五）对公司的设立费用进行审核；（六）对发起人用于抵作股款的财产的作价进行审核；（七）发生不可抗力或者经营条件发生重大变化直接影响公司设立的，可以作出不设立公司的决议。创立大会对前款所列事项作出决议，必须经出席会议的认股人所持表决权过半数通过。"

与公开募集式设立公司相比，非公开募集式设立公司的程序相对简单，不必呈报国务院证券监督管理机构或者国务院授权部门核准，无须公告和招募股份。

三、公司设立的效力与责任

公司设立的效力是指公司设立活动所产生的法律效果。公司设立的直接法律效果有两种情形：一是公司经过设立程序，取得公司法人资格，公司成立；二是公司经过设立程序，最后没有登记，公司没有成立，或公司成立无效和被撤销。但无论公司最后是否成立，均存在发起人设立行为效力的问题，以及这些行为后果应该由谁承担的问题。

（一）设立中的"公司"的地位

从发起人开始设立公司到公司正式成立，需要经过一段时间。这段时期的"公司"被称为设立中的"公司"。设立中的"公司"是一种没有独立主体资格的组织，发起人为设立中的"公司"的执行人，因此，发起人的设立行为就是"公司"的行为，其产生的法律后果也应该归属于"公司"。设立中的"公司"以成立一个有独立财产的法人公司为目标，所以，设立中的"公司"与以后成立的公司之间存在着密不可分的联系。有学者认为，两者犹如胎儿和婴儿的关系，两者跨越人格之有无，在实质上属于同一体[①]，因此，设立中的"公司"所享有的财产权利及形成的债权债务应由成立后的公司承继。但是，发起人应该以设立公司的必要行为为限，非为设立公司的必要行为所产生的法律后果，则不应该由以后成立的公司承担。这样，设立公司过程中的行为后果，如果是设立公司所必需的且公司最后成立的情形，那么，公司应该承继这些法律后果；如果不是设立公司所必要的或者公司最后没有成立，成立后被裁定为无效的、被撤销的，则由发起人连带承担设立行为所产生的法律后果。

（二）发起人的责任

发起人是公司设立行为的具体实施者。发起人的设立行为对于认股人、其他股东、将来成立的公司都有直接的联系。为了增加发起人的责任感，防止发起人欺诈相关人员或单位，各国公司法均对发起人规定了严格的法律责任。

---

① 柯芳枝.公司法论[M].北京：中国政法大学出版社，2004：18.

1. 在公司成立的情形下，发起人的责任

首先，发起人有公司资本充实责任。发起人必须保证公司登记时，其财产的实际价值不得少于登记的资本额。如果公司登记时，其财产不能满足登记的资本数额时，发起人有义务填补其中的差额。我国《公司法》第三十条规定："有限责任公司成立后，发现作为设立公司出资的非货币财产的实际价额显著低于公司章程所定价额的，应当由交付该出资的股东补足其差额；公司设立时的其他股东承担连带责任。"该法第九十三条规定："股份有限公司成立后，发起人未按照公司章程的规定缴足出资的，应当补缴；其他发起人承担连带责任。股份有限公司成立后，发现作为设立公司出资的非货币财产的实际价额显著低于公司章程所定价额的，应当由交付该出资的发起人补足其差额；其他发起人承担连带责任。"

其次，发起人有损害赔偿责任。为了防止发起人借设立公司侵害公司、认股人、其他股东、第三人的利益，各国公司法都特别规定了发起人的责任。我国《公司法》第九十四条第三项规定："在公司设立过程中，由于发起人的过失致使公司利益受到损害的，应当对公司承担赔偿责任。"发起人对公司承担责任采取过错责任原则，即发起人有过错才对公司承担责任。但是，由于发起人在公司成立后为公司的大股东，公司的董事、监事和高级管理人员大都与发起人有着许多联系，因此，真正要求公司发起人股东承担赔偿责任的情形并不多见。

2. 在公司不能成立的情形下，发起人的责任

公司不能成立时，股份有限公司的发起人应当承担下列责任：(1) 对设立行为所产生的债务和费用负连带责任；(2) 对认股人已缴纳的股款，负返还股款并加算银行同期存款利息的连带责任。

（三）相关司法解释

1. 发起人的概念

《公司法》没有提及有限责任公司发起人，仅规定了股份有限公司发起人，也没有对发起人的概念作出界定。由于发起人需要承担发起责任，如果没有明确的定义，将导致许多纠纷，为此，最高人民法院在 2020 年 12 月 23 日通过了新的《〈公司法〉司法解释(三)》。其中第一条规定："为设立公司而签署公司章程、向公司认购出资或者股份并履行公司设立职责的人，应当认定为公司的发起人，包括有限责任公司设立时的股东。"

2. 发起人的民事责任

发起人为公司设立进行各种民事活动，根据其行为的性质不同，承担不同的民事法律责任。

如果发起人为设立公司以自己名义对外签订合同，合同相对人有权请求该发起人承担合同责任；如果公司成立后对该合同予以确认，或者已经实际享有合同权利或者履行合同义务，合同相对人有权请求公司承担合同责任。

如果发起人以设立中"公司"名义对外签订合同，公司成立后合同相对人有权请求公司承担合同责任。公司成立后有证据证明发起人利用设立中公司的名义为自己的利益与相对人签订合同，公司可以以此为由主张不承担合同责任，但相对人为善意的除外。

公司因故未成立，债权人可以请求全体或者部分发起人对设立公司行为所产生的费用和债务承担连带清偿责任。部分发起人承担责任后，可以请求其他发起人按照约定的责任承担比例分担责任，或者按照约定的出资比例分担责任，或者按照均等份额分担责任。

因部分发起人的过错导致公司未成立，其他发起人可以要求其按照过错情况承担设立行为所产生的费用和债务。

发起人因履行公司设立职责造成他人损害，公司成立后受害人可以请求公司承担侵权赔偿责任；公司未成立的，受害人可以请求全体发起人承担连带赔偿责任。公司或者无过错的发起人承担赔偿责任后，可以向有过错的发起人追偿。

思考题

A、B、C、D、E 五位同学积极响应学校号召，准备创办一个以同学为服务对象的咖啡屋。经过思考，他们觉得学校图书馆的一间房屋比较适合经营咖啡屋。估计经营该咖啡屋需要资金 100 万元，需要组成经营团队。

现在，A 代表自己的团队咨询：创办一个这样的公司需要哪些基本条件？基本程序是怎样的？

第三章 公司资本制度

第一节 引 言

【案例】

某大学教师李某与其团队的研究生张某等五人创业，创办甲有限责任公司（以下简称“甲公司”）。甲公司注册资本为1 000万元，李某认缴出资600万元，张某等四人各认缴出资100万元。现在，李某以其某项职务专利技术作价500万元出资，张某等四人则以人民币实缴出资。公司成立后，利用该专利技术创造了很好的经济效益，去年销售额达到1亿元，税后利润达1 000万元。甲公司准备上市，但发现李某的专利技术没有办理变更登记，该专利技术产权人为某大学。

现在，李某咨询，应当如何依法处理该专利出资事务？为什么？

【案例分析】

我国《公司法》第二十七条规定：“股东可以用货币出资，也可以用实物、知识产权、土地使用权等可以用货币估价并可以依法转让的非货币财产作价出资；但是，法律、行政法规规定不得作为出资的财产除外。”为了更好地解决股东出资问题，最高人民法院在2020年12月23日通过了新的《〈公司法〉司法解释(三)》。该司法解释规定，出资人以需要办理权属登记的知识产权等财产出资，已经交付公司使用但未办理权属变更手续，公司、其他股东或者公司债权人主张认定出资人未履行出资义务的，人民法院应当责令当事人在指定的合理期间内办理权属变更手续；在前述期间内办理了权属变更手续的，人民法院应当认定其已经履行了出资义务；出资人主张自其实际交付财产给公司使用时享有相应股东权利的，人民法院应予支持。

本案中，李某与张某等五人共同出资成立了甲有限责任公司，其中李某以某项职务专利技术作价500万元，尽管该专利技术早已为甲公司使用，且已取得很好的经济效益，但没有办理专利技术权属变更手续，没有将该专利技术产权主体变更为甲有限责任公司，存在较大财产风险。李某很可能会被甲公司、其他股东，或者甲公司债权人提起诉讼，要求李某履行相关手续。

所以，李某应当积极地与该专利技术产权所有人协商，以合适价格购买该专利技术，进而办理专利技术出资手续。这样，李某就能够完整地完成专利技术出资，取得甲公司的股权，继而为甲公司上市做好准备。

【评析】

创新创业，特别是大学教授团队创业对个人和社会都十分有利。但是，有些行业专家对相关法律不熟悉，很容易犯下不应当出现的错误。这些错误很可能为自己未来的事业埋下隐患。本案中的李某，有技术，也有经营能力，但却出现了专利技术出资瑕疵，险些造成较大危机。所以，创办公司，必须严格按照相关法律、行政法规的规定做事，做到完全合规，绝对不要自以为聪明，到头来为自己带来麻烦。

第二节　公司资本制度概述

一、公司资本的概念

台湾学者柯芳枝认为："所谓资本，在法律上的意义，系指股东为达成公司目的事业，对公司财产出资之总额，为一定不变之计算上数额。若欲变动其数额，须履践严格之法定的增资或减资之程序，故与公司财产截然有别。"①所以，公司资本就是公司股东对公司的出资。在不同的资本制度下，公司资本会存在不同的概念。在法定资本制度的前提下，公司资本就是公司的注册资本；在授权资本制度的前提下，公司资本只是公司已经发行、股东已经认购的股份。

在我国，公司注册资本的概念经历了一些变化。1993年《公司法》第二十三条规定："有限责任公司的注册资本为在公司登记机关登记的全体股东实缴的出资额。"根据该法规定，公司资本就是公司注册资本，即股东实缴出资额。

但是，现《公司法》第二十六条规定："有限责任公司的注册资本为在公司登记机关登记的全体股东认缴的出资额。"所以，根据该法规定，公司资本只是公司股东认缴的资本，不是股东实缴的出资额。

另外，公司资本不同于公司资金。公司资金是指可供公司支配的以货币形式表现出来的公司资产的价值，它主要包括公司股东对公司的永久投资、公司发行债券筹集的资金、向银行借贷的资金等。公司资金表现为货币形式，包括非股东出资资金，所以，公司资本与公司资金之间属于交叉关系。

二、公司资本的原则

为了保护债权人的合法权益，维护交易安全，大陆法系国家和地区的公司法普遍确认

① 柯芳枝.公司法论[M].北京：中国政法大学出版社，2004：127.

了公司资本的三项基本原则，即资本确定原则、资本维持原则和资本不变原则，并称为“资本三原则”。

（一）资本确定原则

资本确定原则，是指在设立公司时，必须在章程中对公司的资本总额作出明确的规定，并须由股东全部认足，否则公司不能成立。资本确定原则的含义有两点：一是要求公司资本总额必须明确记载于公司章程，使之成为一个具体的、确定的数额；二是要求章程确定的资本总额在公司设立时必须分解落实到人，即全体股东认足。确定公司资本数额是公司实力的直接标志，也是有限责任股东承担责任的限定范围。当然，资本确定制度也存在一些不足，有些大陆法系国家和地区已经修改公司法，抛弃了资本法定制度，实行授权资本制度，如日本、韩国、法国、德国等的公司法规定，公司资本总额必须记载于章程，但不要求在公司设立时公司资本必须落实到人，不要求全体股东认足。

（二）资本维持原则

资本维持原则，又称为资本充实原则，是指公司在其存续期间，应该经常保持与其资本额相当的财产。公司资本是公司赖以生存和经营的物质基础，也是公司对债权人的总担保。在公司运行过程中，公司可能盈利，也可能亏损，公司的净资产便处于不断变动之中。为了防止因为公司的净资产减少而危害公司债权人的利益，同时为了防止股东对盈利分配的过高要求，确保公司业务的正常开展，各国公司法都确认了资本维持原则。

资本维持原则在我国《公司法》中的具体表现为以下几个方面。

1. 股东应该按照规定足额出资

《公司法》第二十八条第二款规定：“股东不按照规定缴纳出资的，除应当向公司足额缴纳外，还应当向已按期足额缴纳出资的股东承担违约责任。”该法第三十条规定：“有限责任公司成立后，发现作为设立公司出资的非货币财产的实际价额显著低于公司章程所定价额的，应当由交付该出资的股东补足其差额；公司设立时的其他股东承担连带责任。”该法第八十三条第二款规定：“发起人不按照规定缴纳出资的，应当按照发起人协议的约定承担违约责任。”

2. 不得抽逃出资

《公司法》第九十一条规定：“发起人、认股人缴纳股款或者交付抵作股款的出资后，除未按期募足股份、发起人未按期召开创立大会或者创立大会决议不设立公司的情形外，不得抽回其股本。”第二百条规定：“公司的发起人、股东在公司成立后，抽逃其出资的，由公司登记机关责令改正，处以所抽逃出资金额百分之五以上百分之十五以下的罚款。”《中华人民共和国刑法》（以下简称《刑法》）第一百五十九条对此种犯罪作出了具体的刑罚规定。

3. 亏损必先弥补

《公司法》第一百六十六条规定：“公司分配当年税后利润时，应当提取利润的百分之十列入公司法定公积金。公司法定公积金累计额为公司注册资本的百分之五十以上的，可以不再提取。公司的法定公积金不足以弥补以前年度亏损的，在依照前款规定提取法定公积金之前，应当先用当年利润弥补亏损。公司从税后利润中提取法定公积金后，经股东会或者股东大会决议，还可以从税后利润中提取任意公积金。公司弥补亏损和提取公积金后所余税后利润，有限责任公司依照本法第三十四条的规定分配；股份有限公司按照股东持有的股份比例分配，但股份有限公司章程规定不按持股比例分配的除外。股东会、股东大会或者董事会违反前款规定，在公司弥补亏损和提取法定公积金之前向股东分配利润的，股东必须将违反规定分配的利润退还公司。公司持有的本公司股份不得分配利润。”

4. 累积转投资受到限制

《公司法》第十五条规定：“公司可以向其他企业投资；但是，除法律另有规定外，不得成为对所投资企业的债务承担连带责任的出资人。”

5. 股票的发行价格不得低于票面金额

股票是公司签发的证明股东所持股份的凭证，是股份的载体。《公司法》第一百二十七条规定：“股票发行价格可以按票面金额，也可以超过票面金额，但不得低于票面金额。”

6. 限制公司收购自己的股份

《公司法》第一百四十二条规定：“公司不得收购本公司股份。但是，有下列情形之一的除外：（一）减少公司注册资本；（二）与持有本公司股份的其他公司合并；（三）将股份用于员工持股计划或者股权激励；（四）股东因对股东大会作出的公司合并、分立决议持异议，要求公司收购其股份；（五）将股份用于转换上市公司发行的可转换为股票的公司债券；（六）上市公司为维护公司价值及股东权益所必需。公司因前款第（一）项、第（二）项规定的情形收购本公司股份的，应当经股东大会决议；公司因前款第（三）项、第（五）项、第（六）项规定的情形收购本公司股份的，可以依照公司章程的规定或者股东大会的授权，经三分之二以上董事出席的董事会会议决议。

“公司依照本条第一款规定收购本公司股份后，属于第（一）项情形的，应当自收购之日起十日内注销；属于第（二）项、第（四）项情形的，应当在六个月内转让或者注销；属于第（三）项、第（五）项、第（六）项情形的，公司合计持有的本公司股份数不得超过本公司已发行股份总额的百分之十，并应当在三年内转让或者注销。上市公司收购本公司股份的，应当依照《中华人民共和国证券法》的规定履行信息披露义务。上市公司因本条第一款第（三）项、第（五）项、第（六）项规定的情形收购本公司股份的，应当通过公开的集中交易方式进行。公司不得接受本公司的股票作为质押权的标的。”

（三）资本不变原则

资本不变原则，是指公司的资本一经确定，即不得随意改变，如果需要增加或减少，必须严格按照法定程序进行。公司资本不变原则不是要求公司资本绝对不变，而是公司不得随意改变公司资本，不得随意增加或减少。公司资本的变化，不仅涉及公司利益，还涉及公司债权人的利益。因此，许多国家的公司法都确定了此制度。我国《公司法》第四十三条规定，有限责任公司增加或减少注册资本，必须经代表三分之二以上表决权的股东通过；第一百零三条规定，股份有限公司增加或减少注册资本，必须经出席会议的股东所持表决权的三分之二以上通过。同时，《公司法》第一百七十七条规定："公司需要减少注册资本时，必须编制资产负债表及财产清单。公司应当自作出减少注册资本决议之日起十日内通知债权人，并于三十日内在报纸上公告。债权人自接到通知书之日起三十日内，未接到通知书的自公告之日起四十五日内，有权要求公司清偿债务或者提供相应的担保。"公司减资后的注册资本不得低于法定的最低限额。

三、公司资本制度的类型

经过长期的实践，各国公司法已经形成了相对独立的三种公司资本制度，即法定资本制、授权资本制和折中资本制。

（一）法定资本制

法定资本制，又称为确定资本制，是指设立公司时，发起人必须对公司的资本总额作出明确的规定，还必须认购公司全部股份，否则公司不能成立。法定资本制可以分为严格法定资本制（发起人实缴公司全部出资后才能成立）和一般法定资本制。

（二）授权资本制

授权资本制源于英美法。依照英美法，公司设立时，发起人只要在基本章程确定股份资本，并各认一股以上，即得申请设立公司，于接获设立证书后，公司即得处理。在设立阶段，并不需就章程所设定之股份资本为全额之发行，其余股份等公司成立后，按照公司之实际之需要，再分次发行。[①]

比较法定资本制与授权资本制，两者各有利弊。

首先，法定资本制强调公司资本的确定、不变和维持，全部注册资本落实到人，这在保证公司资本真实、可靠，防止公司设立欺诈，保障债权和交易安全等方面，具有明显优点。但是，在法定资本制下，公司成立时，发起人的出资压力较大；公司成立后增资时，须召开股东大会，以绝对多数通过，又须变更公司章程、办理公司登记，所以其程序比较复杂，手续繁琐。法定资本制的价值追求主要是为了保护债权人的利益和交易安全。

其次，授权资本制不要求发起人认足公司全部注册资本，甚至只需认购注册资本的一小部分，公司就可成立，这就方便了公司的成立，减轻了发起人的出资负担。同时，公司在成立后增资时，无须召开股东大会、变更章程和公司登记，能够很好地适应市场经济的发展。但是，在授权资本制下，公司实收资本可能很少，容易被人用于欺诈，对保护公司债权人利益和保障交易安全不利。授权资本制的价值追求主要是方便公司设立，

① 柯芳枝.公司法论[M].北京：中国政法大学出版社，2004：129.

维护发起人的利益。

（三）折中资本制

鉴于法定资本制和授权资本制各有利弊，一些国家公司立法在权衡利弊的基础上，创造出一种新的公司资本制——折中资本制。折中资本制，又称为认可资本制，是指公司设立时，仍采取资本确定原则，并以章程规定，但公司成立后若干年内，就基本资本额一定范围内，认可董事会只需经监事会之同意，即得发行新股，增加资本，而无须经股东会之特别决议。现在，许多大陆法系国家或者地区的公司法都采取这种资本制。

我国1993年《公司法》规定，公司注册资本为在公司登记机关登记的公司实收的股东全部出资额。公司的注册资本必须确定，并为股东全部认缴。所以，该法确定的公司资本制是一种具有特色的、严格的公司资本制度。[①] 现《公司法》对此进行了修改，确立了新的公司资本制。《公司法》第二十六条规定："有限责任公司的注册资本为在公司登记机关登记的全体股东认缴的出资额。"《公司法》第八十条规定，股份有限公司采取发起设立方式设立的，注册资本为在公司登记机关登记的全体发起人认购的股本总额。股份有限公司采取募集方式设立的，注册资本为在公司登记机关登记的实收股本总额。所以，对于发起式设立的公司，《公司法》采取了一般法定资本制，对于募集式设立的股份有限公司，仍然采取严格的法定资本制。

四、与公司资本相关的几个概念

第一，注册资本，就是公司章程确定的、在公司登记机关登记的、公司有权筹集的股本总额。由于各国公司法律的规定不尽一致，注册资本还存在多种概念。我国1993年《公司法》规定，公司注册资本为在公司登记机关登记的公司实收的股东全部出资额。现《公司法》规定，发起式设立公司的注册资本是在公司登记机关登记的全体股东认缴的出资额；募集式设立股份有限公司的注册资本为在公司登记机关登记的实收股本总额。在授权资本制下，注册资本包括公司已经发行、股东已经认缴的出资额和公司还未发行的股份。所以，公司注册资本既可以是公司实收资本，也可以是公司发行资本，还可以是公司已发行资本与将发行资本之和。

第二，发行资本，是指公司已经募集且由股东认购的股本总额。发行资本是发起人或股东同意认购的股金总额，并非为股东实缴的资本。如果公司股东分期缴付出资，那么，在公司成立时，发行资本高于实缴资本；但到最后，发行资本就会等于实缴资本。

第三，实缴资本，是指公司通过股份的发行实际收到的股金总额。如果公司法允许股东分期缴付出资，那么，公司成立时，实缴资本可以低于发行资本、注册资本；如果股东按期缴付完毕，实缴资本就等于发行资本。

① 石少侠.公司法教程(修订本)[M].北京：中国政法大学出版社，1999：95.

第四，未收资本，又称为催缴资本，是指股东已经认购但未实际缴付，公司可以按照规定向该股东催缴的出资。

第三节 公司资本的构成

公司资本虽然在章程中均已货币化，表现为一定的货币金额，但其具体构成并不以货币为限。我国《公司法》规定，公司的出资形式包括多种，公司资本可以表现为多种形式。1993年《公司法》规定，股东可以用货币出资，也可以用实物、工业产权、非专利技术、土地使用权作价出资。但是，现《公司法》对此进行了修改，规定股东可以用货币出资，也可以用实物、知识产权、土地使用权等可以用货币估价并可以依法转让的非货币财产作价出资。

现《公司法》将1993年《公司法》规定的“工业产权、非专利技术”出资形式，变更为“知识产权”，还规定了股东可以用其他能够以货币估价并可以依法转让的非货币财产作价出资。这样，现《公司法》扩大了股东出资形式。

一、货币

货币是资本的最基本构成，任何公司都离不开货币出资。因为货币是商品的一般等价物，公司要进行经营活动，货币必不可少。同时，货币出资无须重新估价，且运用方便，不受限制。

为了保证公司资本中有足够的货币用以满足公司的经营需要，许多国家的公司法，特别是大陆法系国家和地区的公司法，都对货币出资的比例作出明确规定。例如，法国法律规定，股份有限公司的货币出资应占公司总资本的百分之二十五以上；德国法律规定货币出资不少于百分之二十五；意大利法律规定货币出资为百分之三十以上；瑞士、卢森堡法律规定货币出资为百分之二十以上。我国1993年《公司法》没有对此作出规定，但2005年《公司法》第二十七条第三款规定：“全体股东的货币出资金额不得低于有限责任公司注册资本的百分之三十。”现行《公司法》已经将该条款删除。

关于股东出资的货币的种类，我国法律没有明确规定。一般理解为，公司股东可以用人民币出资，同时，能够在我国进行外汇买卖的货币，也可以作价出资。

二、实物

实物，也叫有形资产，主要包括建筑物、机械设备、产品、原材料等。如果实物为公司所需要，以其出资也有一定的好处，所以，各国公司法无一例外，都允许实物出资。

但是，并非任何实物都可以作为股东的出资，股东出资的实物，应该为公司生产经营所需，这是实物能够作为股东出资的先决条件。同时，股东必须对实物拥有所有权，并且该所有权没有瑕疵，包括质量瑕疵和权利瑕疵。股东不能将他人的财产作为自己的出资，也不能以有瑕疵的实物对公司出资。

实物出资必须进行估价，不得高估作价或者低估作价。为了防止对出资实物高价评估，有些国家法律规定，公司必须对实物评估进行调查，最后可以变更对出资实物的评估。例如，韩国《商法》规定，公司董事、监事就任后，应该马上调查实物出资是否合法。如果董事、监事就是实物出资人，董事应该请求法院选任检查人对此事进行调查。法院再根据调查报告书，对实物出资事项进行裁定。

三、知识产权

一般来说，知识产权包括工业产权、著作权等。工业产权包括专利权、商标权、专有技术权等。

同时，原《公司法》规定，股东以工业产权、非专利技术作价出资的金额不得超过公司注册资本的百分之二十，但国家对采用高新技术成果有特别规定的除外。现行《公司法》已经将该条款删除。

专利权，是指按照专利法的规定，由国家专利机关授予发明人、设计人在一定期限内对某项发明创造、实用新型和外观设计享有的专有权。专利权人是在专利证书中记载的权利人。

商标权，是指企业、事业单位对于依法定程序，经由商标局核准的注册商标所享有的商标专用权。商标作为商品、服务的附着物或标记，有着自身的价值，特别是为法律保护并取得专用权的驰名商标，更是商标权人的一笔无形财产。商标权人不仅可以依法有偿转让商标权，而且还可以将其作价向公司出资。

著作权，又称为版权，是指作者或其他著作权人依法对文学、艺术和科学作品所享有的各项专有权的总称。著作权属于无形资产，也是目前经济生活中一项非常重要的资产，著作权贸易已经成为无形财产权贸易的一个重要组成部分。著作权人可以以著作权向公司作价出资。

非专利技术，又称为技术秘密，是指生产所必需的，不享有专利保护的秘密技术知识和经验。这些技术已经成为重要的商品，其价值为社会所认同。非专利技术权人可以以这样的技术向公司作价出资。

商业秘密，一般是指不为公众所知悉，能够为权利人带来经济利益，具有实用性并经权利人采取保密措施的技术信息和经营信息。在近年的经济竞争之中，商业秘密的作用越来越受到人们重视，多数国家通过立法，确定了商业秘密权。商业秘密权人有权以此向公司作价出资。

商誉，是指某行业拥有的优良品质，源于该企业的名誉，与顾客以及使与顾客的联系得以保持的环境有关。它与它所隶属的企业不可分离,尤其取决于企业所有人或经理的人格或个人素质,也取决于它的地理位置,或者取决于两者。[①] 企业商誉包括未登记的商标和商业名称,它是企业的重要资产,具有巨大经济价值。商誉权人可以以商誉出资,设立公司。

四、土地使用权

土地使用权是指非土地所有人依法对土地享有的加以利用和取得收益的权利。在我国,土地为国家和集体所有,企业和个人都不能拥有土地所有权。企业使用土地,可以依法按照程序取得土地使用权。土地使用权是重要的用益物权,具有经济价值,土地使用权人可以以此权向公司作价出资。

五、其他

《公司法》规定,股东"可以用货币估价并可以依法转让的非货币财产作价出资"。根据这一规定,股权、债权应该可以被股东用来对公司作价出资,因为根据我国的相关法律规定,股权完全可以以货币估价,更可以依法转让。但是,劳务和信用是否可以对公司作价出资,存在争论。因为劳务和信用一是难以以货币估价,二是难以转让,但也不一定无法估价或者转让。与此相似,有的国家法律采取了较为灵活的做法,如美国《标准公司法》第十九条规定:"未来的服务都不应作对公司发行股份之缴付或部分缴付。"

六、公司出资方式的法律适用

我国《公司法》第二十七条规定,有限责任公司的股东可以用货币出资,也可以用实物、知识产权、土地使用权等可以用货币估价并可以依法转让的非货币财产作价出资;但是,法律、行政法规规定不得作为出资的财产除外。对作为出资的非货币财产应当评估作价,核实财产,不得高估或者低估作价。法律、行政法规对评估作价有规定的,从其规定。

第四节　出资和转让

一、出资方式和出资的缴纳

(一)有限责任公司股东的出资方式

对于有限责任公司股东的出资方式,各国主要存在出资平等主义、出资不平等主义和基本出资制这三种立法体例。

---

① 戴维·M.沃克.牛津法律大辞典[M].北京:光明日报出版社,1988:381。

1. 出资平等主义

这种体例规定，有限责任公司股东的每份出资额是均等的，股东可以认购一份，也可以认购多份。韩国《商法》第五百四十六条规定，有限责任公司股东的每份出资金额，应为五千韩元以上，且均等。尽管这种复数出资，在形式上和股份有限公司的股份相同，但实际上存在明显区别，如韩国称有限责任公司的股东为社员，有限责任公司不能发行指示式或者无记名式证券。

2. 出资不平等主义

这种体例规定，股东只能认购一份出资，但各股东所认购的出资额可以不同。我国《公司法》《外商投资法》确定了此种体例。这种出资方式的有利之处是，股东出资完全可依公司资本的需要而定，方便易行；不利之处是，股东表决权的行使与计算多有不便。

3. 基本出资制

这种体例规定，每个股东只能认购一份出资，每一份出资额可以不同，但必须是基本出资额的整倍数。如，我国澳门特别行政区所谓的"商法典"第三百六十条规定，每一个股东只能认购一份出资，但每一份都是澳门币一百元之整倍数。此种出资方式既有利于克服出资平均主义在出资方式上与股份有限公司的混同，又有利于消除出资不平等主义在股东表决权计算上的弊端。

（二）股份有限公司股东的出资方式

对于股份有限公司股东的出资方式，各国的立法规定基本一致，均确认资本分为股份。股份为资本构成的最小单位，具有不可分性。股份的表现形式为股票，具有流通性。有些国家的法律确定股份的最低额，如日本规定为五百日元。我国《公司法》没有规定股份的最低额，由发行股票的公司决定。

（三）出资的缴纳

《公司法》第二十八条规定："股东应当按期足额缴纳公司章程中规定的各自所认缴的出资额。股东以货币出资的，应当将货币出资足额存入有限责任公司在银行开设的账户；以非货币财产出资的，应当依法办理其财产权的转移手续。"第二十七条规定："对作为出资的非货币财产，应当评估作价，核实财产，不得高估或者低估作价。法律、行政法规对评估作价有规定的，从其规定。"依据《公司法》第八十三条规定："以发起设立方式设立股份有限公司的，发起人应当书面认足公司章程规定其认购的股份。"一次缴纳的，应即缴纳全部出资；分期缴纳的，应即缴纳首期出资。"以非货币财产出资的，应当依法办理其财产权的转移手续。"这样，股东是否依法将货币出资存入拟设立公司在银行开设的临时账户，是否依法办理了非货币出资的财产权转移手续，是衡量股东是否履行出资义务的基本依据。

二、出资期限

原《公司法》规定，一般有限责任公司（包括国有独资公司）和发起式设立的股份有限公司的注册资本可以一次性缴清，也可以分阶段缴付。

原《公司法》第二十六条规定："公司全体股东的首次出资额不得低于注册资本的20%，也不得低于法定注册资本的最低限额，其余部分由股东自公司成立之日起两年内缴足；其中，投资公司可以在五年内缴足。"原《公司法》第八十一条规定："股份有限公司采取发起设立方式设立的，注册资本为在公司登记机关登记的全体发起人认购的股本总额。公司全体发起人的首次出资额不得低于注册资本的20%，其余部分由发起人自公司成立之日起两年内缴足；其中，投资公司可以在五年内缴足。在缴足前，不得向他人募集股份。"

但是，原《公司法》对于一人有限责任公司和募集式设立的股份有限公司却规定了特别的注册资本缴付制度，规定一人有限责任公司和募集式设立的股份有限公司的注册资本必须在设立时一次性缴清。

原《公司法》第五十九条规定："一人有限责任公司的注册资本最低限额为人民币十万元。股东应当一次足额缴纳公司章程规定的出资额。"原《公司法》第八十一条规定："股份有限公司采取募集方式设立的，注册资本为在公司登记机关登记的实收股本总额。"

但是，现《公司法》将以上规定全部删除，即除了以募集方式成立股份有限公司外，其他公司成立，包括有限责任公司和发起式成立的股份有限公司，法律不再规定股东出资期限。设立这些公司，法律不再设立出资期限门槛。股东出资期限由公司自己确定。这样，公司设立的出资期限，事实上已经没有法律规定了。

三、违反出资义务的责任

（一）《公司法》中的违反出资义务的责任

出资是股东的最基本义务，任何公司的股东都必须履行出资义务。股东未能够按规定缴纳出资，即违反了法定和约定的出资义务，应当为此承担相应的责任。

1. 股东违反出资义务的民事责任

股东认缴公司出资后，就与公司及其他股东达成出资协议，必须按照规定履行自己的出资义务。如果股东没有按照规定履行出资义务，便构成了违约，应当承担相应的责任。责任包括：（1）该股东应当继续向公司足额缴纳出资；（2）该股东应当向已经按期缴纳出资的股东承担违约责任，赔偿这些股东因为该股东的违约所造成的直接和间接损失。《公司法》第三十条规定："有限责任公司成立后，发现作为设立公司出资的非货币财产的实际价额显著低于公司章程所定价额的，应当由交付该出资的股东补足其差额；公司设立时的其他股东承担连带责任。"股份有限公司发起人没有按照发起人协议缴纳出资的，应当按照协议约定承担违约责任。股份有限公司成立后，发起人未按照公司章程规定缴足出资的，应当补缴；其他发起人承担连带责任。股份有限公司成立后，发现作为设立公司出资的非货币财产的实际价额显著低于公司章程所定价额的，应当由交付该出资的发起人补足其差额；其他发起人承担连带责任。

2. 公司承担行政责任

《公司法》第一百九十八条规定："违反本法规定，虚报注册资本、提交虚假材料或者采取其他欺诈手段隐瞒重要事实取得公司登记的，由公司登记机关责令改正，对虚报注册资本的公司，处以虚报注册资本金额百分之五以上百分之十五以下的罚款；对提交虚假材料或者采取其他欺诈手段隐瞒重要事实的公司，处以五万元以上五十万元以下的罚款；情节严重的，撤销公司登记或者吊销营业执照。"第一百九十九条规定："公司的发起人、股东虚假出资，未交付或者未按期交付作为出资的货币或者非货币财产的，由公司登记机关责令改正，处以虚假出资金额百分之五以上百分之十五以下的罚款。"

3. 股东承担的刑事责任

我国《刑法》第一百五十八条规定，虚报注册资本数额巨大、后果严重或者有其他严重情节的，处三年以下有期徒刑或者拘役，并处或者单处虚报注册资本金额百分之一以上百分之五以下罚金。单位犯此罪的，对单位判处罚金，并对其直接负责的主管人员和其他直接责任人员，处三年以下有期徒刑或者拘役。另外，该法第一百五十九条规定，对虚假出资或抽逃出数额巨大、后果严重或者有其他严重情节的，处五年以下有期徒刑或者拘役，并处或者单处虚假出资金额或者抽逃出资金额百分之二以上百分之十以下罚金。单位犯此罪的，对单位判处罚金，并对其直接负责的主管人员和其他直接责任人员，处五年以下有期徒刑或者拘役。

（二）相关司法解释

公司设立时，许多出资人没有严格按照《公司法》的相关规定履行出资义务，危害了法律权威，侵害了其他股东或者公司债权人的合法权益，也产生了大量的民事纠纷。为了规范公司出资人的行为，公司法相关的司法解释确定了司法对违法出资行为的审判意见。

(1) 如果股份有限公司的认股人未按期缴纳所认股份的股款，经公司发起人催缴后在合理期间内仍未缴纳，公司发起人可以对该股份另行募集，公司成立后，公司可以要求该认股人赔偿因其延期缴纳股款给公司造成的损失。

(2) 如果出资人以不享有处分权的财产出资，所有权人有权追回。但是，如果公司其他出资人不知道出资人对该财产不享有处分权，且需要变更登记而已经办理权证变更登记手续，或者不需要变更登记而已经交付给公司的，公司仍然对该财产享有所有权。原所有权人有权要求无处分权人赔偿损失。

(3) 以贪污、受贿、侵占、挪用等违法犯罪所得的货币出资后取得股权的，对违法犯罪行为予以追究、处罚时，应当采取拍卖或者变卖的方式处置其股权，而不应当认定其出资无效。

(4) 出资人以划拨土地使用权出资，或者以设定权利负担的土地使用权出资，公司、其他股东或者公司债权人可以主张认定出资人未履行出资义务。如果出资人在合理期间内办理土地变更手续或者解除权利负担，仍然应当认定其履行了出资义务。如果逾期未办理或者未解除的，公司、其他股东或者公司债权人可以认定出资人未依法全面履行出资义务。

（5）出资人以非货币财产出资，未依法评估作价，公司、其他股东或者公司债权人可以请求人民法院认定出资人未履行出资义务。人民法院应当委托具有合法资格的评估机构对该财产评估作价。评估确定的价额显著低于公司章程所定价额的，人民法院应当认定出资人未依法全面履行出资义务。

（6）出资人以房屋、土地使用权或者需要办理权属登记的知识产权等财产出资，已经交付公司使用但未办理权属变更手续，公司、其他股东或者公司债权人可以向人民法院主张认定出资人未履行出资义务。人民法院应当责令当事人在指定的合理期间内办理权属变更手续。在规定的期间内办理了权属变更手续的，人民法院应当认定其已经履行了出资义务，且应当认定自其实际交付财产给公司使用时享有相应的股东权利。

（7）出资人以自己的财产出资，已经办理权属变更手续但未交付给公司使用，公司或者其他股东可以要求其向公司交付，并在实际交付之前不享有相应的股东权利。

（8）出资人以其他公司股权出资，应当符合下列条件：①出资的股权由出资人合法持有并依法可以转让；②出资的股权无权利瑕疵或者权利负担；③出资人已履行关于股权转让的法定手续；④出资的股权已依法进行了价值评估。股权出资不符合前款第①、②、③项的规定，公司、其他股东或者公司债权人可以请求人民法院认定出资人未履行出资义务。人民法院应当责令该出资人在指定的合理期间内采取补正措施，以符合上述条件；逾期未补正的，人民法院应当认定其未依法全面履行出资义务。股权出资不符合以上第④项的规定，公司、其他股东或者公司债权人可以请求人民法院认定出资人未履行出资义务。人民法院应当委托具有合法资格的评估机构对该财产评估作价。评估确定的价额显著低于公司章程所定价额的，人民法院应当认定出资人未依法全面履行出资义务。

（9）如果相关股东的行为符合下列情形之一且损害公司利益的，公司、股东或者公司债权人可以请求认定该股东抽逃出资：①制作虚假财务会计报表虚增利润进行分配；②通过虚构债权债务将其出资转出；③利用关联交易将出资转出；④其他未经法定程序将出资抽回的行为。

（10）股东未履行或者未全面履行出资义务，公司或者其他股东可以请求其向公司依法全面履行出资义务。公司债权人有权请求未履行或者未全面履行出资义务的股东在未出资本息范围内对公司债务不能清偿的部分承担补充赔偿责任。如果未履行或者未全面履行出资义务的股东已经承担上述责任，其他债权人不能再提出相同请求。如果股东在公司设立时未履行或者未全面履行出资义务，公司、其他股东或者公司债权人还有权请求公司的发起人与被告股东承担连带责任。公司的发起人承担责任后，可以向被告股东追偿。如果股东在公司增资时未履行或者未全面履行出资义务，公司、其他股东或者公司债权人可以请求未尽《公司法》第一百四十七第一款规定的义务而使出资未缴足的董事、高级管理人员承担相应责任。董事、高级管理人员承担责任后，可以向被告股东追偿。

(11) 如果股东抽逃出资，则公司或者其他股东可以请求其向公司返还出资本息，可以请求协助抽逃出资的其他股东、董事、高级管理人员或者实际控制人对此承担连带责任。公司债权人有权请求抽逃出资的股东在抽逃出资本息范围内对公司债务不能清偿的部分承担补充赔偿责任，可以请求协助抽逃出资的其他股东、董事、高级管理人员或者实际控制人对此承担连带责任。但是，抽逃出资股东仅以其抽逃的出资为限，对公司、其他股东和公司债权人承担责任。

(12) 出资人以符合法定条件的非货币财产出资后，因市场变化或者其他客观因素导致出资财产贬值，公司、其他股东或者公司债权人不能请求该出资人承担补足出资责任。但是，当事人另有约定的除外。

(13) 股东未履行或者未全面履行出资义务，或者抽逃出资的，公司有权根据公司章程或者股东会决议对其利润分配请求权、新股优先认购权、剩余财产分配请求权等股东权利作出相应的合理限制。有限责任公司的股东未履行出资义务或者抽逃全部出资，经公司催告缴纳或者返还，其在合理期间内仍未缴纳或者返还出资，公司有权以股东会决议解除该股东的股东资格。但是，公司应当及时办理法定减资程序或者由其他股东或者第三人缴纳相应的出资。在办理法定减资程序或者其他股东或者第三人缴纳相应的出资之前，公司债权人有权依照相关规定追究相关当事人的法律责任。

(14) 有限责任公司的股东未履行或者未全面履行出资义务即转让股权，受让人对此知道或者应当知道，公司可以请求该股东履行出资义务、受让人对此承担连带责任；公司债权人有权依照本规定要求该股东承担出资责任，还有权请求受让人对此承担连带责任。受让人承担责任后，可以向该未履行或者未全面履行出资义务的股东追偿。但是，当事人另有约定的除外。

(15) 公司股东未履行或者未全面履行出资义务，或者抽逃出资，公司或者其他股东请求其向公司全面履行出资义务或者返还出资，被告股东不能以诉讼时效为由进行抗辩。公司债权人的债权未过诉讼时效期间，其依照相关规定请求未履行或者未全面履行出资义务或者抽逃出资的股东承担赔偿责任，股东不能以出资义务或者返还出资义务超过诉讼时效期间为由进行抗辩。

(16) 当事人之间对是否已履行出资义务发生争议，原告提供对股东履行出资义务产生合理怀疑证据的，被告股东应当就其已履行出资义务承担举证责任。

四、股权的转让

(一) 有限责任公司股东出资的转让

有限责任公司虽在性质上属于资合公司，但由于股东人数不多，股东之间的联系较多，具有人合的因素，所以，股东出资的转让也受到一定的限制。

1. 有限责任公司股权转让的法律特征

(1) 与股份转让方式不同,有限责任公司的股权只能以协议方式转让。有限责任公司的资本没有分解为等额股份,也不表现为股票,所以不可能在证券市场上自由公开交易,转让者与受让者买卖股权必须以协议的方式进行。

(2) 与合伙份额转让不同,有限责任公司的股权转让不改变公司的独立人格。有限责任公司具有独立的法人资格,不因为股权的转让而发生变化,即使公司全部股权集中于一人之手。

(3) 有限责任公司的股权转让关涉其他利益主体,包括公司及其他股东的利益。因为这个原因,有限责任公司的股权交易必须得到其他相关利益主体的认可。

(4) 有限责任公司股权转让必须依法办理变更登记手续,包括股东名单、公司章程等。

2. 有限责任公司出资转让的情形

(1) 股东向公司其他股东转让不受限制。这种转让属于公司股权的内部转让,排除了新成员进入公司的机会,不会影响原股东间的人际合作关系,因此,法律对此施加的规则不同于股东向股东以外的人转让股权的情况。

各国公司法中关于有限责任公司内部股权转让的制度并不一致,有的国家或者地区采取完全自由的原则,如日本;有的国家或者地区采取一定限制的原则,如我国台湾地区。我国《公司法》采取了完全自由的原则。该法第七十一条第一款规定:"有限责任公司的股东之间可以相互转让其全部或者部分股权。"对此,有学者提出异议,认为考虑到我国社会主义市场经济发展的国情,法律应在一定程度上承担对市民社会自治意识的培养和引导功能,因此,《公司法》应当明确告知股东可以通过章程安排内部转让规则,并进一步设计最佳具体规则供其选择,但公司章程可以另外规定。①

(2) 有限责任公司股权的外部转让受到限制,其他股东享有优先购买权。有限责任公司股权的外部转让是指股东将其所持股份向公司股东以外的人转让的行为。由于外部转让意味着新成员的加入,意味着原股东之间基于相互信赖而形成的稳定的人事环境和行为预期的改变。因此,《公司法》一般对此种行为进行限制,股权外部转让的法律规则比内部转让规则更加细化,法律强制性更强。

有限责任公司股权外部转让包括以下几个步骤。

第一,转让同意。各国公司法对有限责任公司外部转让同意制度并不一致。有的国家或者地区的法律规定,有限责任公司股权的外部转让应当经过股东会同意,如日本《有限责任公司法》第十九条第二款规定:"股东在将其全部或者部分出资份额转让给非股东时,须经股东会的同意。"有的国家或者地区的法律规定,有限责任公司股权外部转让应当

① 甘培忠.企业与公司法学[M].北京:北京大学出版社,2004:250.

经过股东同意。依照表决机制划分，这种制度可以分为股东人数主义、资本比例主义两种立法体制。我国台湾地区的相关规定采取股东人数主义，股权转让须经“其他股东过半数同意”。法国立法采取资本比例主义，股权转让“只有在征得至少代表四分之三公司股份的多数股东同意后，公司股份才可转让给与公司无关的第三人”。

第二，推定同意。为了避免“转让同意权”主体对出让股东之同意请求久拖不决从而损害出让股东的利益，许多国家或者地区的公司法设计了“推定同意”制度。法国《商事公司法》第四十五条第二款规定：“公司拥有一个以上股东的，转让计划应通知公司和每个股东。公司未在自完成本款规定的最后一个通知期三个月内作出决定，视为已同意转让。”

第三，优先受让。为了维持有限责任公司的稳定，许多国家或者地区的公司法还设立了“股东优先受让”制度。我国台湾地区所谓的“公司法”第一百一十一条第二款规定：“前项转让，不同意之股东有优先受让之权，如不承受，视为同意修改章程有关股东及出资额之事项。”依照台湾经济事务主管部门及有关学者的解释，首先，对转让持反对意见的股东的优先受让权，以股东股权转让有效成立为前提，即根据我国台湾地区所谓的“公司法”中有关股东同意制度，股权转让已经其他股东过半数同意；如果股权转让计划未能经其他股东表决通过，则对该计划投否决票的股东不享有优先受让权。其次，优先受让权是不同意股东的权利而非义务，可以放弃或者部分行使。最后，对于不同意股东在两人以上时，优先受让权应如何行使？其没有规定。

我国《公司法》第七十一条第二款规定：“股东向股东以外的人转让股权，应当经其他股东过半数同意。股东应就其股权转让事项书面通知其他股东征求同意，其他股东自接到书面通知之日起满三十日未答复的，视为同意转让。其他股东半数以上不同意转让的，不同意的股东应当购买该转让的股权；不购买的，视为同意转让。经股东同意转让的股权，在同等条件下，其他股东有优先购买权。两个以上股东主张行使优先购买权的，协商确定各自的购买比例；协商不成的，按照转让时各自的出资比例行使优先购买权。公司章程对股权转让另有规定的，从其规定。”

根据以上规定，我国有限责任公司股权外部转让制度可以由公司章程规定。如果公司章程没有规定股权外部转让制度，就应当适用法律规定。

有限责任公司股权外部转让法律制度具有以下特征。

第一，采取股东人数主义，即要求经过其他股东过半数同意。

第二，如果接到股权外部转让书面通知的其他股东，在接到通知之日起满三十日未答复的，视为同意。

第三，如果其他股东半数以上不同意转让的，那么，不同意的股东应当购买该转让的股权；不购买的，视为同意转让。

第四，经股东同意转让的股权，在同等条件下，其他股东有优先购买权。这里必须强调一点，其他股东的优先购买权是有前提条件的，即在与股东之外的人同等条件下享有优先购买权。所谓同等条件，主要表现为转让价格以及付款方式等方面相同。

第五，如果存在两个以上股东主张行使优先购买权的，那么，这些股东应当协商确定各自的购买比例；协商不成的，按照转让时各自的出资比例行使优先购买权。

第六，公司章程可以对股东向外转让出资另外规定，其效力高于以上法律规定。如果公司章程没有规定，则必须按照以上法律规定进行。

《〈公司法〉司法解释（四）》规定，有限责任公司的股东向股东以外的人转让股权，应就其转让事项以书面或者其他能够确认收悉的合理方式通知其他股东征求同意。其他股东半数以上不同意转让，不同意的股东不购买，则应当视为同意转让。经股东同意转让的股权，在同等条件下，转让股东以外的其他股东有权主张优先购买权。主张优先购买权必须是在同等条件下。同等条件需要考虑转让股权的数量、价格、支付方式及期限等因素。同时，有限责任公司的股东主张优先购买转让股权的，应当在收到通知后，在公司章程规定的行使期间内提出购买请求。公司章程没有规定行使期间或者规定不明确的，以通知确定的期间为准，通知确定的期间短于三十日或者未明确行使期间的，行使期间为三十日。

但是，如果有限责任公司的出让股东，在其他股东主张优先购买后又不同意转让股权的，便不再享有对其他股东优先购买权，但公司章程另有规定或者全体股东另有约定的除外。其他股东可以主张出让股东赔偿其合理损失。

如果有限责任公司的股东向股东以外的人转让股权，未就其股权转让事项征求其他股东意见，或者以欺诈、恶意串通等手段，损害其他股东优先购买权，其他股东可以主张按照同等条件购买转让股权。其他股东自知道或者应当知道行使优先购买权的同等条件之日起三十日内没有主张，或者自股权变更登记之日起超过一年的除外。但是，其他股东不得仅提出确认股权转让合同及股权变动效力等请求，而不同时主张按照同等条件购买转让股权。但如果不是因为自身原因导致无法行使优先购买权，可以请求损害赔偿。股东以外的股权受让人，因为股东行使优先购买权而不能实现合同目的的，可以依法请求转让股东承担相应民事责任。

（3）有限责任公司股东股权被人民法院强制转让的情形。如果有限责任公司股东不愿意转让自己的股权，不向其他股东发出转让股权的书面通知，而被人民法院强制要求转让股权的，其他股东仍然享有在同等条件下的优先购买权。《公司法》第七十二条规定："人民法院依照法律规定的强制执行程序转让股东的股权时，应当通知公司及全体股东，其他股东在同等条件下有优先购买权。其他股东自人民法院通知之日起满二十日不行使优先购买权的，视为放弃优先购买权。"

根据以上规定，人民法院依照法律规定的强制执行程序转让股东的股权应当注意以下三个方面。

第一，人民法院应当书面通知公司及全体股东。《公司法》没有具体规定人民法院通知的形式，但我们认为，通知还是应当以书面形式进行为佳，因为书面告知，显得更加严谨，可以减少纠纷。此外，人民法院不但需要通知转让股权的股东，还需要通知其他股东，即需要通知全体股东，因为有限责任公司股权转让涉及其他股东的利益。另外，人民法院还应当通知公司，因为转让有限责任公司股东的股权，必须办理相关登记变更手续。

第二，其他股东的优先购买权受到限制。这里的限制包括：一是其他股东的优先购买权是在同等条件下的优先购买权；二是其他股东的优先购买权只能存在二十日，即其他股东必须在收到书面通知之日起二十日内行使，否则将被视为放弃优先购买权。

第三，公司章程不能对这种强制转让进行规定，当事人只能按照以上规定进行。

(4) 公司被要求强制收购股东股权的情形。当有限责任公司作出将严重影响公司股东利益的重大决定时，反对这些决定的仅拥有少数股权的股东无法阻止公司的决定。为了保护这些中小股东的利益，许多国家的公司法设计出股权强制收购制度。

我国《公司法》第七十四条规定："有下列情形之一的，对股东会该项决议投反对票的股东可以请求公司按照合理的价格收购其股权：(一) 公司连续五年不向股东分配利润，而公司该五年连续盈利，并且符合本法规定的分配利润条件的；(二) 公司合并、分立、转让主要财产的；(三) 公司章程规定的营业期限届满或者章程规定的其他解散事由出现，股东会会议通过决议修改章程使公司存续的。自股东会会议决议通过之日起六十日内，股东与公司不能达成股权收购协议的，股东可以自股东会会议决议通过之日起九十日内向人民法院提起诉讼。"

根据以上规定，股东要求公司收购自己的股权必须符合以下三项条件之一。

第一，如果公司股东会在公司五年连续盈利，并且符合法律规定分配利润条件的前提下，连续五年决定不向股东分配利润，那么，在股东会通过以上决议时，投反对票的股东有权请求公司收购自己的股权。一般来说，公司股东分为三种类型：经营型、投资型和投机型。大股东绝大多数属于经营型股东，而中小股东一般属于投资型或者投机型。在有限责任公司中，中小股东投机的可能性不大，所以，基本上属于投资型。经营型大股东控制着公司的决策权，决定了公司重大事项，包括公司是否分配利润或者如何分配利润事项。正常情形下，公司资金比较紧张，向股东分红，就会减少公司的流动资金，对公司经营不利。所以，许多有限责任公司不积极向股东分红，中小股东的投资目标难以实现。为了保护中小股东的权利，法律授予有限责任公司的中小股东在特定条件下享有要求公司收购自己股权的权利确有必要。中小股东可以根据此规定，离开公司，维护自己的权利。中小股东行使该项权利受到限制，其目的就是防止中小股东滥用该权利，造成公司经常性持有自己的股权，注册资本不实。《公司法》规定，公司在具备以下条件下，股东才能请求公司收购自己的股权：① 公司五年连续盈利；② 符合法律规定分配利润条件；③ 连续五年决定不向股东分配利润；④ 权利主体是在股东会通过以上决议时投反对票的股东。

第二，公司股东会在决定公司合并、分立、转让主要财产等重大事项时，在股东会通过以上决议时，投反对票的股东有权请求公司收购自己的股权。公司合并、分立、转让主要财产等属于公司重大事项。对于这些事项的决议，法律只是要求公司股东所持投票权的一定比例通过，没有要求必须全体股东同意。因此，少数在股东会上投反对票的股东的意见没有得到公司接受，而这些事项又关系到少数股东的根本利益。为此，法律授予少数股东要求公司收购自己股权的权利，有利于少数股东权利的保护。

第三，如果公司章程规定的营业期限届满或者章程规定的其他解散事由出现，股东会会议通过决议修改章程使公司存续的，那么，在股东会通过以上决议时，投反对票的股东有权请求公司收购自己的股权。一般情况下，当公司章程规定的营业期限届满或者章程规定的其他解散事由出现时，公司应当解散。但是，股东会可以依照法律规定进行变更。当出现以上情形时，公司股东会可以依法变更公司章程，将营业期限延长或者修改原规定的解散事由，这样公司就可以不解散。但是，变更公司章程不一定是全部股东的愿望，少数在股东会决议修改公司章程时投反对票的股东不希望公司继续营业，而想从公司撤资。这些股东无法阻止公司章程变更，但其原来应当享有的权利也应当得以保护。为此，法律授予这些股东要求公司收购自己的股权的权利，就保护了他们的利益。

(5) 股东死亡，其对公司的出资需要继承的情形。如果有限责任公司的自然人股东死亡的，其股权作为遗产被其合法继承人继承。但是，死亡股东的继承人继承股权，事实上就是股权外部转让，是否要求按照一般股权外部转让条件和程序进行？

《公司法》第七十五条规定："自然人股东死亡后，其合法继承人可以继承股东资格；但是，公司章程另有规定的除外。"所以，根据以上规定，自然人股东死亡，其股权继承的条件、程序，与一般股权外部转让不同。除非公司章程另有规定外，死亡人的继承人享有股权继承权，无须经过其他股东同意。

《〈公司法〉司法解释（四）》规定，有限责任公司的自然人股东因继承发生变化时，其他股东不得以《公司法》第七十一条第三款之规定行使优先购买权，除非公司章程另有规定或者全体股东另有约定。

另外，公司股东转让出资后，公司应当注销原股东的出资证明书，向新股东签发出资证明书，并相应修改公司章程和股东名册中有关股东及其出资额的记载。对公司章程的该项修改不需再由股东会表决。对于公司收购股东出资的，公司应当在收购后十日内注销收购的出资；对于因合法继承原股东出资的，公司应当注销原股东的出资证明书，向新股东签发出资证明书，并相应修改公司章程和股东名册中有关股东及其出资额的记载。对公司章程的该项修改不需再由股东会表决。

（二）股份有限公司股份的转让

股份有限公司是典型的资合公司，以公司资本为其信用基础，股东间的人身关系比较松散，因此，股份一般可以自由转让和流通。股份有限公司股份的转让是以股票转让的形式表现出来的，股份的转让是能够在当事人之间产生法律后果的法律行为。

《公司法》规定，股份有限公司的股份可以自由转让，但还有以下几个方面的限制。

1. 股东转让股份的场所限制

《公司法》第一百三十八条规定："股东转让其股份，应当在依法设立的证券交易场所进行或者按照国务院规定的其他方式进行。"法律没有明确证券交易场所的具体意义，也没有规定证券公司营业厅才是证券交易场所。同时，无记名股票的转让，由股东将该股票交付给受让人后即发生转让的效力，所以，实际上无法查知交易场所，也没有必要知道交易场所。但是，如果是上市公司的上市流通股的转让，则是可以控制且有必要对其转让场所进行限制的，即上市流通股份必须通过证券交易所进行交易。

2. 记名股票转让必须按照法定的程序进行

《公司法》第一百三十九条规定："记名股票，由股东以背书方式或者法律、行政法规规定的其他方式转让；转让后由公司将受让人的姓名或者名称及住所记载于股东名册。股东大会召开前二十日内或者公司决定分配股利的基准日前五日内，不得进行前款规定的股东名册的变更登记。但是，法律对上市公司股东名册变更登记另有规定的，从其规定。"记名股票的转让方式包括背书转让和协议转让两种形式。如果一次转让的记名股票数量不多，就可以采取背书形式进行；如果一次转让的记名股票数量比较多，通过协议转让比较方便。记名股票转让的程序包括：第一，转让人在股票背面依法背书并交付给受让人，或者转让人与受让人签订协议并由转让人将交易的记名股票交付给受让人；第二，由转让人或者受让人向公司申请，公司将原来记名股东的姓名或者名称及住所变更成受让人的姓名或者名称及住所。当然，受让人自己申请变更登记的，应当持有已经背书的记名股票或者没有背书但持有转让协议和未背书的记名股票。同时，公司还应当变更章程中股东情况记录、变更工商行政管理机关的相关登记。如果没有履行这些程序，可能影响受让人股权的确认与行使。

3. 公司特殊主体转让自己所持公司股份受到限制

《公司法》第一百四十一条规定："发起人持有的本公司股份，自公司成立之日起一年内不得转让。公司公开发行股份前已发行的股份，自公司股票在证券交易所上市交易之日起一年内不得转让。公司董事、监事、高级管理人员应当向公司申报所持有的本公司的股份及其变动情况，在任职期间每年转让的股份不得超过其所持有本公司股份总数的百分之二十五；所持本公司股份自公司股票上市交易之日起一年内不得转让。上述人员离职后半年内，不得转让其所持有的本公司股份。公司章程可以对公司董事、监事、高级管理人员转让其所持有的本公司股份作出其他限制性规定。"这是对公司特殊主体持有股份转让的限制制度。

(1) 对公司的发起人股东持有本公司股份转让的限制。发起人股东不等于发起人，发起人可能是公司股东，也可能不是公司股东，只有持有本公司股份的发起人才是发起人股东。发起人股东在公司成立后一年内不得转让持有本公司的股份。其理由就是防止发起人股东将风险转移给其他股东，从而逃避风险。

（2）如果公司公开发行股份且股票在证券交易所上市交易，那么，公司公开发行股份前已经发行的股份，自公司股票在证券交易所上市交易之日起一年内不得转让。法律限制这些股票转让流通的目的，是为了防止这些股票的大量上市流通给股票市场造成太大的冲击，因为非公开发行的股票的数量大，同时价格较低。完全禁止这些股票上市交易也不合理，所以，法律只是规定这些股份自公司股票在证券交易所上市交易之日起一年内不得转让。这里需要强调两点：①公司公开发行股份前已经发行的股份可能已经进行过转让，包括无记名股票转让和记名股票的转让；②股票转让可能在证券交易所进行，也可能在其他场所进行，如果股票不在证券交易所进行交易，法律就没有必要禁止，也无法禁止。所以，本书认为，法律限制上市公司在公开发行股份前已经发行的股份转让，只是限制其进入证券交易所进行交易，而不限制其以其他方式的转让。

（3）对公司董事、监事、高级管理人员持有的本公司股份转让的限制。这样规定的目的在于阻止这些掌握公司决策权的人通过转让股份逃避风险，但完全禁止他们转让公司股份又损害了这些人员的股权，所以，法律采取了适当限制转让公司股份的方式。《公司法》限制公司董事、监事、高级管理人员转让其持有本公司股份制度包括以下几个方面。

①公司董事、监事、高级管理人员应当向公司申报所持有的本公司的股份及其变动情况，在任职期间每年转让的股份不得超过其所持有本公司股份总数的百分之二十五。

②公司董事、监事、高级管理人员所持本公司股份，自公司股票上市交易之日起一年内不得转让。这里的限制应该理解为这些人员不得将持有本公司的股份上市交易，而不禁止其他交易方式。

③公司董事、监事、高级管理人员离职后半年内，不得转让其所持有的本公司股份。

④公司章程不得违反以上规定，但可以对公司董事、监事、高级管理人员转让其所持有的本公司股份作出其他限制性规定。即公司章程可以对公司董事、监事、高级管理人员持有的本公司股份转让作出更多的限制，但不得减少限制。

4. 公司收购自己股份受到限制

公司不得收购本公司股份。

许多国家公司法都规定，公司不得收购自己的股份，因为公司收购自己股份将直接导致公司资本不实，危害交易安全，损害公司债权人的利益。但完全禁止公司收购自己的股份又不利于公司的经营。为此，我国《公司法》采取限制公司收购自己股份的方式。该法中的公司收购自己股份的制度包括以下内容。

（1）原则上公司不得收购自己股份。

（2）公司在六种情形下可以收购自己的股份。

第一，减少公司注册资本。限制公司收购自己股份的目的就是为了防止公司资本不实，但公司减少了自己的注册资本，就可以解决这个问题。

第二，与持有本公司股份的其他公司合并。公司合并是公司运行中常见的经营运作活动，公司与持有本公司股份的其他公司合并是比较常见的现象。所以，法律不能禁止因为这样的原因而导致公司持有自己的股份。但这样公司持有了自己股份同样可以导致公司资本不实。为了解决这个问题，法律要求公司在持有自己股份以后六个月内将这些股权转让出去或者予以注销，以减少注册资本。

第三，将股份用于员工持股计划或者股权激励。员工持股计划或者股权激励是新时期非常好的员工激励举措。随着社会经济的发展，仅仅依靠金钱好像难以真正激励员工，特别是股份有限公司的高级管理人员。所以，有些股份有限公司制定员工持股计划，让员工成为公司主人，以激励员工与公司紧密相连。但是，股份有限公司持股计划必须以自己拥有自己的股份为前提。所以，《公司法》规定，股份有限公司可以持有本公司股份，甚至可以达到百分之十。

第四，股东因对股东大会作出的公司合并、分立决议持异议，要求公司收购其股份。这是公司应当收购自己股份的情形。公司合并、分立事项属于重大事项，因此《公司法》规定，股份有限公司股东大会作出公司合并、分立决议，需要参加会议的股东所持表决权的三分之二以上通过。这样，就可能存在部分参加股东大会的股东反对该项决议，但没有被公司采纳的情况。为了保护这些小股东的权益，法律规定，这些股东可以要求公司收购自己的股份，此时公司应当收购。为了防止公司滥用该制度，法律规定，公司在持有自己股份以后六个月内应当将这些股份转让出去或者予以注销，以减少注册资本。

第五，将股份用于转换上市公司发行的可转换为股票的公司债券。《公司法》规定，上市公司可以发行可转换为股票的公司债券。但是，股份有限公司一般不得收购本公司股份没有用于公司债券转换的股票。所以，上市公司发行可转换为股票的公司债券，就必须允许公司因此收购自己的股份，能够与公司债券持有人转换。为了更好地运用该制度，法律规定，上市公司可以依照章程的规定或者股东大会的授权，经三分之二之上董事出席的董事会决议便可以决定是否收购本公司股份。

第六，上市公司为维护公司价值及股东权益所必需。上市公司的股票价格决定着公司价值。但是，公司股票的价格由多种因素决定，很可能出现其价值被严重低估的现象。但是，如果公司不得收购自己的股份，那么公司无法改变这种不合理状态。所以，法律规定，上市公司在为了公司价值及股东权益所必需的时候，可以依照公司章程的规定或者股东大会的授权，经三分之二之上董事出资的董事会决议便可以决定是否收购本公司股份，以使公司股票价格保持在合理价位。

(3) 公司不得接受本公司的股票作为质押权的标的。各国公司法都禁止公司接受本公司的股票作为质押权的标的，因为如果公司接受了本公司的股票作为质押权的标的，一旦被担保人不履行债务,公司就自然持有自己的股份。由于禁止公司接受本公司的股票作为质押权的标的,对公司经营影响不大,所以,法律对此没有采取限制而采取禁止的方式。

5. 上市公司的股票交易受限制

根据《证券法》的相关规定,禁止证券交易内幕信息的知情人和非法获取内幕信息的人利用内幕信息从事证券交易活动。证券交易内幕信息的知情人包括:(1) 发行人及其董事、监事、高级管理人员;(2) 持有公司百分之五以上股份的股东及其董事、监事、高级管理人员,公司的实际控制人及其董事、监事、高级管理人员;(3) 发行人控股或者实际控制的公司及其董事、监事、高级管理人员;(4) 由于所任公司职务或者因与公司业务往来可以获取公司有关内幕信息的人员;(5) 上市公司收购人或者重大资产交易方及其控股股东、实际控制人、董事、监事和高级管理人员;(6) 因职务、工作可以获取内幕信息的证券交易场所、证券公司、证券登记结算机构、证券服务机构的有关人员;(7) 因职责、工作可以获取内幕信息的证券监督管理机构工作人员;(8) 因法定职责对证券的发行、交易或者对上市公司及其收购、重大资产交易进行管理可以获取内幕信息的有关主管部门、监管机构的工作人员;(9) 国务院证券监督管理机构规定的可以获取内幕信息的其他人员。

证券交易活动中,涉及发行人的经营、财务或者对该发行人证券的市场价格有重大影响的尚未公开的信息,为内幕信息。内幕信息包括:(1) 公司的经营方针和经营范围的重大变化;(2) 公司的重大投资行为,公司在一年内购买、出售重大资产超过公司资产总额百分之三十,或者公司营业用主要资产的抵押、质押、出售或者报废一次超过该资产的百分之三十;(3) 公司订立重要合同、提供重大担保或者从事关联交易,可能对公司的资产、负债、权益和经营成果产生重要影响;(4) 公司发生重大债务和未能清偿到期重大债务的违约情况;(5) 公司发生重大亏损或者重大损失;(6) 公司生产经营的外部条件发生的重大变化;(7) 公司的董事、三分之一以上监事或者经理发生变动,董事长或者经理无法履行职责;(8) 持有公司百分之五以上股份的股东或者实际控制人持有股份或者控制公司的情况发生较大变化,公司的实际控制人及其控制的其他企业从事与公司相同或者相似业务的情况发生较大变化;(9) 公司分配股利、增资的计划,公司股权结构的重要变化,公司减资、合并、分立、解散及申请破产的决定,或者依法进入破产程序、被责令关闭;(10) 涉及公司的重大诉讼、仲裁,股东大会、董事会决议被依法撤销或者宣告无效;(11) 公司涉嫌犯罪被依法立案调查,公司的控股股东、实际控制人、董事、监事、高级管理人员涉嫌犯罪被依法采取强制措施;(12) 国务院证券监督管理机构规定的其他事项。

内幕信息还包括:(1) 公司股权结构或者生产经营状况发生重大变化;(2) 公司债券信用评级发生变化;(3) 公司重大资产抵押、质押、出售、转让、报废;(4) 公司发生未能清偿到期债务的情况;(5) 公司新增借款或者对外提供担保超过上年末净资产的百分之二十;(6) 公司放弃债权或者财产超过上年末净资产的百分之十;(7) 公司发生超过上年末净资产百分之十的重大损失；(8) 公司分配股利，作出减资、合并、分立、解散及申请破产的决定，或者依法进入破产程序、被责令关闭；(9) 涉及公司的重大诉讼、仲裁；(10) 公司涉嫌犯罪被依法立案调查，公司的控股股东、实际控制人、董事、监事、高级管理人员涉嫌犯罪被依法采取强制措施；(11) 国务院证券监督管理机构规定的其他事项。

（三）公司股权转让制度讨论

1. 有限责任公司是否可以收购自己的股权

《公司法》规定，股份有限公司一般不得收购自己的股份，但没有规定有限责任公司是否可以收购自己的股权。依照民商法"法无禁止则是允许"的理论，有限责任公司应当可以收购自己的股权。但有限责任公司和股份有限公司一样，自己持有自己的股份可能导致公司资本不实，危害交易安全，损害债权人利益。所以，本书认为，《公司法》不应当将两者区分开来，仅仅限制股份有限公司收购自己的股份，而不限制有限责任公司收购自己的股权。股份有限公司不得接受本公司的股票作为质押权的标的，有限责任公司也不得接受本公司的股东出资证书作为质押权的标的。许多国家或者地区的公司法都规定，股份有限公司和有限责任公司一般都不能收购自己的股份。本书建议我国《公司法》也应当明确规定有限责任公司不得收购和持有本公司股权。

2. 在一定条件下，有限责任公司是否可以主动收购自己的股权

《公司法》规定，股份有限公司如果基于减少公司注册资本、与持有本公司股票的其他公司合并、奖励本公司职工等原因可以收购自己的股票。对于有限责任公司是否可以因为以上原因而收购本公司股权，法律没有规定。本书认为，减少公司注册资本、与持有本公司股票的其他公司合并、奖励本公司职工等都属于一切公司正常经营活动，股份有限公司可以因为以上原因而有权收购本公司股票，有限责任公司也可以因此而收购本公司的股权。

3. 有限责任公司收购本公司股权时是否享有优先权

《公司法》规定，有限责任公司股东向股东以外的人转让股权时，其他股东享有优先购买权，但对公司本身是否享有优先购买权没有规定。本书认为，法律授予其他股东优先购买权的原因在于有限责任公司具有人合性，股权向外转让，继而可能影响公司管理。公司本身收购自己的股权也可以限制股权向外流失。所以，公司享有优先购买权比较科学。

4. 有限责任公司应当如何处理自己持有的本公司的股权

公司可能由于各种原因而持有本公司的股权。由于公司持有自己的股权存在许多弊端，所以，法律不允许这种状况长期存在。《公司法》规定，股份有限公司应当在一定时间内将这些股份转让或者注销。但对于有限责任公司持有本公司股权，法律则没有规定。这种状况不利于公司资本的充实，会危害交易安全。本书认为，法律应当将股份有限公司处理自己持有本公司股份制度适用于有限责任公司，以堵塞法律漏洞。

5. 股份有限公司股东向外转让公司股份是否应当限制

《公司法》规定，有限责任公司股东对外转让出资时必须经过二分之一以上其他股东

同意，但没有限制股份有限责任公司股份向外转让。事实上，发起式设立的股份有限公司与有限责任公司一样，具有人合性，股东向外转让股份，可能引入新成员进入公司，影响到公司的经营管理，所以，对于发起式设立的股份有限公司股东向外转让股份也应当进行限制，按照有限责任公司股东向外转让出资的程序进行。另外，对于募集式设立的股份有限公司发起人向外转让其持有的股份，也应当经过一定的程序，从而更好地维护公司的稳定发展。

6. 股份有限公司被强制要求收购股份的情形是否应当扩张

《公司法》规定，股东对股东大会作出的公司合并、分立决议持异议的，有权要求公司收购自己的股份。但对于其他情形的，法律没有规定。这样似乎给人这样一种认知，即股份有限公司不会出现公司连续五年不向股东分配利润，而公司五年连续盈利，并且符合本法规定的分配利润条件的，不会出现公司章程规定的营业期限届满或者章程规定的其他解散事由出现，股东大会会议通过决议修改章程使公司存续等情形。而事实上，股份有限公司肯定存在以上情形，也会有一些参加股东大会会议的小股东反对这样决议，如果法律没有授予持反对意见的股东请求公司收购自己股份的权利，这些股东将无法保护自己的合法权益。这显然是不公平的。因此，本书认为，将来《公司法》修订时，应当扩张股份公司被强制收购股份的范围，有限责任公司和股份有限公司被强制要求收购自己股份制度并行。

7. 股份有限公司应当以何价格收购自己股份

《公司法》规定，股东对股东大会作出的公司合并、分立决议持异议的，可以要求公司收购自己的股份，但没有规定双方应当如何确定收购价格。公司股票的价格评估是股份收购的关键。而公正合理的价格的确定取决于价格确定程序。该法规定，有限责任公司股东可以在股东会会议决议通过之日起六十日内与公司达成股权收购协议，如果无法在规定的时间内达成协议，股东可以自股东会会议决议通过之日起九十日内向人民法院提起诉讼。这样，股东与公司协商的时效为六十天，如果在这六十天内没有达成协议，股东有权在以后的三十天内向法院起诉，要求法院裁定收购方案。所以，本书认为，法律应当将此制度适用到股份有限公司，以解决股份收购价格等方面的问题。

第五节 股份与股票

一、股份

（一）股份的概念和特点

股份是股份有限公司资本的最小单位，即公司的全部资本分为等额股份，全部股份金额之和即公司的资本总额，股份的表现形式就是股票。股份有限公司的股份与有限责任公司的出资相比较，具有以下特点。

1. 股份是公司资本的最小单位，具有不可分性

股份已经是资本的最小单位，不能够再分。但是，股份可以为数人共有，当一股份为数人共有时，股权一般应当由共有人推定一人行使。有限责任公司的出资没有限制，可以规定最低出资额，也可以将公司资本分为等额出资，法律对于这些没有强制性规定，公司可以自行确定。

2. 股份是对资本的等额划分，具有金额的均等性

《公司法》第一百二十五条规定："股份有限公司的资本划分为股份，每一股的金额相等。"股份所代表的资本一律相等。股份的金额只在公司成立时具有意义，而在公司运行中就没有太多的意义了，所以，有些国家，如日本，允许发行无面额股份。

3. 股份是股东权的基础，具有权利上的平等性

《公司法》第一百零三条规定："股东出席股东大会会议，所持每一股有一表决权。"第一百二十六条规定："同种类每一股份应当具有同等权利。"所以，股东权利义务的大小，取决于其拥有股份数量的多少。除法律另有规定外，公司不得以任何理由剥夺股东的固有权利。

4. 股份表现为股票，具有流通性

股份表现为股票，是股票的实质内容，股票是股份的载体、表现形式。除了特别股份限制流通外，一般股份都可以自由流通。股份流通是通过股票进行的。上市公司的流通股份通过证券交易所进行交易。

（二）股份的种类

依照不同的标准，可以将股份划分为不同的种类。

1. 依照股东享有权利和风险的不同，可以将股份划分为普通股、优先股、劣后股和混合股

(1) 普通股，是指具有股份的一般特点，而无任何特别待遇的股份。普通股具有以下三个特点。第一，普通股股东享有表决权，能够参与公司重大问题决策。第二，普通股股东的收益不稳定，如果公司有高额利润，普通股股东就可以在公司支付应当支付的费用后，参与分红；如果公司没有利润或者公司决定不分配利润时，普通股股东便没有收益。第三，公司清算时，普通股股东必须等到公司清偿债务、优先股股东分配完财产后，再参与分配公司剩余财产。所以，普通股股东可能得到十分优厚的收益，但也可能连股本都赔光，普通股是风险较大的股份。

(2) 优先股，是指对公司享有较一般股东在分配公司利润、财产方面具有特别的权利的股份。优先股具有以下三个特点。第一，优先股股东可以优先分配公司利润，且有固定的股息。公司正常盈利时，优先股股东可以按照固定股息分配公司利润，但是如果公司没有盈利或者盈利较少时，优先股股东也不能分到股息或者不能分到固定股息。第二，优先股股东可以优先分配公司财产。当公司清算时，优先股股东能够较普通股股东优先按照股票面额分配公司剩余财产。第三，优先股一般没有表决权，但优先股股东有权参加股东

大会，公司在处理与优先股相关的事务时，这些股东具有表决权。

（3）劣后股，就是公司盈利分配利润或者公司剩余财产分配在普通股之后的股份。这种股份的地位低于普通股，通常无人问津。①

（4）混合股，即其在盈利分配方面可能优于普通股，而在分配公司剩余财产方面劣于普通股。

我国《公司法》没有规定普通股、优先股、劣后股和混合股，也没有禁止公司设置这些股份，所以，公司可以根据自己的需要设置各种股份。

2. 依照股份是否以金额表示，可以将股份划分为额面股和无额面股

（1）额面股，就是在股票票面上标明了一定金额的股份。额面股的每股金额必须一致，但具体数额多少，各国法律规定不一。有些国家法律规定了股份最低面额限制，没有规定最高额限制，如日本规定为五百日元。我国《公司法》没有对股票面额进行限制，由发行人自己决定。

（2）无额面股，就是股票票面没有标明一定金额，只表示其占公司资本总额的一定比例。此种股份的价值完全随着公司资产的变化而变化，仅仅从股票本身无法确定其价值。目前，美国、日本等国家允许发行无额面股份。我国《公司法》禁止发行无额面股份，只允许发行额面股份。

3. 依照是否在股票票面记载股东姓名，可以将股份划分为记名股份和无记名股份

《公司法》第一百二十九条规定："公司发行的股票，可以为记名股票，也可以为无记名股票。公司向发起人、法人发行的股票，应当为记名股票，并应当记载该发起人、法人的名称或者姓名，不得另立户名或者以代表人姓名记名。"

（1）记名股，就是股票票面记载了股东姓名或者名称的股份。记名股份的权利只有股东本人享有，其他人即使持有也无资格行使。记名股的转让必须由股东以背书方式或者法律、行政法规规定的其他方式进行，将受让人的姓名或者名称记载于公司股票票面，并将公司股东名册的股东姓名或者名称及住所进行变更。如果缺少以上任何环节，转让行为都不能完全生效。《公司法》第一百三十条规定："公司发行记名股票的，应当置备股东名册，记载下列事项：（一）股东的姓名或者名称及住所；（二）各股东所持股份数；（三）各股东所持股票的编号；（四）各股东取得股份的日期。"

（2）无记名股，就是股票票面没有记载股东姓名或者名称的股份。无记名股份与股票不可分离，一般来说，谁持有股票谁就是股东，享有股东权。转让无记名股时，只需要将股票交付给受让人，就能够发生法律效力。《公司法》第一百三十条规定，股份有限公司发行无记名股票的，公司应当记载其股票数量、编号及发行日期。

记名股的优点在于公司能够掌握股东状况，了解股份流通情况，防止恶意收购；记名

① 柯芳枝.公司法论[M].北京：中国政法大学出版社，2004：175.

股股东遗失了股票还可以补救。其缺点在于转让程序比较复杂。无记名股的优点在于其流通性良好，缺点在于其安全性较差。

4. 依照股份有无表决权，可以将股份划分为表决权股和无表决权股

（1）表决权股，就是享有表决权的股份。普通股一般都属于表决权股。以经营公司为目的的股东一般认购表决权股。

（2）无表决权股，就是依照法律或者章程规定，不享有公司表决权的股份。优先股一般都是无表决权股。以分配公司盈利为目的的股东愿意认购无表决权股。

5. 依照投资主体不同，可以将股份划分为国家股、法人股、个人股

（1）国家股，就是最终的投资者为国家的股份。但国家是抽象概念，最终都是以政府名义持有。同时，政府也不能直接持有，往往以国有投资公司持有股份的方式持股。

（2）法人股，是指投资主体是法人的股份。《民法典》规定，法人可以分为营利法人、非营利法人和特别法人。一般来说，唯有营利法人可以持有公司股份，其他法人不得持有公司股份。

（3）个人股，是指自然人持有的股份。除法律、行政法规有特殊规定外，任何自然人都可以持有公司股份。

6. 依照是否以人民币购买或者交易股份，可以将流通股划分为 A 股和 B 股

（1）A 股，就是指以人民币在上海证券交易所或者深圳证券交易所交易的股份。

（2）B 股，就是以港币在深圳证券交易所或者以美元在上海证券交易所交易的股份。

二、股票

（一）股票的概念

股票是指由股份有限公司签发的，证明股东按照其所持有股份享有权利和承担义务的书面凭证。

（二）股票的特征

（1）股票是股东对股份有限公司投资的权利凭证。股东向股份有限公司投资后，公司再根据股东投资的股份数发给相应的股票，从而证明投资的事实和数额。

（2）股票是股东据以行使股权的证书。股份有限公司的股东行使股权时，必须以自己持有股票为依据。有些股权的行使没有规定股东持有股票的数额和时间，如参加股东大会、查阅公司章程等；有些股权的行使必须是股东持有一定数额的股票且持有一定时间，例如，《公司法》第一百五十一条规定，如果公司董事、高级管理人员有该法第一百四十九条规定的情形的，股份有限公司连续一百八十日以上单独或者合计持有公司百分之一以上股份的股东，可以书面请求监事会向人民法院提起诉讼；监事有该法第一百四十九条规定的情形的，前述股东可以书面请求董事会向人民法院提起诉讼。

（3）股票的价值和存在的根本是股份，股份丧失，股票也就没有意义。股份是股票的本质，股票是股份的载体、表现形式。

(4) 股票是一种要式证券。股票必须按照法律规定制作、发行。《公司法》第一百二十八条规定:“股票采用纸面形式或者国务院证券监督管理机构规定的其他形式。股票应当载明下列主要事项:(一) 公司名称;(二) 公司成立日期;(三) 股票种类、票面金额及代表的股份数;(四) 股票的编号。股票由法定代表人签名,公司盖章。发起人的股票,应当标明发起人股票字样。”

(5) 股票是流通证券。股票的流通方式包括:一是上市公司的流通盘股票通过证券交易所进行挂牌交易;二是上述之外的股票通过柜台进行交易。

三、股份的发行

(一) 股份发行的概念和分类

1. 股份发行的概念

股份的发行是指设立股份有限公司或者在其存续期间为募集股份而出售或者分配公司股份的行为。由于股份的形式就是股票,所以,股份的发行也是股票的发行。股份的发行,实行公平、公正的原则,同种类的每一股份应当具有同等权利。同次发行的同种类股票,每股的发行条件和价格应当相同;任何单位或者个人所认购的股份,每股应当支付相同价额。股票发行价格可以为票面金额,也可以超过票面金额,但不得低于票面金额。股票采用纸面形式或者国务院证券监督管理机构规定的其他形式。

股票应当载明下列主要事项:①公司名称;②公司成立日期;③股票种类、票面金额及代表的股份数;④股票的编号。股票由法定代表人签名,公司盖章。发起人的股票,应当标明发起人股票字样。

2. 股份发行的分类

(1) 按照股份发行时间的不同,股份发行分为设立发行和新股发行。设立发行,就是在股份有限公司设立过程中所进行的股份发行。新股发行,就是公司成立后为了增加资本而进行募集股份的行为。

(2) 按照股份发行对象的不同,股份的发行分为公开发行和非公开发行。《证券法》第九条规定:“公开发行证券,必须符合法律、行政法规规定的条件,并依法报经国务院证券监督管理机构或者国务院授权的部门注册。未经依法注册,任何单位和个人不得公开发行证券。证券发行注册制的具体范围、实施步骤,由国务院规定。有下列情形之一的,为公开发行:(一) 向不特定对象发行证券;(二) 向特定对象发行证券累计超过二百人,但依法实施员工持股计划的员工人数不计算在内;(三) 法律、行政法规规定的其他发行行为。非公开发行证券,不得采用广告、公开劝诱和变相公开方式。”

(二) 股份发行的条件

1. 设立发行股份的条件

设立发行股份,是指发起人在公司设立过程中作为公司设立中的机关代表“公司”发行股份、筹集资本的行为。设立发行股份分为公开设立发行股份和非公开发行股份。非公开发行股份包括发起式设立发行股份和非公开募集式设立发行股份。发起式设立发行股份是指发起人认购了全部股份的股份发行模式，通过这种模式设立的公司的股份认购人都是公司发起人，发起人就是公司股份的认购人。这种设立发行股份的条件包括：(1) 发起人为二人以上二百人以下；(2) 发起人应当书面认足公司章程规定其认购的股份，一次缴纳的，应即缴纳全部出资；分期缴纳的，应即缴纳首期出资。以非货币财产出资的，应当依法办理其财产权的转移手续。发起人不依照规定缴纳出资的，应当按照发起人协议的约定承担违约责任。

非公开募集式设立发行股份，是指公司发起人只认购部分股份，其余的由发起人之外的、特定的人认购股份的发行模式。这种设立发行股份的条件包括：(1) 发起人为二人以上二百人以下；(2) 发起人必须认购拟发行股本总额的百分之三十五以上的股份；(3) 注册资本为在公司登记机关登记的实收股本总额。法律、行政法规对股份有限公司注册资本的最低限额有较高规定的，从其规定。

公开发行募集式设立发行股份，是指公司发起人只认购部分股份，其余的向发起人之外的、不特定人或者超过二百名特定人发行股份的发行方式。这种设立发行股份的条件包括：(1) 发起人为二人以上二百人以下。(2) 发起人必须认购拟发行股本总额的百分之三十五以上的股份。(3) 注册资本为在公司登记机关登记的实收股本总额。法律、行政法规以及国务院决定对股份有限公司注册资本实缴、注册资本最低限额另有规定的，从其规定。(4) 国务院证券监督管理机构或者国务院授权部门核准。

2. 新股发行条件

股份有限公司成立后，因为需要增加资本申请公开发行新股的，应当符合下列条件：(1) 具备健全且运行良好的组织机构；(2) 具有持续经营能力；(3) 最近三年财务会计报告被出具无保留意见审计报告；(4) 发行人及其控股股东、实际控制人最近三年不存在贪污、贿赂、侵占财产、挪用财产或者破坏社会主义市场经济秩序的刑事犯罪；(5) 经国务院批准的国务院证券监督管理机构规定的其他条件。上市公司发行新股，应当符合经国务院批准的国务院证券监督管理机构规定的条件，具体管理办法由国务院证券监督管理机构规定。

第六节　上市公司

一、上市公司的概念

《公司法》第一百二十条规定："本法所称上市公司，是指其股票在证券交易所上市交易的股份有限公司。"上市公司的股票，依照有关法律、行政法规及证券交易所交易规则进行交易，其中公开发行的股票上市交易，其他股票则可能不上市交易。从理论上讲，上市公司的资信良好、资本雄厚，对债权人和股东利益有保障，政府监管力度强，商业活动的能力和规模比较强大；但实际上，也有一些上市公司的业绩不突出，资信不好。

但是，股份有限公司的股票上市交易，对公司有许多好处：第一，由于上市公司的条件要求较高，需要政府部门核准遴选，所以，公司一旦进入，就可以提高企业知名度，方便交易，扩大客户范围；第二，公司可以溢价发行股票，筹集较多资金，融资途径较广；第三，公司资金规模大，实力雄厚，可以对规模大的项目进行投资。

二、股票上市的条件

对于股票上市的条件，各国证券交易所都制定了严格的限制条件。我国《公司法》没有规定股份有限公司申请股票上市的条件，我国《证券法》第四十七条规定："申请证券上市交易，应当符合证券交易所上市规则规定的上市条件。证券交易所上市规则规定的上市条件，应当对发行人的经营年限、财务状况、最低公开发行比例和公司治理、诚信记录等提出要求。"我国《证券法》不再规定股票上市的法定条件，而是完全授权给证券交易所，由证券交易所制定公司上市条件。例如，我国上海证券交易所和深圳证券交易所均可根据自己的实际情况制定上市条件。但是，不管怎样，证券交易所都会对股票发行人的经营年限、财务状况、最低公开发行比例、公司治理结构、诚信记录等提出相应要求。唯有达到这些要求的股份有限公司的股票才能上市。

在国外，公司股票上市交易同样必须遵守证券法的规定和证券交易所规则。各国证券交易所规定的股票上市交易的条件不尽相同。

日本东京证券交易所对上市公司的要求包括：(1) 上市公司必须建立五年以上；(2) 上市公司在上市前经营年度的最后一天，股东资本总额在十亿日元以上，每股在一百日元以上；(3) 上市公司近三年的税前利润，第一年为二亿日元以上，第二年为三亿日元以上，最近一年为四亿日元以上；(4) 上市公司最近三年的每股收益要在十五日元以上，最近一年的每股收益为二十日元以上。最近一年的每股红利要在五日元以上，且估计上市后每股红利仍保持在五日元以上。

纽约证券交易所的股票上市条件包括：(1) 在收益方面，公司在最近一年的税前盈利最低不得少于二百五十万美元，最近两年的税前盈利最低不得少于每年二百万美元；(2) 在资产方面，公司有形的净资产不得少于一千六百万美元，不足此数的可利用上市股票的总价值补足；(3) 在证券的市场价值方面，公众拥有的股票按市值计算不得少于一千六百万美元；(4) 在股票的分布方面，有一百股以上股票的股东在两千人以上。

巴黎证券交易所对上市公司的规定包括：(1) 上市公司的净资产总额要在七百五十万法郎(现在应当换算成欧元)以上；(2) 上市公司要公开发行占公司资产百分之二十五以上的股票，区域性公司上市的股票不得低于二万股，全国性公司上市的股票不得少于八万股；(3) 上市公司上市前三年都要盈利，并向原股东分红。

三、股票上市交易的程序

《证券法》规定，股份有限公司申请其股票上市交易，应当向证券交易所提出申请，由证券交易所依法审核同意，并由双方签订上市协议。公司申请股票上市，应当聘请具有保荐资格的机构担任保荐人。公司申请股票上市交易，应当向证券交易所报送下列文件：(1) 上市报告书；(2) 申请股票上市的股东大会决议；(3) 公司章程；(4) 公司营业执照；(5) 依法经会计师事务所审计的公司最近三年的财务会计报告；(6) 法律意见书和上市保荐书；(7) 最近一次的招股说明书；(8) 证券交易所上市规则规定的其他文件。股票上市交易申请经证券交易所审核同意后，签订上市协议的公司应当在规定的期限内公告股票上市的有关文件，并将该文件置备于指定场所供公众查阅。签订上市协议的公司除公告以上规定的文件外，还应当公告下列事项：(1) 股票获准在证券交易所交易的日期；(2) 持有公司股份最多的前十名股东的名单和持股数额；(3) 公司的实际控制人；(4) 董事、监事、高级管理人员的姓名及其持有本公司股票和债券的情况。

思考题

A、C、D、E、F、G 成立了甲股份有限公司（以下简称“甲公司”）。甲公司经济效益很好，尤其是其一款产品在抗击新型冠状病毒肺炎疫情的过程中发挥了重要作用，也创造了很好的经济效益。经过公司董事会讨论，决定积极准备上市，以期融资 10 亿元人民币，进而提高公司规范化管理水平，让公司再上一个台阶。

现在，公司董事长 A 代表甲公司到证券交易所咨询：根据相关法律规定，如何才能让公司股票上市？

第四章 公司债券

第一节 引 言

【案例】

A、B、C三家公司共同投资成立了甲有限责任公司(以下简称“甲公司”),由赵某担任甲公司执行董事。近年来,甲公司经营业绩较好,业务量激增,需要较多资金周转。赵某尝试用向银行贷款等办法进行融资,但都因为各种原因无法进行。为此,赵某通过向周边朋友及员工共计300人发行公司债券,公司债券年息10%,为甲公司筹集到1 000万元资金。现在,有人提醒赵某,甲公司发行公司债券的行为涉嫌违法。请问:

甲公司发行公司债券的行为是否违法?为什么?

【案例分析】

《公司法》第三十七条规定,股东会对发行公司债券作出决议。

《证券法》第九条规定:“公开发行证券,必须符合法律、行政法规规定的条件,并依法报经国务院证券监督管理机构或者国务院授权的部门注册。未经依法注册,任何单位和个人不得公开发行证券。证券发行注册制的具体范围、实施步骤,由国务院规定。有下列情形之一的,为公开发行:(一)向不特定对象发行证券;(二)向特定对象发行证券累计超过二百人,但依法实施员工持股计划的员工人数不计算在内;(三)法律、行政法规规定的其他发行行为。非公开发行证券,不得采用广告、公开劝诱和变相公开方式。”

本案之中,A、B、C三家公司共同出资成立了甲公司,执行董事为赵某。赵某在没有召开股东会的情形下直接决定发行公司债券。

甲公司对特定对象,包括本公司员工共计300人发行公司债券,属于典型的公开发行证券行为。

所以,甲公司发行公司债券行为没有按照《公司法》第三十七条规定,经过股东会同意,而只是执行董事赵某直接决定,明显违反《公司法》的规定。另外,甲公司发行公司债券属于公开发行证券，没有依照《证券法》第九条的规定，经过国务院证券监督管理机构或者国务院授权的部门注册，属于违法行为。

【评析】

我国相关法律对公司向社会筹集资金、发行公司债券都有明确规定。所有相关行为人都应当依法执行，否则将会受到相应处罚，遭受较大损失。同时，违法筹集资金、违法发行公司债券，可能引起各种纠纷，引发社会矛盾。本案中的赵某真心为甲公司筹集资金，故发行公司债券，这本是件好事。但是，赵某没有按照《公司法》的规定召开公司股东会讨论决定发行公司债券事宜，也没有按照《证券法》的规定向有关部门注册。其行为构成违法，很可能给甲公司造成巨大损失，甚至导致更大的损害。所以，要成为合适的公司高级管理人员，需要熟悉相关法律，坚决依法办事，绝对不能想当然做事。好心做事不一定能够做成好事，还可能造成重大错误。

第二节　公司债券概述

一、公司债与公司债券的概念

公司债是公司法上的特定概念，是指公司通过发行公司债券以筹集资金从而与不特定的人形成的金钱债权债务关系。从本质上看，公司债属于金钱债。但由于公司债的债务人为公司，而债权人为一般公众，且一般公司借入资金数额巨大、借入期限较长、借入条件同一、借入形式都表现为有价证券，所以，公司债具有特殊性。我国《公司法》和《证券法》对公司债进行了规定。

公司债券是指公司为筹集资金，依法向公众发行的到期还本付息的一种有价证券。公司债与公司债券的关系类似于公司股份与公司股票的关系，前者是后者的实质，后者是前者的载体、表现形式。

发行公司债券与发行股票一样，都是公司筹集资金的方式。但两者也存在许多区别。第一，公司债券表现了债券持有人与公司之间的债权债务关系。公司债券持有人是公司债权人，对公司享有债权；股票持有人是公司股东，对公司享有股权，同时还承担相应的义务。第二，公司债券持有人不管公司是否盈利，都有权要求公司按照债券的规定还本付息；股票的持有人是公司股东，无权要求公司返还本金，一般只有公司有盈余才能分配利润，且分配的多少不固定，可能超过债券水平，也可能低于债券水平。第三，公司债券记载的权利优于公司股票记载的权利。公司在分配盈余或者分配剩余财产时，公司应当先清偿公司债券的本金和利息，然后才能依法向持有股票的股东分配利润。

公司债与公司借贷之债都属于民法中的债，债权人享有债权，公司是债务人。但两者还存在一些区别。第一，公司债的债权人具有同一性，即债券记载的期限、利息、债务人等内容全部一致；一般借贷之债各有特点，没有同一性。第二，公司债是公司通过发行公司债券这种有价证券而产生的，具有流通性，容易转让，所以公司债的债权人处于变化之中；一般借贷之债的债权人是特定的，是通过借贷合同而产生的，借贷合同是权利证书，转让必须通知债务人，流通性较差。

公司为了筹集资金，一般可以采取两个途径实现：一是通过扩股增加公司资本总额；二是通过借贷，获得所需资金。由于公司扩股在筹集资金的同时，也重新分配了公司利润，增加了公司向股东分配利润的压力，所以，对公司来说，比较愿意借贷资金。借贷资金的途径包括两种：一是发行公司债券，二是向银行或者其他金融机构贷款。对公司来说，发行公司债券具有能够迅速筹集资金、提高公司知名度等优点。

由于发行公司债券涉及广大投资者的利益，为了防止效益差或者信用不佳的公司发行公司债券，损害投资者的利益，各国公司法或者证券法对公司债券的发行条件、程序及债券还本付息等问题作了规定。

二、公司债券的分类

公司债券的发行，可以根据发行公司的需要，采取不同的发行形式，或者约定不同的发行条件，从而产生不同种类的公司债券。

（一）记名公司债券和无记名公司债券

根据公司债券是否记载持有人姓名或者名称为标准，公司债券可以划分为记名公司债券和无记名公司债券。在公司债券上记载债券持有人姓名或者名称的为记名公司债券；不在公司债券上记载持有人姓名或者名称的为无记名公司债券。《公司法》第一百五十六条规定："公司债券，可以为记名债券，也可以为无记名债券。"第一百六十条规定："记名公司债券，由债券持有人以背书方式或者法律、行政法规规定的其他方式转让；转让后由公司将受让人的姓名或者名称及住所记载于公司债券存根簿。无记名公司债券的转让，由债券持有人将该债券交付给受让人后即发生转让的效力。"

区分记名公司债券和无记名公司债券的法律意义有两点。第一，两者转让的程序不同。记名公司债券转让时，转让人应当在债券上背书，并由公司将受让人的有关事项记载于公司债券存根簿上，否则，转让不能抗辩公司对原债券持有人还本付息。第二，两者毁损灭失时的补救方法不同。记名公司债券毁损灭失，债券持有人可以通过公示催告程序申请法院宣告其无效，由公司补发。无记名公司债券出现毁损灭失情况的，无法补救。

（二）可转换公司债券和不可转换公司债券

根据公司债券是否可以转换为公司股票，公司债券可以划分为可转换公司债券和不可转换公司债券。依照公司债券持有人的请求，可以转换为公司股票的公司债券是可转换公司债券；不能转换为公司股票的公司债券是不可转换公司债券。《公司法》第一百六十一条规定："上市公司经股东大会决议可以发行可转换为股票的公司债券，并在公司债券募集办法中规定具体的转换办法。上市公司发行可转换为股票的公司债券，应当报国务院证券监督管理机构核准。发行可转换为股票的公司债券，应当在债券上标明可转换公司债券字样，并在公司债券存根簿上载明可转换公司债券的数额。"第一百六十二条规定："发行可转换为股票的公司债券的，公司应当按照其转换办法向债券持有人换发股票，但债券持有人对转换股票或者不转换股票有选择权。"

与不可转换公司债券相比，可转换公司债券持有人多了一项权利，多了一次选择。可转换公司债券具有转换为股票的可能性，被称为潜在的股份，是公司债股份化的一种表现。对于投资者来说，投资公司债，能够到期还本且得固定利息，具有安全性、收益固定性等优点；投资股票，则可能取得更加丰厚的收益，但也可能收不回本钱，所以，机会性和风险性都较大。可转换公司债券具有一般公司债券的优点，在公司股票价格上升时，债券持有人又可以选择转换为公司股票，以期取得更好收益。所以，可转换公司债券比较有吸引力，一般投资者更愿意认购这种债券。但是，在我国，只有上市公司才能发行可转换公司债券，其他公司不能发行。

（三）担保公司债券和无担保公司债券

根据公司债券在偿还上是否存在担保，公司债券可以划分为担保公司债券和无担保公司债券。偿还设定担保的公司债券为担保公司债券，偿还未设定担保的公司债券为无担保公司债券。担保公司债券的债权不能实现时，可以依法行使担保权而受到优先受偿；无担保公司债券的债权只是一般债权，不能通过担保权受到优先受偿。

《公司法》第一百五十四条规定，公司债券募集办法中应当载明债券担保情况。所以，我国公司发行公司债券可以采用担保公司债券的形式，也可以采用无担保公司债券的形式。由于担保公司债券的债权安全性较好，更能吸引投资者，所以，一般公司发行公司债券时都采用担保公司债券形式。

（四）公开发行的公司债券和非公开发行的公司债券

根据公司债券发行对象的不同，公司债券可以划分为公开发行的公司债券和非公开发行的公司债券。公司发行证券可以划分为公开发行和非公开发行两种，《证券法》第九条规定，有下列情形之一的，为公开发行：(1) 向不特定对象发行证券；(2) 向特定对象发行证券累计超过二百人，但依法实施员工持股计划的员工人数不计算在内；(3) 法律、行政法规规定的其他发行行为。不属于以上情形的，为非公开发行证券。公司债券则是典型的证券。

公开发行公司债券必须符合法律、行政法规规定的条件，并依法报经国务院证券监督管理机构或者国务院授权的部门核准；未经依法核准，任何单位和个人不得公开发行债券。非公开发行公司债券，不得采用广告、公开劝诱和变相公开方式。

第三节 公司债券的发行

一、公司债券的发行主体

关于公司债券的发行主体，各国公司法的规定不尽一致。主要区别在于是否禁止或者限制有限责任公司发行公司债券。各国法律都认为，股份有限公司具有发行公司债券的资格，但对于有限责任公司是否允许发行公司债券，各国规定存在较大的差异。有的国家或者地区，如意大利、法国、比利时、日本等的法律，以及中国台湾地区的有关规定禁止有限责任公司发行公司债券；有的国家，如德国、瑞士、丹麦以及荷兰等的法律限制有限责任公司发行公司债券，允许它们非公开发行公司债券，但禁止公开发行公司债券；有的国家，如美国、英国等允许有限责任公司（事实上是封闭式公司）公开发行公司债券。

我国原《公司法》规定，股份有限公司具有发行公司债券的资格，有限责任公司中的国有独资公司和两个以上的国有企业或者其他两个以上国有投资主体投资设立的有限责任公司也具有发行公司债券的资格。现《公司法》规定，股份有限公司和各种类型的有限责任公司都具有发行公司债券的资格。《证券法》规定，公司公开发行公司债券必须具备一定的条件，法律对股份有限公司和有限责任公司发行公司债券要求具备的条件并不一致。

二、公司债券发行的条件

对于非公开发行公司债券的条件，法律没有规定。如果公司非公开发行公司债券，只要不违反法律、行政法规和公司章程，没有任何限制条件。

《证券法》第十五条规定："公开发行公司债券，应当符合下列条件：（一）具备健全且运行良好的组织机构；（二）最近三年平均可分配利润足以支付公司债券一年的利息；（三）国务院规定的其他条件。公开发行公司债券筹集的资金，必须按照公司债券募集办法所列资金用途使用；改变资金用途，必须经债券持有人会议作出决议。公开发行公司债券筹集的资金，不得用于弥补亏损和非生产性支出。上市公司发行可转换为股票的公司债券，除应当符合第一款规定的条件外，还应当遵守本法第十二条第二款的规定。但是，按照公司债券募集办法，上市公司通过收购本公司股份的方式进行公司债券转换的除外。"

对于再次公开发行公司债券，《证券法》第十七条规定："有下列情形之一的，不得再次公开发行公司债券：（一）对已公开发行的公司债券或者其他债务有违约或者延迟支付本息的事实，仍处于继续状态；（二）违反本法规定，改变公开发行公司债券所募资金的用途。"

三、公司债券发行程序

（一）股东会或者股东大会决议发行

无论是公开发行公司债券还是非公开发行公司债券，都将对公司的财务、股东利益造成重大影响，属于公司经营中的重大事项，所以《公司法》第三十九条及第九十九条规定，公司发行公司债券属于公司股东会或者股东大会的法定职权，其他公司机构无权决定。另外，该法第四十三条规定，有限责任公司股东会通过发行决议的议事方式和表决程序，由公司章程规定。股东会通过发行公司债券决议，应当经过代表半数以上表决权的股东通过；股份有限公司股东大会通过发行公司债券决议，必须经过出席会议股东所持表决权半数通过。关于发行公司债券的具体方案，则由公司董事会制定。该法第六十六条规定，国有独资公司发行公司债券，必须由国有资产监督管理机构决定。

（二）非公开发行公司债券的发行

非公开发行公司债券无须申请，股东会或者股东大会依法决定后，公司就可以依法发行公司债券。《公司法》第一百五十五条规定："公司以实物券方式发行公司债券的，必须在债券上载明公司名称、债券票面金额、利率、偿还期限等事项，并由法定代表人签名，公司盖章。"第一百五十七条规定："公司发行公司债券应当置备公司债券存根簿。发行记名公司债券的，应当在公司债券存根簿上载明下列事项：（一）债券持有人的姓名或者名称及住所；（二）债券持有人取得债券的日期及债券的编号；（三）债券总额，债券的票面金额、利率、还本付息的期限和方式；（四）债券的发行日期。发行无记名公司债券的，应当在公司债券存根簿上载明债券总额、利率、偿还期限和方式、发行日期及债券的编号。"

（三）公开发行公司债券的申请

公开发行公司债券则必须申请。《证券法》第十六条规定："申请公开发行公司债券，应当向国务院授权的部门或者国务院证券监督管理机构报送下列文件：（一）公司营业执照；（二）公司章程；（三）公司债券募集办法；（四）国务院授权的部门或者国务院证券监督管理机构规定的其他文件。依照本法规定聘请保荐人的，还应当报送保荐人出具的发行保荐书。"第十八条规定："发行人依法申请核准发行证券所报送的申请文件的格式、报送方式，由依法负责核准的机构或者部门规定。"第十九条规定，发行人向国务院证券监督管理机构或者国务院授权的部门报送的证券发行申请文件，必须真实、准确、完整。为证券发行出具有关文件的证券服务机构和人员，必须严格履行法定职责，保证其所出具文件的真实性、准确性和完整性。

（四）公司债券发行的审核

对于公司债券发行申请，国务院证券监督管理机构或者国务院授权的部门应当审核，申请形式上符合法律规定的，应当予以核准。但是，如果国务院证券监督管理机构或者国务院授权的部门对已作出的核准证券发行的决定，发现不符合法定条件或者法定程序，尚未发行证券的，应当予以撤销，停止发行。已经发行尚未上市的，撤销发行核准决定，发行人应当按照发行价并加算银行同期存款利息返还证券持有人；保荐人应当与发行人承担连带责任，但是能够证明自己没有过错的除外；发行人的控股股东、实际控制人有过错的，应当与发行人承担连带责任。

（五）公告公司债券募集办法

证券发行申请经核准，发行人应当依照法律、行政法规的规定，在证券公开发行前，公告公开发行募集文件，并将该文件置备于指定场所供公众查阅。发行证券的信息依法公开前，任何知情人不得公开或者泄露该信息。发行人不得在公告公开发行募集文件前发行证券。

《公司法》第一百五十四条规定："发行公司债券的申请经国务院授权的部门核准后，应当公告公司债券募集办法。公司债券募集办法中应当载明下列主要事项：（一）公司名称；（二）债券募集资金的用途；（三）债券总额和债券的票面金额；（四）债券利率的确定方式；（五）还本付息的期限和方式；（六）债券担保情况；（七）债券的发行价格、发行的起止日期；（八）公司净资产额；（九）已发行的尚未到期的公司债券总额；（十）公司债券的承销机构。"

（六）公司债券的募集

公司债券的募集分为直接募集和间接募集两种，直接募集是由发行公司自己直接向公众进行募集，间接募集则是由发行公司委托证券公司进行募集。非公开发行公司债券一般采取直接募集方式，而公开发行公司债券必须采取间接募集方式。

第四节　公司债债权人的保护

公司债债权人保护制度是公司债发行制度的重要组成部分，许多国家和地区的公司法都建立了这些制度。我国《公司法》中的公司债发行担保制度，为我国公司债债权人利益的保护提供了法律依据。但是，该法中的公司债发行担保制度，缺乏与之配套的其他制度，如公司债管理公司制度、公司债债权人会议制度等，这将直接导致公司债发行担保制度的实施效果。下面介绍境外公司债管理公司制度和公司债债权人会议制度。

一、公司债管理公司制度

公司债管理公司，也称为公司债债权人之受托人，是指受公司债发行公司的委托，为了公司债债权人的利益，监督发行公司履行公司债发行事项，并取得、保管公司为发行公司债所设定担保物权物的公司。受托人可谓公司债债权人团体之执行机关。[①]

公司债管理公司具有以下特点。

（一）公司债管理公司为接受公司债发行公司委托的人

许多国家和地区的公司法规定，公司发行公司债时，应当确定公司债管理公司。公司债管理公司是为公司债债权人服务的公司，但它不是受公司债债权人的委托，而是受公司债发行公司的委托的。公司债管理公司与发行公司之间的合同，是为公司债债权人的利益而设立的，属于一种利他合同，且发行公司负担管理公司的报酬。公司债发行公司可以委托两个或两个以上公司债管理公司。

（二）公司债管理公司的权限

公司债管理公司应当为了公司债债权人的利益，监督发行公司履行公司债发行事项。公司为发行公司债所设立的抵押权或者质权，应当为公司债管理公司代理债权人在公司债发行前设定，取得、保管公司为发行公司债所设定担保物权物。公司债管理公司还可以受公司债债权人的委托召集公司债债权人会议。有些国家公司法规定，公司债管理公司为了履行以上职责，经法院许可，可以调查公司债发行公司的业务及财产状况。

（三）公司债管理公司的义务和责任

公司债管理公司应当为公司债债权人的利益公平，诚实地管理公司债；公司债管理公司对公司债债权人负有善良管理人的注意管理公司债的义务。如果公司债管理公司实施了违反法律或者公司债债权人会议决议的行为，致使公司债债权人产生损失时，公司债管理公司应当对公司债债权人负连带责任。

许多国家和地区都建立了公司债管理公司制度。我国《公司法》没有对此进行规定。

二、公司债债权人会议制度

（一）建立公司债债权人会议制度的必要性

公开发行的公司债券持有人为不特定的人，这些人相互不知悉，且多缺乏保护自己权利的必要法律知识，如果没有法律的特别规定，他们的合法权益将可能受到重大损害；公司的股东只是对公司债务承担有限责任，公司债务仅以公司财产为担保，这样公司债券债权的风险较大；公司债券都有一定的期限，自公司募集公司债时起至其偿还时止，公司内部的资产状况发生了很多变化，公司的偿还能力也在发生变化。所以，为了确保公司债债权的实现，应当制定专门的公司债债权人保护制度。我国《公司法》扩大了公开发行公司债券的主体范围，规定具备公司债券公开发行条件的有限责任公司和股份有限公司都可以发行公司债券。这样，我国公开发行公司债券的公司将越来越多，相关的债券债权人也会大幅度增加，公司债券市场更加繁荣，对公司债债权人的保护也就更显迫切。

---

① 柯芳枝.公司法论[M].北京：中国政法大学出版社，2004：383.

公司债债权人的保护方法，除了强化债券发行担保制度，加强公司债募集主体资格的限制，要求公司债募集条件和公司债内容等进行公示外，还应当承认并成立公司债债权人组织。承认并成立公司债债权人组织的意义主要包括以下两点。第一，有利于公司债债权人利益的保护。公开发行公司债的债权人为公司债合同的不特定的一般公众，与发行公司债的公司相比，他们在经济上是弱者，以他们的力量无法与公司分庭抗礼；何况他们似群龙无首，任其各自为政，便更加无法保护自己的利益。相反，如果承认并成立公司债债权人组织，就可以借组织的力量，与公司对抗，从而监督发行公司履行其债务。第二，有利于公司债发行的公司。如果公司需要对已经发行的公司债券相关事宜进行某些变更，便可以与公司债债权人组织进行协商解决；如果没有这个组织，发行公司就无法与不特定的公司债券持有人进行谈判，公司的利益可能因此受损。

（二）公司债债权人会议制度的内容

许多国家和地区的法律都承认公司债债权人组织。如日本、韩国的法律和中国台湾地区的有关规定都建立了公司债债权人会议制度。我国《公司法》没有公司债债权人会议制度。公司债债权人会议制度主要包括以下内容。

1. 公司债债权人会议的性质

公司债债权人会议是存在于发行公司之外的合议团体，不是公司机关。公司债债权人会议与发行公司之间处于对立关系。公司债债权人会议并不谋求发行公司的利益，而只是维护债权人的利益。同时，公司债债权人会议在维护自己利益的时候，还应当顾及发行公司的利益。

公司债债权人会议是为公司债债权人共同利益而存在的，不是为具体债券持有人的利益服务的。

2. 公司债债权人会议的召集与开会

公司债债权人会议的召集人包括：发行公司债的公司、公司债管理公司和持有同次公司债总数一定比例的公司债债权人。公司债债权人会议的召集程序应当参照股东临时会议的召集程序进行。

会议的召集人担任会议的主持人。公司债债权人会议由同次公司债债权人组成，全体同次公司债债权人均有权出席会议。每一份公司债券最低票面金额有一个表决权。公司债债权人会议的决议应当有代表公司债债权总额的较大比例（如四分之三以上）债权人出席，以出席债权人表决权的较大比例（如三分之二以上）同意才能生效。

3. 公司债债权人会议的效力

会议的决议应当制作议事录，由召集人签名，经申报所在地法院认可并公告后，对全体公司债权人发生效力。

第五节　公司债券的清偿与转让

一、公司债券的清偿

公司发行公司债券后，应当依照债券的期限或者公司债券募集办法的规定向债券持有人还本付息。《公司法》未对公司债券的期限进行规定，但一般不宜发行长期公司债券，以降低债券持有人的风险。对于公司债券利息的支付，可以分期支付，也可以连本带利一次性支付。分期支付利息的，可以采取剪息票的办法进行。息票也是有价证券，可以与债券分离而独立转让。本金的支付可以一次性支付，也可以分时清偿，以缓解发行公司的压力。

可转换公司债券到期时，债券持有人可以根据公司公告的募集办法规定的程序和条件转换为公司股票，也可以要求公司按照规定还本付息。

在公司债券未到期前，公司可以收购自己的债券，进而消灭这些债券。

二、公司债券转让的原则

公司债券为流通性较强的证券，公司债券转让应当按照法律规定的基本原则进行。《公司法》第一百五十九条规定："公司债券可以转让，转让价格由转让人与受让人约定。公司债券在证券交易所上市交易的，按照证券交易所的交易规则转让。"法律规定了公司债券转让的自由转让、依法转让的原则。首先，公司债券持有人可以自由转让公司债券。自由转让公司债券内容包括：转让价格由当事人自己约定，转让对象没有限制，甚至公司自己也可以收购或者接受债券质押。对于发行公司来说，自由转让公司债券不会对自己造成任何不利影响，还可以提高自己的知名度；对于转让人来说，公司债券自由转让，可以通过公司债券的转让，随时收回投资；对于受让人来说，公司债券自由转让，可以为自己提供很好的投资途径。其次，公司债券持有人应当依法转让公司债券。记名公司债券应当背书转让，无记名公司债券只需交付债券即可。如果公司债券在证券交易所上市交易的，还应当按照证券交易所的交易规则转让。

三、公司债券转让的方式

记名公司债券的转让方式一般为背书转让，即转让人应当在公司债券上记载受让人姓名或者名称，并经过自己签章后，交付给受让人，从而完成转让行为。当然，记名公司债券也可以采取其他方式转让。无记名公司债券的转让方式比较简单，只需将债券交付给受让人便可。所以，在证券交易所交易的公司债券只能是无记名公司债券，而不可能是记名公司债券。上市交易的公司债券的转让不需要交付实物债券，而只需在自己的债券账号上进行电子结算。

《公司法》第一百六十条规定："记名公司债券，由债券持有人以背书方式或者法律、行政法规规定的其他方式转让；转让后由公司将受让人的姓名或者名称及住所记载于公司债券存根簿。无记名公司债券的转让，由债券持有人将该债券交付给受让人后即发生转让的效力。"

《证券法》第四十六条第一款规定："申请证券上市交易，应当向证券交易所提出申请，由证券交易所依法审核同意，并由双方签订上市协议。"

思考题

公司债券与普通公司债有何区别？发行公司债券的意义何在？

第五章 股东及股东的权利

第一节 引 言

【案例】

甲公司由4位发起人设立，每位出资250万元人民币，注册资本为1 000万元人民币。其中，股东李某因缺乏足够的出资能力，拟向朋友张某借款150万元。张某听李某介绍该公司前景后，产生投资意愿，遂两人商定由张某作为隐名股东，李某作为名义股东，投入该150万元，股权登记在李某名下，相应的红利均由张某享有。在甲公司设立后的前三年，公司经营红火，张某每年均从李某处取得分红款。从第四年开始，张某未能再收到分红款，李某解释称公司经营不善。

请问：张某应当如何做？为什么？

【案例分析】

《〈公司法〉司法解释（三）》规定："有限责任公司的实际出资人与名义出资人订立合同，约定由实际出资人出资并享有投资权益，以名义出资人为名义股东，实际出资人与名义股东对该合同效力发生争议的，如无法律规定的无效情形，就应当确认该合同有效。"但是，如果实际出资人与名义股东因投资权益的归属发生争议，最终还应当以出资事实为依据。实际出资人可以以其实际履行了出资义务为由向名义股东主张权利，名义股东不得以公司股东名册记载、公司登记机关登记为由否认实际出资人的权利。如果实际出资人能够得到公司其他股东半数以上同意其成为真正股东，则其有权请求公司变更股东、签发出资证明书、记载于股东名册、记载于公司章程并办理公司登记机关登记。

本案中，甲公司由4位发起人设立，每位出资250万元人民币，注册资本为1 000万元人民币。其中，股东李某与张某签订合同，张某实际出资但为隐名股东，股权登记在李某名下，李某为名义股东，相应的红利均由张某享有。由于张某在甲公司设立后的第四年起未能收到分红款，实际出资人张某与名义股东李某发生纠纷。

实际出资人张某与名义股东李某签订的合同没有法律规定无效的情形，所以，该合同有效，应当予以执行。张某不得以其实际履行了出资义务为由向名义股东李某主张股东权利，只能要求李某继续按照合同履行义务。

但是，如果甲公司其他三位股东之中的两位股东同意张某成为甲公司股东，那么张某有权请求公司变更股东、签发出资证明书、记载于股东名册、记载于公司章程并办理公司登记机关登记。如果甲公司不同意，张某就可以向人民法院提起诉讼，请求支持其成为甲公司真正股东。若张某无法取得以上支持，则其无法成为甲公司普通股东。

总之，张某要么能够取得甲公司其他三位股东之中的两位股东的支持，进而成为甲公司普通股东；要么继续执行其与名义股东李某签订的协议。

【评析】

做事情必须符合规则。尽管我国《公司法》没有禁止隐名股东的存在，但是隐名股东现象必定会引起较为复杂的矛盾。在司法实践中，有些人利用隐名股东制度以实现自己的合法目标。这本无可非议，但必须考虑其中的法律风险和道德风险，必须做到合规。本案中的张某，是甲公司隐名股东，与名义股东李某之间产生矛盾，应该以合适的法律措施来维护自己的合法权益。但是，张某却追求必须具备其他条件才能成立的利益——成为甲公司名义股东。所以，最终张某必定要承受诉讼失败的结局。为此，我们做任何事情都应当合规，特别是诉讼行为。

第二节　股东资格

一、股东概述

一般来说，股东是指向公司出资并对公司享有权利和承担义务的人。但是，在不同的资本制度下，股东的含义也会不同。根据我国1993年《公司法》规定，股东是指已经向公司实缴出资并对公司享有权利和承担义务的人。现《公司法》规定，公司发起人可以分期出资，那么，这时公司股东的概念就会存在争论：股东是指已经认购公司股份的人，还是指已经认购并且实缴出资的人呢？有人认为，实缴出资是成为公司股东的前提条件，没有实缴出资而仅仅认缴出资，不能认定为股东。同时，股东权利的大小也只能按照股东实际缴付出资的多少来确定。也有人认为，我国《公司法》第二十八条规定："股东应当按期足额缴纳公司章程中规定的各自所认缴的出资额。"这就说明只要投资人认购了公司股份，就成了公司股东。按期缴纳出资是股东的义务，股东没有按期出资，应当承担相应的责任，但这不能改变当事人的股东身份。本书认为，根据我国《公司法》规定，对于发起式设立的有限责任公司和股份有限公司，发起人认购公司股份以后，就取得了股东资格，但是，股东权利的有无、大小，必须按照股东实缴出资数额确定；一人有限责任公司采取资本实缴制，公司成立时投资人便取得股东资格；以募集式设立的股份有限公司，认股人必须认购股份且实缴完出资后，才能取得股东资格。

发起人与股东是两个既有联系又有区别的概念。公司发起人是指参加订立发起人协议，提出设立公司申请，认购公司股份，并对公司设立承担责任的人。一般情况下，公司成立后，发起人都成为公司股东。但是，发起人并不当然成为股东。如果公司没有成立或者发起人在设立过程中退出，那么，发起人就不能成为公司的股东。

股东资格的取得可分为原始取得和继受取得。在公司设立发行股份或者公司新增发行股份时，认购公司股份而成为公司股东的，属原始取得，这些股东为原始股东。因为转让、继承、公司合并等原因取得公司股份的，属继受取得，这些股东为继受股东。

对于股东资格，各国对原始股东，主要是对公司发起人有一些规定，而对继受股东则限制很少。

第一，自然人作为发起人应当具有完全民事行为能力，无民事行为能力或限制行为能力人，不得为发起人。例如，我国台湾地区所谓的“公司法”第一百二十八条第二款规定，无行为能力人或限制行为能力人不得为发起人。[①] 我国《公司法》虽然未对自然人作为发起人的条件作出规定，但就设立行为属于法律行为来讲，应当适用《民法典》关于自然人行为能力的规定。

第二，法人作为发起人，应当是法律上不受限制的法人。我国政府三令五申，党政机关、军队机关禁止经商、办企业，自然也不能成为公司的发起人。

第三，公司的发起人必须符合法律规定。《公司法》第二十四条规定：“有限责任公司由五十个以下股东出资设立。”第七十八条规定：“设立股份有限公司，应当有二人以上二百人以下为发起人，其中须有半数以上的发起人在中国境内有住所。”

二、股东的法律地位

按照公司股东投资动机的不同，股东可以分为三种类型：经营型股东、投资型股东和投机型股东。经营型股东的目的在于取得公司经营管理权，当然也有营利的目的；投资型股东的目的在于投入资本赚取股息及红利；投机型股东的目的在于低进高出，赚取差价。但是，公司必须给所有股东平等待遇，各个股东在法律上一律平等。各个股东法律地位平等，不是权利相等，股东的权利通常与其在公司的投资额相关，投资比例越高，股东的权利越大。

（一）股东享有股东权

股东享有股东权，是股东与公司之间的基本法律关系和股东地位的集中表现。公司是股东出资组成的法人组织，股东将自己的财产交给公司经营，同时按其出资份额对公司

① 柯芳枝.公司法论[M].北京：中国政法大学出版社，2004：135.

享有一定的权利，承担一定的义务。这种权利和义务就是股东权。

股东权是每个股东都享有的权利，无论是公司的控股股东，还是公司最小的股东。但是，并不是所有股东的股权都相同，有些股权必须是持有公司一定比例的股份的股东才能享有的，例如，《公司法》第一百五十一条规定，股份有限公司的连续一百八十日以上单独或者合计持有公司百分之一以上的股东，可以书面请求监事会向人民法院提起诉讼；监事执行公司职务时违反法律、行政法规或者公司章程的规定，给公司造成损失的，前述股东可以书面请求董事会向人民法院提起诉讼。监事会或者董事会收到前述规定的股东书面请求后拒绝提起诉讼，或者自收到请求之日起三十日内未提起诉讼，或者情况紧急、不立即提起诉讼将会使公司利益受到难以弥补的损害的，前述股东有权为了公司的利益以自己的名义直接向人民法院提起诉讼。他人侵犯公司合法权益，给公司造成损失的，前述股东可以依照前两款的规定向人民法院提起诉讼。

有些股权则没有这种限制，任何股东都有权行使，例如，《公司法》第一百五十二条规定，董事、高级管理人员违反法律、行政法规或者公司章程的规定，损害股东利益的，股东可以向人民法院提起诉讼。

（二）股东平等原则

股东平等原则，是各国公司法的一致规定。德国《股份公司法》第五十三条规定，公司在平等条件下应平等对待股东。我国澳门特别行政区所谓的“商法典”第一百九十四条规定：“如主要情况相同，公司应给予所有股东同等待遇。”我国《公司法》没有对此作出明确规定，但根据民法规定，股东的法律地位应该平等。股东的法律地位平等性表现为公司对待主要情况相同的股东的待遇平等。公司股份分为优先股和普通股。一般来说，持有优先股的股东在公司利润分配及公司清算分配公司财产时享有优先权，但一般没有公司表决权；拥有普通股的股东享有公司表决权，但不能享有其他优先权。两类股东在公司的地位不可能平等。股东法律地位平等只是确定同类股东地位的平等。

另外，《公司法》中的股东平等，只是在资本平等基础上的平等，是同股同权，同股同利，一股一表决权，不是每个股东享有的股权相等。

第三节　股东资格的判定

股东是向公司出资或者认购股份，或是通过继受出资或者继受取得股份的人。一般来说，作为公司股东，应当获得公司签发的出资证书或者股票，并在公司章程、工商行政管理部门的股东注册登记簿、公司股东名册（不包括无记名股票）中记载姓名，且能够行使股权。然而，在现实生活中，由于各种原因，存在着许多复杂现象：有些人持有股东出资证书或者股票，并在公司章程、工商行政管理部门的股东注册登记簿、公司股东名册（不包括无记名股票）中记载姓名，但并未真正出资；有些人作为“股东”却没有股东出资证书，公司章程、工商行政管理部门的股东注册登记簿、公司股东名册（不包括无记名股票）中也没有记载其姓名。前一类人被称为显名股东，也称为形式股东或名义股东；后一类人被称为隐名股东，也称为实际出资人或实际股东。如果两者存在矛盾，应当判定谁具有股东资格呢？股东资格，是投资人取得和行使股东权利、承担股东义务的前提。股东资格的判定不仅涉及股东权的确认，还涉及公司债权人追究股东出资瑕疵责任等问题，所以具有重要实践意义。

一、判定股东资格的基本原则

（一）明确涉及主体关系的原则

股东资格的判定涉及争议股东、公司和公司债权人等主体的利益，其中，债权人和公司之间的关系属于外部关系，争议股东和公司之间的关系属于内部关系。判定股东资格，应当将两类关系区分开来。

（二）维护公司稳定的原则

关于公司内部发生的争议，应当首先以维护公司稳定为判定的出发点。因为，公司作为一个社团，本身涉及多种利益主体，法律关系复杂。如果因为判定股东资格，进而判定公司设立无效，将引起更多的矛盾发生，牵扯多个利益主体，不利于社会的稳定。

（三）优先保护善意第三人利益的原则

保护善意第三人利益，就是维护交易安全，维护市场经济秩序。所以，当判定股东资格涉及善意第三人利益时，应当优先考虑保护善意第三人的利益。

二、判定股东资格的主要证据

判定股东资格，必须以证据来证明，不同的证据对判定股东资格将发生不同的效力。这些相关的证据主要包括：公司章程、工商行政管理部门的股东注册登记簿、公司股东名册、公司签发的出资证书或者股票、隐名股东与显名股东之间的协议等。

（一）公司章程

《公司法》规定，公司章程应当记载股东的姓名或者名称，股东应当在公司章程上签名、盖章。公司在设立时，应当将公司章程提交公司登记部门核准，股东转让出资或者记名股票后应当变更公司章程。所以，公司章程载明的股东签署公司章程的行为，说明行为人有作为公司股东的真实意思表示。股东签署并经过工商行政部门审核登记，具有对抗其他文件的效力，同时具有对外公示效力，是相对人据以判断公司股东的依据。公司章程记载和股东在公司章程上签名、盖章，对内具有约束力，对外具有决定性效力。

（二）工商行政管理部门的股东注册登记簿

工商行政管理部门的股东注册登记簿具有对善意第三人宣示股东资格的证权功能。

工商行政管理部门的股东注册登记簿，可以作为证明股东资格并对抗第三人的表面证据。相反，第三人也有权相信登记是真实的，并要求所登记股东按照登记的内容对外承担责任。所以，工商行政管理部门的股东注册登记簿主要对外发生法律效力。

（三）公司股东名册

公司股东名册记载具有权利推定的效力，即虽不是确定股东权利的依据，但却是确定谁可以无举证地主张股东形式上资格的依据。[①] 所以，股东名册上记载的股东可以判定其具有股东资格，否认它，则须承担举证责任。公司股东名册主要对公司和股东发生法律效力。

（四）公司签发的出资证书或者股票

出资证书或者股票是有限责任公司或者股份有限公司签发给股东的出资证明，是股东证明其出资或者所持有股份的凭证。出资证书或者股票是认定股东资格的基本依据。如果公司要否定出资证书或者股票持有人的股东资格，必须承担举证责任。出资证书或者股票主要对持有人与公司发生法律效力。

（五）隐名股东与显名股东之间的协议

隐名股东与显名股东之间的协议是隐名股东与显名股东之间达成的协议。根据《民法典》的精神，这种协议只能对当事人发生法律效力。如果协议经过公司或者其他股东同意，协议将对公司或者其他股东发生法律效力。

（六）实际行使股东权

享有并实际行使股东权是取得股东资格的结果，不是取得股东资格的条件或者原因。但是，如果简单地否定这些人的股东资格，将可能直接导致以前公司的许多重大决议无效，影响交易安全和社会稳定，也不利于公司自身的发展。所以，在司法实践中，常常将享有并行使股东权作为认定其取得股东资格的证据。享有并实际行使股东权主要在公司内部发生法律效力。

三、股东资格的判定

第一，如果公司债权人要求出资不足的股东承担公司债务清偿责任的，在判定股东资格时，应当首先根据形式特征，特别是市场监督管理机构的登记来认定股东资格；如果登记股东不存在，或者不能承担责任的，实际出资人，即隐名股东对此承担连带责任。公司章程、市场监督管理机构的股东注册登记簿具有较强的对外公示性，在与公司以外的第三人发生争议时，具有重要意义。如果善意第三人根据查询的公司章程和登记资料，与公司进行业务往来，发生争议时就应当首先按照登记的资料承担责任，而不管登记资料是否属实。

---

① 李哲松.韩国公司法[M].吴日焕，译.北京：中国政法大学出版社，1999：243.

第二，在股东与公司之间就股东资格发生争议时，应优先根据公司章程、股东名册的记载作出认定，但根据实质特征能作出相反认定且股东或者公司在行为时应当知情的，依实质特征，即是否真正出资认定股东资格。[①]

第三，在显名股东与隐名股东之间发生争议时，应当优先根据实质特征，特别是签署公司章程和实际享有股东权利来认定谁是股东。实质特征不够明显的，可结合形式特征加以认定。

四、几种特殊情况下的股东资格判定

（一）公司章程或者股东名册对股东进行了记载，但股东的出资或者继受行为存在瑕疵的判定

如果是股东出资有瑕疵，例如，股东没有按期足额缴付出资，股东出资评估不实或者虚假出资，那么，是否还应当承认其股东资格？我国《公司法》明确规定，股东以其认购的出资或者股份对公司债务承担责任，所以，无论股东是否按期足额缴付出资，股东都必须承担责任。这些股东承担了义务，自然应当具有股东资格，享有股东权利；如果股东没有足额缴付出资，该股东还应向其他守约股东承担违约责任；如果出资作价不实，该股东还必须向公司补足其差额；在公司设立时，其他股东承担连带责任。所以，我们认为，尽管股东出资存在瑕疵，只要公司章程或者股东名册对该股东有记载，该股东资格就应当被认定。

如果是股东的继受行为有瑕疵，例如，股权转让合同被撤销或者被宣告无效，那么，是否还应当承认其股东资格？我国《合同法》规定，合同被依法撤销或者被宣告无效后，合同自始无效。合同没有效力，因为合同而产生的股权继受、继受人的股东资格自然无法认定。但这不影响善意继受人要求损害赔偿。

（二）关于“实际股东”的问题

实际股东，又称为隐名股东，是指实际向公司出资或者认购股份但却以他人名义记载在公司登记簿的人。与此相对应的概念是名义股东，即没有实际向公司出资或者认购股份，但却将自己的名字登记在公司登记簿中的人。

我国《公司法》中的“实际控制人”控制公司的方式之一就是采取实际股东或者隐名股东的形式进行的。公司的实际股东可能是向公司公开的，也可能是秘密的。如果是向公司公开的，即公司知道实际出资人或者认购股份的人的身份，并且已经认可其以股东身份行使股东权利的，如果不违反法律强制性规定，则可以认定实际出资人或者股份认购人为股东。如果是向公司公开的，即公司知道实际出资人或者认购股份的人的身份，但不认可其以股东身份行使股东权利的，则难以认定实际出资人或者股份认购人为股东。如果没有对

---

① 蒋大兴.公司法律报告：第1卷[M].北京：中信出版社，2003：367.

公司公开，公司不知道有实际股东这一情况，也就无法确认实际股东的股东资格。当然，"实际控制人"能够控制公司，公司自然知道存在"实际控制人"，其股东资格肯定会被认定。

（三）相关司法解释

由于各种原因的存在，许多人没有严格按照《公司法》的规定出资，出现许多"实际出资人"和"名义出资人"现象，发生了许多相关纠纷。《〈公司法〉司法解释（三）》对以上问题确定了司法审判意见。

1. 确认股东资格的诉讼当事人

当事人向人民法院起诉请求确认其股东资格的，应当以公司为被告，与案件争议股权有利害关系的人作为第三人参加诉讼。

2. 确认股东资格诉讼的原告举证责任

当事人之间对股权归属发生争议，一方请求人民法院确认其享有股权的，应当证明以下事实之一：(1) 已经依法向公司出资或者认缴出资，且不违反法律法规强制性规定；(2) 已经受让或者以其他形式继受公司股权，且不违反法律法规强制性规定。

3. 依法履行出资义务或者依法继受取得股权后，当事人的权利

当事人依法履行出资义务或者依法继受取得股权后，公司未根据《公司法》的相关规定签发出资证明书、记载于股东名册并办理公司登记机关登记，当事人请求公司履行上述义务的，人民法院应予以支持。

4. "实际出资人"的判定及其权利

有限责任公司的实际出资人与名义出资人订立合同，约定由实际出资人出资并享有投资权益，以名义出资人为名义股东，只要这些约定无法律规定的无效情形的，则该合同有效。实际出资人以其实际履行了出资义务为由向名义股东主张权利的，人民法院应予支持。名义股东不能以公司股东名册记载、公司登记机关登记为由否认实际出资人权利。但是，实际出资人在未经公司其他股东半数以上同意的前提下，无权请求公司变更股东、签发出资证明书、记载于股东名册、记载于公司章程并办理公司登记机关登记。

名义股东将登记于其名下的股权转让、质押或者以其他方式处分，实际出资人可以以其对于股权享有实际权利为由，请求人民法院认定处分股权行为无效。除非相对人为善意，否则，股权转让、质押或者以其他方式处分行为无效。名义股东处分股权造成实际出资人损失，实际出资人请求名义股东承担赔偿责任的，人民法院应予支持。

5. 实际出资人与名义出资人之间的合同效力

公司债权人以登记于公司登记机关的股东未履行出资义务为由，请求其对公司债务不能清偿的部分在未出资本息范围内承担补充赔偿责任，该股东不得以其仅为名义股东而非实际出资人为由进行抗辩。但名义股东承担赔偿责任后，有权向实际出资人追偿。

6. 变更公司股东登记的效力

股东转让后，相关主体应当到公司登记机关办理变更公司股东登记手续。如果股权

转让后尚未向公司登记机关办理变更登记，原股东将仍登记于其名下的股权转让、质押或者以其他方式处分，那么，受让股东有权以其对于股权享有实际权利为由，请求人民法院认定该处分股权行为无效。除非相对人为善意，否则，股权转让、质押或者以其他方式处分行为无效。但是，如果原股东处分股权造成受让股东损失，那么，受让股东有权请求原股东承担赔偿责任，还可以要求对未及时办理变更登记有过错的董事、高级管理人员或者实际控制人承担相应责任。如果受让股东对于未及时办理变更登记也有过错的，可以适当减轻上述董事、高级管理人员或者实际控制人的责任。

7. 被冒名登记的股东的责任

如果冒用他人名义出资，并将该人作为股东在公司登记机关登记的，冒名登记行为人应当承担相应责任；被冒名登记为股东的人不必对公司、其他股东或者公司债权人承担补足出资责任，或者对公司债务不能清偿部分承担赔偿责任。

第四节　股东的权利

一、股权概述

股权，又称为股东权，是指股东因为向公司出资而对公司享有的权利。《公司法》第四条规定："公司股东依法享有资产收益、参与重大决策和选择管理者等权利。"按照不同的标准，股权可以进行科学分类。

第一，按照股权内容不同，股权可分为自益权与共益权。自益权是指股东以自己的利益为目的而行使的权利，包括分配股息、红利、转让出资等方面的权利。共益权是指股东以自己的利益兼以公司的利益为目的而行使的权利，包括出席股东会或者股东大会的权利，起诉公司董事、监事的权利，提案权等。自益权主要是财产权，共益权主要是公司事务的参与管理权。

第二，按照股权性质不同，股权分为固有权与非固有权。固有权又称为不可剥夺权，是公司法赋予公司股东的、不得以公司章程或股东会决议予以剥夺或限制的权利。非固有权又称为可剥夺权，是依照公司章程或股东会决议可剥夺或限制的权利。

第三，按照股权行使方式不同，股权可分为一般股东权与特别股东权。一般股东权是指公司任何一个股东都享有的、可以单独行使的权利。特别股东权是指并非任何一个股东都享有、可以行使，而必须具备一定条件才能享有和行使的权利。

二、一般股东享有的股权

根据我国《公司法》的相关规定，任何股东都享有以下股权。

第一，股东有出席或者委托代理人出席股东会或股东大会并行使表决权的权利，但无表决权的股东除外。《公司法》第三十六条规定,有限责任公司的全体股东组成股东会;第九十八条规定,全体股东组成股东大会;第一百零六条规定,股东可以委托代理人出席股东大会会议,代理人应当向公司提交股东授权委托书,并在授权范围内行使表决权。

第二,股东可以依照《公司法》或公司章程的规定转让出资或股份。《公司法》第七十一条规定:"有限责任公司的股东之间可以相互转让其全部或者部分股权。股东向股东以外的人转让股权,应当经其他股东过半数同意。股东应就其股权转让事项书面通知其他股东征求同意,其他股东自接到书面通知之日起满三十日未答复的,视为同意转让。其他股东半数以上不同意转让的,不同意的股东应当购买该转让的股权;不购买的,视为同意转让。经股东同意转让的股权,在同等条件下,其他股东有优先购买权。两个以上股东主张行使优先购买权的,协商确定各自的购买比例;协商不成的,按照转让时各自的出资比例行使优先购买权。公司章程对股权转让另有规定的,从其规定。"该法第一百三十七条规定:"股东持有的股份可以依法转让。"

第三,股东可以请求人民法院撤销违反法律、行政法规和公司章程的股东会或股东大会、董事会决议。《公司法》第二十二条规定:"股东会或者股东大会、董事会的会议召集程序、表决方式违反法律、行政法规或者公司章程,或者决议内容违反公司章程的,股东可以自决议作出之日起六十日内,请求人民法院撤销。股东依照前款规定提起诉讼的,人民法院可以应公司的请求,要求股东提供相应担保。公司根据股东会或者股东大会、董事会决议已办理变更登记的,人民法院宣告该决议无效或者撤销该决议后,公司应当向公司登记机关申请撤销变更登记。"

第四,股东有权要求公司按照合理价格收购自己持有的本公司的股份。《公司法》第七十四条规定:"有下列情形之一的,对股东会该项决议投反对票的股东可以请求公司按照合理的价格收购其股权:(一)公司连续五年不向股东分配利润,而公司该五年连续盈利,并且符合本法规定的分配利润条件的;(二)公司合并、分立、转让主要财产的;(三)公司章程规定的营业期限届满或者章程规定的其他解散事由出现,股东会会议通过决议修改章程使公司存续的。自股东会会议决议通过之日起六十日内,股东与公司不能达成股权收购协议的,股东可以自股东会会议决议通过之日起九十日内向人民法院提起诉讼。"该法第一百四十二条规定,股份有限公司股东因对股东大会作出的公司合并、分立决议持异议,可以要求公司收购其股份。

第五,股东有权查阅、复制公司相关文件,对公司经营提出建议或者质询。《公司法》第三十三条规定,有限责任公司的股东有权查阅、复制公司章程、股东会会议记录、董事会会议决议、监事会会议决议和财务会计报告。股东可以要求查阅公司会计账簿。股东要求查阅公司会计账簿的,应当向公司提出书面请求,说明目的。公司有合理根据认为股东查阅会计账簿有不正当目的,可能损害公司合法利益的,可以拒绝提供查阅,并应当自股东提出书面请求之日起十五日内书面答复股东并说明理由。公司拒绝提供查阅的,股东可以请求人民法院要求公司提供查阅。

《公司法》第九十七条规定，股份有限公司的股东有权查阅公司章程、股东名册、公司债券存根、股东大会会议记录、董事会会议决议、监事会会议决议、财务会计报告，对公司的经营提出建议或者质询。

《〈公司法〉司法解释（四）》规定，股东可以依据《公司法》第三十三条、第九十七条或者公司章程的规定，起诉请求查阅或者复制公司特定文件材料。但是，公司有证据证明前述规定的原告在起诉时不具有公司股东资格的，有权申请人民法院驳回起诉，但该股东有初步证据证明在持股期间其合法权益受到损害，请求依法查阅或者复制其持股期间的公司特定文件材料的除外。对于股东申请查阅或者复制公司特定文件材料是否存在"不正当目的"，该司法解释确定，有限责任公司有证据证明股东存在下列情形之一的，便可以被认定为"不正当目的"："（一）股东自营或者为他人经营与公司主营业务有实质性竞争关系业务的，但公司章程另有规定或者全体股东另有约定的除外；（二）股东为了向他人通报有关信息查阅公司会计账簿，可能损害公司合法利益的；（三）股东在向公司提出查阅请求之日前的三年内，曾通过查阅公司会计账簿，向他人通报有关信息损害公司合法利益的；（四）股东有不正当目的的其他情形。"

如果公司章程、股东之间的协议等实质性剥夺股东依据《公司法》第三十三条、第九十七条规定查阅或者复制公司文件材料的权利，该项规定或者约定无效，公司不得以此作为抗辩依据。

人民法院审理股东请求查阅或者复制公司特定文件材料的案件，如果对原告诉讼请求予以支持的，则应当在判决中明确查阅或者复制公司特定文件材料的时间、地点和特定文件材料的名录。股东依据人民法院生效判决查阅公司文件材料的，在该股东在场的情况下，可以由会计师、律师等依法或者依据执业行为规范负有保密义务的中介机构执业人员辅助进行。

股东在行使知情权后泄露公司商业秘密导致公司合法利益受到损害的，公司有权请求该股东赔偿相关损失。辅助股东查阅公司文件材料的会计师、律师等泄露公司商业秘密导致公司合法利益受到损害的，公司也可以请求其赔偿相关损失。

公司董事、高级管理人员等未依法履行职责，导致公司未依法制作或者保存《公司法》第三十三条、第九十七条规定的公司文件材料，给股东造成损失，股东依法请求负有相应责任的公司董事、高级管理人员承担民事赔偿责任的，人民法院应予支持。

第六，股东有权要求公司按照实缴出资分取红利；公司增加资本时，有权优先按照实缴出资比例认缴出资。《公司法》第三十四条规定："股东按照实缴的出资比例分取红利；公司新增资本时，股东有权优先按照实缴的出资比例认缴出资。"另外，该法第七十四条规定，如果公司连续五年不向股东分配利润，而公司该五年连续盈利，并且符合本法规定的分配利润条件的，股东在股东会上反对公司这样做时，该股东可以请求公司按照合理价格收购其股权。

《〈公司法〉司法解释（四）》规定："股东请求公司分配利润案件，应当列公司为被告。一审法庭辩论终结前，其他股东基于同一分配方案请求分配利润并申请参加诉讼的，应当列为共同原告。股东提交载明具体分配方案的股东会或者股东大会的有效决议，请求公司分配利润，公司拒绝分配利润且其关于无法执行决议理由不成立的，人民法院应当判决公司按照决议载明的具体分配方案向股东分配利润。股东未提交载明具体分配方案的股东会或者股东大会决议，请求公司分配利润的，人民法院应当驳回其诉讼请求，但违反法律规定滥用股东权利导致公司不分配利润，给其他股东造成损失的除外。

第七，股东在公司董事、高级管理人员违法违规，损害自己合法权益时，可以向人民法院起诉。《公司法》第一百五十二条规定："董事、高级管理人员违反法律、行政法规或者公司章程的规定，损害股东利益的，股东可以向人民法院提起诉讼。"

第八，有限责任公司股东在特定情形下，可以请求起诉公司董事、监事、高级管理人员，或者以自己的名义直接向人民法院起诉。根据《公司法》第一百五十一条规定，董事、高级管理人员执行职务时违反法律、行政法规或者公司章程的规定，给公司造成损失的，有限责任公司的股东可以书面请求监事会或者不设监事会的监事向人民法院提起诉讼；监事有以上情形的，前述股东可以书面请求董事会或者不设董事会的执行董事向人民法院提起诉讼。监事会、不设监事会的监事，或者董事会、执行董事收到前款规定的股东书面请求后拒绝提起诉讼，或者自收到请求之日起三十内未提起诉讼，或者情况紧急、不立即提起诉讼将会使公司利益受到难以弥补的损害的，前述股东有权为了公司的利益以自己的名义直接向人民法院提起诉讼。

第九，有限责任公司股东在他人侵害公司合法权益，给公司造成损失的，可以请求公司起诉，或者以自己的名义直接向人民法院起诉。根据《公司法》第一百五十一条规定，有限责任公司的股东可以书面请求董事会、不设董事会的执行董事或者监事会、不设监事会的监事向人民法院提起诉讼；董事会、不设董事会的执行董事，或者监事会、不设监事会的监事收到前述股东书面请求后拒绝提起诉讼，或者自收到请求之日起三十日内未提起诉讼，或者情况紧急、不立即提起诉讼将会使公司利益受到难以弥补的损害的，前述股东有权为了公司的利益以自己的名义直接向人民法院提起诉讼。

三、特别股东享有的股权

根据《公司法》的规定，在一定的情形下，具有一定条件的股东享有以下特别的股权。

第一，特别股东在特定情形下，有权召集和主持股东会或股东大会。代表有限责任公司百分之十以上表决权的股东有权提议召开股东会，公司必须召开；如果公司董事会或执行董事、监事会或监事不召集和主持，该股东可以自行召集和主持。如果股份有限公司的董事会、监事会不召集和主持股东大会，那么，连续九十日以上单独或者合计持有股份有限公司百分之十以上股份的股东可以自行召集和主持。

第二，股份有限公司特别股东的提案权。《公司法》第一百零二条规定，在股份有限公司中，单独或者合计持有公司百分之三以上股份的股东，可以在股东大会召开十日前提出临时提案并书面提交董事会；董事会应当在收到提案后二日内通知其他股东，并将该临时提案提交股东大会审议。临时提案的内容应当属于股东大会职权范围，并有明确议题和具体决议事项。股东大会不得对通知中未列明的事项作出决议。无记名股票持有人出席股东大会会议的，应当于会议召开五日前至会议闭会时将股票交存于公司。

第三，股份有限公司的特别股东在特定情形下，可以提议召开临时董事会，董事会应当召开。《公司法》第一百一十条规定，代表百分之十以上表决权的股东、三分之一以上董事或者监事会，可以提议召开董事会临时会议。董事长应当自接到提议后十日内，召集和主持董事会会议。

第四，股份有限公司的特别股东在特定情形下，可以请求起诉公司董事、监事、高级管理人员，或者以自己的名义直接向人民法院起诉。《公司法》第一百五十一条规定，如果董事、高级管理人员执行职务时违反法律、行政法规或者公司章程的规定，给公司造成损失的，股份有限公司连续一百八十日以上单独或者合计持有百分之一以上股份的股东，可以书面请求监事会向人民法院提起诉讼；监事有以上情形的，前述股东可以书面请求董事会向人民法院提起诉讼。监事会或者董事会收到股东书面请求后拒绝提起诉讼，或者自收到请求之日起三十日内未提起诉讼，或者情况紧急、不立即提起诉讼将会使公司利益受到难以弥补的损害的，前述股东有权为了公司的利益以自己的名义直接向人民法院提起诉讼。

第五，股份有限公司的特别股东在他人侵犯公司合法权益，给公司造成损失的，可以请求公司起诉，或者以自己的名义直接向人民法院起诉。根据《公司法》第一百五十一条规定，连续一百八十日以上单独或者合计持有百分之一以上股份的股东，可以书面请求董事会或者监事会向人民法院提起诉讼；董事会或者监事会收到股东书面请求后拒绝提起诉讼，或者自收到请求之日起三十日内未提起诉讼，或者情况紧急、不立即提起诉讼将会使公司利益受到难以弥补的损害的，前述股东有权为了公司的利益以自己的名义直接向人民法院提起诉讼。

四、股东派生诉讼权

（一）股东代位诉讼制度的含义

《公司法》第一百四十七条第一款规定："董事、监事、高级管理人员应当遵守法律、行政法规和公司章程，对公司负有忠实义务和勤勉义务。"如果他们违反了这种义务，就应当承担相应的责任。如果这些公司负责人没有主动承担这些责任，公司应当主动追究他们的责任。

然而，公司的行为是通过其机关，最后落实到公司的董事、监事、高级管理人员来实施的。如果公司董事、监事、高级管理人员自己就是公司的侵权行为人，让他们决定公司是否对侵权行为人提起诉讼，无异于让他们决定是否自己起诉自己，其结果也就不言自明了。所以，许多国家和地区的公司法规定，如果董事或者高级管理人员应当对公司承担赔偿责任的，由公司监事会代表公司提起诉讼；如果监事应当对公司承担赔偿责任的，由公司董事会代表公司提起诉讼。但是，董事和监事因为职务行为接触频繁、关系密切，所以，常常会碍于情面不能及时起诉，使公司的利益甚至股东的利益遭受损失。为了及时追究董事、监事、高级管理人员违法侵害公司利益的法律责任，尽量减少公司的损失，确实有确立股东代位诉讼权的必要。

股东代位诉讼，又称为股东代表诉讼或者股东派生诉讼，是指公司董事、高级管理人员、监事执行职务时，违反法律、行政法规或者公司章程的规定，给公司造成损失且应当承担责任，而公司怠于向人民法院提起诉讼时，股东为公司利益以自己的名义直接向人民法院提起的诉讼，而所得赔偿归于公司的一种诉讼机制。股东的利益与公司的利益是一致的，股东为了公司利益而起诉，实质上就是为了自己的利益，只是不那么直接罢了。

我国已经确定了股东代位诉讼制度。《公司法》第一百五十一条规定，董事、高级管理人员执行职务时，违反法律、行政法规或者公司章程的规定，给公司造成损失且应当承担责任时，公司的股东、股份有限公司连续一百八十日以上单独或者合计持有公司百分之一以上股份的股东，可以书面请求监事会或者不设监事会的有限责任公司的监事向人民法院提起诉讼；监事有上述情形的，前述股东可以书面请求董事会或者不设董事会的有限责任公司的执行董事向人民法院提起诉讼。监事会、不设监事会的有限责任公司的监事，或者董事会、执行董事收到前款规定的股东书面请求后拒绝提起诉讼，或者自收到请求之日起三十日内未提起诉讼，或者情况紧急、不立即提起诉讼将会使公司利益受到难以弥补的损害的，前述规定的股东有权为了公司的利益以自己的名义直接向人民法院提起诉讼。他人侵犯公司合法权益，给公司造成损失的，前述股东可以依照以上规定向人民法院提起诉讼。

（二）股东代位诉讼不同于股东直接诉讼

股东以自己的名义向人民法院提起诉讼，可能是为了公司的利益，也可能是为了自己的利益，其中，为了公司利益的诉讼是股东代位诉讼，为了自己利益的诉讼是股东直接诉讼。两者不同点主要表现如下三个方面。

第一，股东代位诉讼的诉权属于公司，而股东直接诉讼的诉权属于股东自己。股东代位诉讼中，原告的诉权是由公司诉权派生出来的，股东本身没有这样的权利。它是公司股东在一定条件下代表公司所启动的一种诉讼。如果公司没有诉权，那么，股东也就不存在代位诉讼权了。

另外，因为股东代位诉讼权源于公司诉权，所以，股东所享有的代位诉权不能超过公司诉权。股东代位诉讼权只是对公司诉权的补充，所以，只有公司怠于行使诉权可能给公司造成损害时，股东代位诉讼权才能启动。

第二，在股东代位诉讼中，原告股东不是为了自己的利益，而是为了公司的利益而代表公司提起诉讼。在这种诉讼中，真正当事人不是原告股东，而是公司。所以，这种诉讼的结果归于公司，而不是股东。而在股东直接诉讼中，股东是为了自己的利益进行的，诉讼结果归于原告自己。

第三，股东代位诉讼的前提条件不同于股东直接诉讼。根据我国《公司法》第一百五十一条规定，股东代位诉讼必须具备一定的条件。

(1) 股东代位诉讼事实有限制。股东代位诉讼只能针对两种类型情形行使：①公司董事、监事、高级管理人员执行职务时违反法律、行政法规或者公司章程的规定，给公司造成损失且应当承担责任的行为；②他人侵犯公司合法权益，给公司造成损失的。(2) 代位诉讼的原告股东有限制，只有有限责任公司的股东或者股份有限公司连续一百八十日以上单独或者合计持有公司百分之一以上股份的股东才能代位诉讼。(3) 股东代位诉讼前应当经过特别的程序。如果是公司董事、高级管理人员执行职务时侵害公司利益的，这些股东应当首先书面请求监事会或者不设监事会的有限责任公司的监事向人民法院提起诉讼；如果监事有上述情形的，这些股东应当书面请求董事会或者不设董事会的有限责任公司的执行董事向人民法院提起诉讼。如果监事会、不设监事会的有限责任公司的监事，或者董事会、不设董事会的有限责任公司执行董事收到前述规定的股东书面请求后拒绝提起诉讼，或者自收到请求之日起三十日内未提起诉讼，或者情况紧急、不立即提起诉讼将会使公司利益受到难以弥补的损害的，股东才能代位诉讼。

（三）股东代位诉讼制度具有两方面意义

股东代位诉讼制度的存在既有积极意义，也有消极意义。法律应当在发挥该制度的积极意义的同时，尽量完善法律规范，减少其消极意义。

1. 股东代位诉讼制度的积极意义

(1) 股东代位诉讼制度的事前威慑作用。公司董事、监事、高级管理人员是公司事务的执行人，其是否能够履行对公司的忠实义务和勤勉义务，不能仅仅依赖他们的自觉性。所以，《公司法》规定公司董事、监事、高级管理人员违反了其法定义务，他们将承担相应的法律责任。同时，不但公司董事会、监事会能够代表公司追究他们的法律责任，股东在一定情形下也可以代表公司向人民法院提起诉讼，依法追究他们的法律责任。在一定意义上讲，股东代位诉讼权无异于一柄悬挂在他们头上的“利剑”，时刻提醒他们应当忠实而勤勉地为公司服务，使他们不敢违反法律、法规或者公司章程的规定，损害公司的利益。股东代位诉讼权制度对公司的管理人员具有威慑作用，一定程度上可以防止他们侵害公司利益。

(2) 股东代位诉讼制度的事后救济作用。当公司的董事、监事、高级管理人员或者他人违法侵害公司利益时，股东代位诉讼制度能够弥补公司一般诉讼的不足，减少公司的损失，维护公司的利益。当公司利益受到侵害时，公司机关应当积极追究侵权行为人的法律责任。但由于侵权行为人是公司董事、监事、高级管理人员，或者其他原因，公司没有及时采取措施，追究侵权行为人的法律责任。这时，公司的利益可能得不到保护，权益得不到救济。股东代位诉讼权制度刚好解决了这个难题。股东可以根据该制度，及时向人民法院提起诉讼，追究侵权行为人的法律责任，要求侵权行为人赔偿公司的损失。股东代位诉讼实践中，公司一般能够获得一定利益，可能表现为一定的金钱，也可能表现为其他形式。

公司的利益就是股东的利益，股东代位诉讼权制度在维护公司利益的同时，间接地使股东受益。另外，公司利益的维护，增强了公司的偿债能力，公司的债权人也可能因此而受益。

2. 股东代位诉讼制度的消极意义

股东代位诉讼的功能历来存在争议，其在发挥巨大作用的同时，也带来消极影响。股东代位诉讼制度的消极意义主要表现为以下方面。

第一，股东代位诉讼制度可能被“敌意”股东利用，成为他们干扰公司正常经济管理秩序或者损害公司利益的工具。

第二，股东代位诉讼制度会增加诉讼案件，公司和股东必须为此增加许多诉讼费用、时间、精力和金钱，同时也会消耗公司管理者大量的时间和精力。

第三，股东代位诉讼制度可能会使公司管理者因为害怕承担责任而不敢决策，导致公司不得不为他们购买保险，提高公司管理成本。

《〈公司法〉司法解释(四)》规定，如果监事会或者不设监事会的有限责任公司的监事依据《公司法》第一百五十一条第一款规定对董事、高级管理人员提起诉讼的，应当列公司为原告，依法由监事会主席或者不设监事会的有限责任公司的监事代表公司进行诉讼。如果董事会或者不设董事会的有限责任公司的执行董事依据《公司法》第一百五十一条第一款规定对监事提起诉讼的，或者依据《公司法》第一百五十一条第三款规定对他人提起诉讼的，应当列公司为原告，依法由董事长或者执行董事代表公司进行诉讼。

符合《公司法》第一百五十一条第一款规定条件的股东，如果依据《公司法》第一百五十一条第二款、第三款规定，直接对董事、监事、高级管理人员或者他人提起诉讼的，应当列公司为第三人参加诉讼。一审法庭辩论终结前，符合《公司法》第一百五十一条第一款规定条件的其他股东，以相同的诉讼请求申请参加诉讼的，应当列为共同原告。

股东依据《公司法》第一百五十一条第二款、第三款规定直接提起诉讼的案件，胜诉利益归属于公司。股东不得请求被告直接向其承担民事责任。但是，股东依据《公司法》第一百五十一条第二款、第三款规定直接提起诉讼的案件，其诉讼请求部分或者全部得到人民法院支持的，公司应当承担股东因参加诉讼支付的合理费用。

第五节　股东的义务

一、股东义务的概念与种类

各国公司法都规定了股东义务。股东义务就是因为股东身份而必须对公司、对其他股东及对公司债权人所应当作为或不作为的限制。股东义务向来不受人们关注。其实股东义务是公司法律制度的重要内容，应该受到重视。根据不同的标准，公司的股东义务可以进行科学分类。

第一，按照股东义务的对象不同，股东义务分为股东对公司的义务、股东对其他股东的义务和股东对公司债权人的义务。股东对公司的义务主要是出资义务，并以出资对公司债务承担责任的义务；股东对其他股东的义务主要是股东应该按照规定出资，不能以实际价额显著低于公司章程所定价额的非货币财产出资，不得滥用股东权利损害其他股东的利益；股东对公司债权人的义务是股东不得滥用公司法人独立地位和股东有限责任损害公司债权人的利益。

第二，按照股东义务的性质不同，股东义务分为固有义务与非固有义务。固有义务，又称为不可免除义务，是公司法直接规定的，不得以章程或者股东大会决议予以免除的法定义务；非固有义务，又称为可免除义务，是可以公司章程或者股东大会决议免除的股东义务。将股东义务区分为固有义务与非固有义务的意义在于，让公司股东明确自己的法定义务和可免除义务，知道对固有义务的免除是无效的、违法的，对非固有义务的免除才是有效的、合法的。

二、股东的义务和责任

根据我国《公司法》的相关规定，公司的股东义务主要包括以下方面。

（一）股东义务和责任的一般规定

1. 向公司缴纳股款的义务和责任

该义务又称为出资义务，即股东应当按照自己的承诺缴纳出资。按照原《公司法》规定，出资是认股人取得股东资格的前提。在认股人没有履行出资义务前，还不能称其为公司股东；如果某人是公司的股东，那么说明他已经履行了缴纳出资的义务。所以，公司股东不存在出资义务，公司的认股人才有向公司缴纳股款的义务。

现行《公司法》规定，有限责任公司和发起式设立的股份有限公司，发起人必须认购全部注册资本，而无须实缴全部注册资本，可以分期缴纳认购的出资，公司便可以成立；募集式设立的股份有限公司，只有向公司缴纳全部注册资本后，公司才能成立。这样，有限责任公司和发起式设立的股份有限公司的股东，在公司成立后，就可能没有实际缴纳出资而已经取得公司股东资格。这时，这些股东就有义务按照自己的承诺向公司缴纳出资。但募集式设立的股份有限公司的股东因为在公司成立前已经向公司缴纳完出资，所以没有出资义务。

《公司法》第二十八条规定，股东应当按期足额缴纳公司章程中规定的各自所认缴的出资额。股东以货币出资的，应当将货币出资足额存入有限责任公司在银行开设的账户；以非货币财产出资的，应当依法办理其财产权的转移手续。股东不按照前述规定缴纳出资的，除应当向公司足额缴纳外，还应当向已按期足额缴纳出资的股东承担违约责任。另外，该法第八十三条规定，以发起设立方式设立股份有限公司的，发起人应当书面认足公司章程规定其认购的股份；一次缴纳的，应即缴纳全部出资；分期缴纳的，应即缴纳首期出资。以非货币财产出资的，应当依法办理其财产权的转移手续。发起人不按照前述规定缴纳出资的，应当按照发起人协议的约定承担违约责任。该法第九十三条第一款规定："股份有限公司成立后，发起人未按照公司章程的规定缴足出资的，应当补缴；其他发起人承担连带责任。"

2. 对公司所负债务的义务和责任

股东对公司所负债务的义务，因公司类型不同而异。无限责任公司的股东和两合公司中无限责任股东对公司所负债务承担无限责任，而不以其对公司的出资为限。有限责任公司和股份有限公司的股东，对公司所负债务以其认购的出资为限。原《公司法》规定，公司股东以其向公司实缴出资为限对公司承担有限责任。但是，现行《公司法》第三条规定："公司是企业法人，有独立的法人财产，享有法人财产权。公司以其全部财产对公司的债务承担责任。有限责任公司的股东以其认缴的出资额为限对公司承担责任；股份有限公司的股东以其认购的股份为限对公司承担责任。"所以，有限责任公司和发起式设立的股份有限公司，股东可以分期缴纳出资，这样股东可能依法没有向公司缴纳全部出资，但是股东不是按照股东实缴的出资对公司所负债务承担责任，而是其认购的股份对公司所负债务承担责任。

3. 不抽逃出资的义务和责任

股东向公司缴纳出资后，公司取得了对出资财产的所有权利，股东不再对这些财产享有权利。这些财产是公司经营的基础，也是公司对外承担责任的物质基础，股东不能滥用股东权利抽回公司的任何财产，包括自己作为出资的财产，以逃避债务，损害公司利益、损害其他股东的利益、损害公司债权人的利益。如果股东存在以上行为，给其他股东造成损失的，应当依法承担赔偿责任；严重损害公司债权人利益的，应当对公司债务承担连带责任。另外，《公司法》第二百条规定：“公司的发起人、股东在公司成立后，抽逃其出资的，由公司登记机关责令改正，处以所抽逃出资金额百分之五以上百分之十五以下的罚款。”我国《刑法》第一百五十九条规定，对抽逃出资金额巨大、后果严重或者有其他严重情节的，处五年以下有期徒刑或者拘役，并处或者单处抽逃出资金额百分之二以上百分之十以下的罚金。单位犯此罪的，对单位判处罚金，并对其直接负责的主管人员和其他直接责任人员处五年以下有期徒刑或者拘役。

（二）股东义务和责任的特别规定

1. 控股股东的特别义务和责任

控股股东是能够通过自己掌握的公司股份操控公司决策的股东。《公司法》第二百一十六条第二项规定：“控股股东，是指其出资额占有限责任公司资本总额百分之五十以上或者其持有的股份占股份有限公司股本总额百分之五十以上的股东；出资额或者持有股份的比例虽然不足百分之五十，但依其出资额或者持有的股份所享有的表决权已足以对股东会、股东大会的决议产生重大影响的股东。”控股股东的权力太大，有可能会利用自身的地位影响公司决策，损害公司的利益。因此，许多国家的公司法专门规定了控股股东特别义务和责任。我国《公司法》第二十一条规定，公司的控股股东不得利用其关联关系损害公司利益，违反前述规定而给公司造成损失的，应当承担赔偿责任。

2. 一人有限责任公司股东的特别义务和责任

一人有限责任公司只有一个股东，但公司独立对外承担责任。因此，股东更可能滥用公司法人独立地位和股东的有限责任侵害公司债权人的利益。为了防止此类行为的发生，《公司法》规定了一人有限责任公司股东的特别义务和责任。另外，该法第六十三条规定，如果一人有限责任公司的股东不能证明公司财产独立于股东自己财产的，应当对公司债务承担连带责任。一般有限责任公司的股东则没有这项义务和责任。

3. 相关股东或者股东的实际控制人的回避义务

《公司法》第十六条规定，公司为公司股东或者实际控制人提供担保的，必须经股东会或者股东大会决议。被担保的股东或者受被担保的实际控制人支配的股东，不得参加此事项的表决。该项表决由出席会议的其他股东所持表决权的过半数通过。

4. 以非货币财产出资的股东的特别义务和责任

《公司法》第三十条规定：“有限责任公司成立后，发现作为设立公司出资的非货币财产的实际价额显著低于公司章程所定价额的，应当由交付该出资的股东补足其差额；公司设立时的其他股东承担连带责任。”第九十三条规定：“股份有限公司成立后，发起人未按照公司章程的规定缴足出资的，应当补缴；其他发起人承担连带责任。股份有限公司成立后，发现作为设立公司出资的非货币财产的实际价额显著低于公司章程所定价额的，应当由交付该出资的发起人补足其差额；其他发起人承担连带责任。”

思考题

A、B、C、D、E、F、D 七人共同投资成立了甲有限责任公司(以下简称“甲公司”),其中A 出资 650 万元,B 出资 100 万元,其他股东共出资 250 万元。甲公司由 A 担任执行董事,B 担任公司主管生产的副经理。近年来,甲公司经济效益很好,但是 A 总是说公司经济效益很差,也不向股东分红,且给员工的工资报酬偏低。为此,B 辞去副经理职务,并要求公司依照自己出资的三倍收购自己的股份,遭到公司拒绝。B 主管生产,知道甲公司经济效益很好,但财务报表显示公司没有多少经济效益。

无奈,B 来咨询:根据《公司法》相关规定,其是否可以维护自己的合法权益?为什么?

第六章 公司治理结构

第一节 公司治理结构概述

一、公司治理结构的概念

公司治理结构制度演变已经有数百年，但公司治理结构用语却是新生事物，最先从美国流行，然后随着麦当劳和可口可乐向全世界输出。① 我国的公司治理结构词语，是20世纪90年代中期由经济学界引入的。1999年9月，中国共产党第十五届四中全会通过的《中共中央关于国有企业改革和发展若干重大问题的决定》明确提出，“对国有大中型企业实行规范的公司制改革。公司制是现代企业制度的一种有效组织形式。公司法人治理结构则是公司制的核心。”2001年9月，中国证监会发布《上市公司治理原则与标准》（征求意见稿），并于2002年1月与国家经贸委一起发布了《上市公司治理准则》。这样，公司治理结构概念开始在我国流行。

公司治理结构，也称为公司治理，是由英文“Corporate Governance”翻译过来的。对于公司治理结构的概念，学者的认识存在分歧。我国学者对公司治理结构概念的认识基本着眼于公司股东、董事、经理之间的权责关系。例如，经济学家吴敬琏教授认为，公司治理结构是指所有者、董事会和高级经理人员组成的一种组织结构，在这种结构中，三者之间形成一定的制衡关系，通过这一结构，所有者将自己的资产交由公司董事会托管；公司董事会是公司最高决策机构，拥有对高级经理人员的聘用、奖惩以及解雇权；高级经理人员受雇于董事会，在董事会授权范围内经营企业。经济学家钱颖一教授认为，公司治理主要涉及三方面内容：公司控制权的配置和行使；对董事会、经理人员和员工的监控以及对他们工作业绩的评价；任何设计和实施激励机制。②《中共中央关于国有企业改革和发展若干重大问题的决定》也认为，公司法人治理结构是指股东会、董事会和经理层“各负其

① 王文钦.公司治理结构之研究[M].北京：中国人民大学出版社，2005：1.
② 王文钦.公司治理结构之研究[M].北京：中国人民大学出版社，2005：8.

责、协调运转、有效制衡"的权责关系。

现代企业经济学认为，公司治理结构是解决公司管理者与公司股东之间的代理问题，确保公司管理者行为符合股东利益的方法和手段，或者说处理资本提供者确保其投资能够获得回报的基本方法。在契约论者看来，公司股东与公司管理者利益上不一致，公司管理者既可能"偷懒"，也可能直接或间接地获取股东利益，这就是代理问题。公司治理结构的首要目标是，建立适当的公司治理机制规范来约束公司管理者的行为，以降低代理成本，解决代理问题。公司治理机制包括内部机制和外部机制，内部机制主要解决公司股东、董事、经理之间的问题，如监督机制、激励机制等；外部机制是指影响和约束公司行为和表现的外部力量，主要包括政府和市场两支力量。

所以，公司治理结构，从狭义上讲，是指股东会、董事会、监事会和高级管理人员"各负其责、协调运转、有效制衡"的权责关系；从广义上讲，是指有关公司控制权和剩余索取权分配的所有法律、制度确定的权责关系。本书是从狭义上理解公司治理结构概念的。

二、公司治理结构设置的基本原则

公司治理结构的设置包括公司设立何种组织机构、组织机构的职权职责划分和各组织机构运行中的相互制衡关系。西方国家在长期的公司实践中，探索出了许多公司管理方法，形成了一些为各国公司立法所普遍遵循的公司治理结构设置原则。这些原则包括分权制衡原则、效率与公平原则。

（一）分权制衡原则

分权制衡原则是各国公司治理结构设置的一个基本原则。公司组织机构的设置应该按照所有权与经营权相分离的原则，遵循决策权、执行权、监督权相互配合、相互制约的方针。由全体股东组成的股东会或者股东大会为公司的决策机构，我国《公司法》称其为权力机关，有权决定公司的大政方针；由董事组成的董事会为公司的业务执行机关，行使经营管理权；监事会是公司的专门监督机关，代表公司对董事、高级管理人员的职务活动进行监督。西方国家的"权力制约权力"和"分权制衡"宪政思想对公司治理结构的设置产生了重要影响。按照分权制衡原则，各国公司法都强调特定的公司机构只能按照规定行使职权，任何机构都不能独揽公司全部权力，也不能替代其他机构行使权力。为了保证各个机构正确行使职权，必须建立一个相互依赖、相互作用、相互制约的组织制度，通过权力制约权力，平衡公司内部不同利益主体之间的利益，以实现经济利益的最大化。

（二）效率与公平原则

公司是营利性法人。面对瞬息万变的市场经济，公司为了取得很好的经济效益，其运作必须高效。因此，效率成为公司治理结构设置首先考虑的因素。公司运行没有效率，公司就不会有很好的经济效益。公司是依靠公司组织机构运行的，因此，公司治理结构的设置必须以机构高效运行为原则。现代公司法弱化股东会作用，强化董事会功能的发展趋势，就是此原则的直接反映。但是，强调效率时，绝对不能忽视公平。所以，各国公司法在强化董事会职权的同时，也在强调董事的义务和责任，加强对董事的监督，完善股东权利，加大对股东权利的保护力度。

三、各国公司治理结构模式

各国公司治理结构模式主要有以下四种。

（一）以美国和英国为代表的“一层结构”模式

“一层结构”模式即公司只设置董事会，不设立监事会的模式。这种模式的公司运行程序属于金字塔形：最底层是股东，股东选举董事并对公司其他重大事项行使表决权；中层是董事会，负责选聘经理，制定公司政策，总体上经营管理公司事务；最上层是公司经理，负责管理公司日常事务，拥有一定的自由裁量权，但原则上只是执行董事会制定的政策。而实际上，公司的经营管理基本上由公司经理（主要包括首席执行官及其他高级管理人员）负责，董事会只是对公司经理进行监督。

为了强化公司董事会的功能，更好地监督公司经理，确保公司经理追求公司利益最大化，美国建立了独立董事制度。该制度规定，公司董事会由执行董事和非执行董事组成。执行董事兼任公司高级管理职务，管理公司日常事务；非执行董事为不再兼任公司任何职务的、与公司高级管理人员无重大关系的高级人才。非执行董事必须在董事会中有一定数量和一定比例。同时，公司设立董事会委员会，特别是由独立董事构成的董事委员会，包括审计委员会、提名委员会和薪金报酬委员会，专门负责监督公司经理人员。

（二）以德国为代表的“二层结构”模式

“二层结构”模式即公司监事会任命和罢免董事，由董事组成的董事会负责公司的经营管理的模式。这种模式的公司运行程序表现在：最底层的股东和职工选举监事，股东对公司其他重大事项行使表决权；上层监事会负责任免董事，监督董事及公司高级管理人员的职务行为；董事会负责公司的经营管理。在德国公司治理结构模式中，监事会与董事会属于两个完全不同的公司机构，决策控制与决策管理能够真正分开，董事会的独立性得以充分体现，监事会的监督力度大。

（三）以意大利和日本为代表的“三角结构”模式

“三角结构”模式即股东会、董事会和监事会分立的治理结构模式[①]。该模式的公司运行程序表现在：股东会选举、罢免董事和监事，决定董事、监事的报酬，表决公司合并、分立、修改公司章程等公司重大事项；董事会负责公司的经营管理，可以授权给一个董事或者多个董事负责特定事项；监事会专门负责公司的监督事宜，如果公司董事拒绝遵循公

① 2005年7月26制定的《日本公司法》对此作了修改，公司可以根据自己的需要作出选择。该法第326条规定：“股份公司必须设置一人或两人以上的董事。股份公司依章程规定，可设置董事会、会计参与、监事、监事会、会计监察人或委员会。”

司治理规则，监事会可以代行董事会职责，或者实施特定法律行为，如召集股东会议。

（四）法国公司治理结构模式

法国公司治理结构模式即股份有限公司的章程可以规定公司治理结构设置模式为“一层结构”模式，也可以规定公司治理结构设置模式为“二层结构”模式。根据法国《商事公司法》规定，股份有限公司的章程可以选择“一层结构”模式，也可以选择“二层结构”模式，在公司存续期间，公司可以在章程中引入或者取消原来的选择。

第二节　股东会或者股东大会

一、案例分析与评析

【案例】

A、B、C、D、E五人共同投资成立了甲有限责任公司（以下简称“甲公司”），注册资本为1 000万元人民币。其中，A实缴出资200万元；B实缴出资600万元；C实缴出资100万元；D和E均实缴出资50万元。A、B、C三人均为甲公司董事，其中B为董事长兼经理。D和E均为甲公司的监事。公司章程规定，公司董事会每年召开两次，股东会必须在每年年终前召开一次。公司成立后，经济效益较好。但是，B却从来不按照章程规定召开董事会，也多年没有召开股东会，且不分配利润。D经调查发现：甲公司完全被B操控，其他股东都没有发言权，虽每年都有股东会通过的财务报告，但事实上甲公司多年没有召开股东会。

为此，D来咨询：根据我国相关法律规定，D如何才能维护甲公司的合法权益？为什么？

【案例分析】

《公司法》第四十条规定，有限责任公司的董事会不能履行或者不履行召集股东会会议职责的，由监事会或者不设监事会的公司的监事召集和主持。

《〈公司法〉司法解释（四）》规定，原告请求确认股东会决议不成立、无效或者撤销决议的案件，应当列公司为被告。对决议涉及的其他利害关系人，可以依法列为第三人。

本案中，A、B、C三人均为甲公司董事，其中B为董事长兼经理。因为B长期不召开董事会，导致董事会不能履行召集甲公司股东会会议的职责。同时，甲公司没有设立监事会，但D和E为甲公司的监事。

B作为公司董事长，直接操控甲公司，没有召开股东会却有股东会决议（案例所述股东会通过的财务报告）。

所以，D作为甲公司的监事，在甲公司董事会不能履行召集公司股东会会议情形下，有权召集和主持甲公司股东会会议，形成股东会决议。同时，D作为甲公司股东，有权请求人民法院确认甲公司以前的股东会决议不存在，且将甲公司列为被告，其他股东列为第三人。

【评析】

董事长是公司法定代表人，对外代表公司，对公司负有忠实义务，绝对不应该做愧对公司、愧对公司股东的事情。董事长应当具有相对高尚的道德品质，否则将会导致公司内部人心分离、争斗不断，甚至发生诉讼纠纷，使公司受到致命打击。最后，公司利益受损，董事长及大股东自己的利益受损，公司其他股东利益也受损。所以，作为公司最重要职位——董事长必须加强自我修养，提高自身道德水平。公司监事是公司专门的监督职位，作为公司的监事，应当认真完成自己的职责，避免公司发生内部冲突。所以，必须挑选具有较高道德修养的人担任公司的监事。当然，如果甲公司其他股东能够认真履行职责，也可以通过召开股东会的方式约束B的行为，减少B的行为对甲公司造成的损失。

二、股东会和股东大会的概念及特征

（一）股东会和股东大会

在国外，股东会和股东大会没有严格的区别，有学者认为股东会就是股东大会。但是，我国《公司法》将两者进行了区别：股东会是由全体股东组成的有限责任公司的权力机构；股东大会则是由全体股东组成的股份有限公司的权力机构。

（二）股东会和股东大会的特征

1. 由全体股东组成的机构

《公司法》第三十六条规定，有限责任公司股东会由全体股东组成。该法第九十八条规定，股份有限公司股东大会由全体股东组成。这说明，股东会和股东大会都是由全体股东构成的，不能将任何一个股东排除在外，任何股东都有权出席股东会或者股东大会，即使没有表决权的股东也不例外。没有表决权仅意味着持有这类股份的股东不能参与表决，并不意味着他不能出席股东会或者股东大会，也不表示他不能在会上讨论问题，相反，他们可以出席会议或者讨论议案或者陈述意见。另外，股东有出席股东会或者股东大会的权利，即既可以出席，也可以不出席，任何人都无权强制股东开会。有些股东未出席会议，仍然不能否认股东会或者股东大会是由全体股东组成的。

2. 是股东总体意见决定公司意思的机关

股东会或者股东大会有权对公司的重大事项作出决定。股东表决时，不是全体股东一致同意，而是股东总体意见形成，代表多数股权的股东通过便可。

3. 是公司的法定必备的最高机构

《公司法》第三十六条规定，股东会是公司的权力机构。第九十八条规定，股东大会是公司的权力机构。

对照我国《公司法》，不难发现，股东会或者股东大会的权力，董事会、监事会和经理的职权都是法律明确规定的，股东会或者股东大会是公司的权力机构，而董事会、监事会和经理也是公司的权力机构。有学者认为，股东会或者股东大会是公司最高权力机构。[①] 但随着传统公司法的股东会中心主义被现代公司的董事会中心主义所代替，股东会或者股东大会的权力受到一定的限制，董事会的权力在扩张。股东会或者股东大会对内不能管理公司事务，对外不能代表公司，称其为最高权力机构实在不准确，说它是权力机构还显勉强。

股东会或者股东大会是公司必须设置的机构，能够决定公司的重大事项，所以可以认为它是公司最高机构。但是，股东会或者股东大会不能干涉公司其他机构的职务活动，不能认为是最高权力机构。

《公司法》第六十六条规定，国有独资公司不设股东会，由国有资产监督管理机构行使股东会职权。国有资产监督管理机构可以授权公司董事会行使股东会的部分职权，决定公司的重大事项，但公司的合并、分立、解散、增减注册资本和发行公司债券，必须由国有资产监督管理机构决定；其中，重要的国有独资公司合并、分立、解散、申请破产的，应当由国有资产监督管理机构审核后，报本级人民政府批准。

一人有限责任公司不设股东会，股东行使股东会的全部职权。股东作出股东会职权范围的决定时，应当采用书面形式，并由股东签字后置备于公司。

中外合资经营企业尽管存在两个以上股东，但是，也不设置股东会，原来属股东会的职权由董事会行使。

三、股东会或者股东大会的职权

（一）股东会或者股东大会职权的概念及分类

股东会或者股东大会的职权就是根据公司法和公司章程的规定，股东会或者股东大会能够决定的公司基本事宜。根据权力的来源不同，股东会或者股东大会的职权可以分为法定职权、章程所定职权和其他职权。

股东会或者股东大会的法定职权就是由公司法直接规定的职权，它不能通过公司章程、股东会或者股东大会决议进行改变；章程所定职权是公司章程确定的股东会或者股东大会的职权，只有通过修改章程的形式才能进行变更；股东会或者股东大会的其他职权是由于某种特别原因临时确定的职权。

股东会或者股东大会的法定职权在各国都存在。但公司章程是否可以确定股东会或者股东大会职权，各国公司法的规定不完全一致。《联邦德国股份公司法》第一百一十九条第二款规定："关于业务经营中的问题，只有在董事会提出要求时，股东大会才能作出决定。"根据该法规定，公司章程不得随意确定股东大会的职权。《日本商法典》第二百三十条规定，法律和公司章程确定股东大会职权。日本和韩国的商法明确规定，股东大会只能

① 石少侠.公司法教程[M].北京：中国政法大学出版社，1999：158.

对法定事项、章程确定的事项作出决定。

我国《公司法》规定了股东会和股东大会的职权，股东会或者股东大会可以通过章程增加股东会或者股东大会的职权，或者临时确定会议职权。公司有权决定通过章程或者其他形式确定股东会或者股东大会的职权。

（二）我国股东会或者股东大会的职权

1. 法定职权

《公司法》第三十七条、第九十九条规定，股东会和股东大会职权相同，包括：(1) 决定公司的经营方针和投资计划；(2) 选举和更换非由职工代表担任的董事、监事，决定有关董事、监事的报酬事项；(3) 审议批准董事会的报告；(4) 审议批准监事会或者监事的报告；(5) 审议批准公司的年度财务预算方案、决算方案；(6) 审议批准公司的利润分配方案和弥补亏损方案；(7) 对公司增加或者减少注册资本作出决议；(8) 对发行公司债券作出决议；(9) 对公司合并、分立、变更公司形式、解散和清算等事项作出决议；(10) 修改公司章程；(11) 公司章程规定的其他职权。

有限责任公司的股东对前款所列事项以书面形式一致表示同意的，可以不召开股东会会议，直接作出决定，并由全体股东在决定文件上签名、盖章。

另外，该法第十六条规定："公司为公司股东或者实际控制人提供担保的，必须经股东会或者股东大会决议。"所以，对外担保事项属于股东会或者股东大会的职权范围。

该法第一百二十一条规定："上市公司在一年内购买、出售重大资产或者担保金额超过公司资产总额百分之三十的，应当由股东大会作出决议，并经出席会议的股东所持表决权的三分之二以上通过。"所以，上市公司在一年内购买、出售重大资产事项属于公司股东大会的职权范围。

该法第一百二十四条规定："上市公司董事与董事会会议决议事项所涉及的企业有关联关系的，不得对该项决议行使表决权，也不得代理其他董事行使表决权。该董事会会议由过半数的无关联关系董事出席即可举行，董事会会议所作决议须经无关联关系董事过半数通过。出席董事会的无关联关系董事人数不足三人的，应将该事项提交上市公司股东大会审议。"所以，如果上市公司决议涉及的企业有关联关系的，且出席董事会的无关联关系董事人数不足三人的，那么，这些事项就属于股东大会的职权范围。

《证券法》规定，股份有限公司公开发行新股应当向国务院证券监督管理机构报送股东大会决议；股份有限公司申请股票上市交易，应当向证券交易所报送申请股票上市的股东大会决议。所以，股份有限公司公开发行新股和申请股票上市事项应当由股东大会决定。

2. 章程所定职权

《公司法》第三十七条、第九十九条规定，公司股东会或者股东大会行使"公司章程规定的其他职权"。也就是说，公司章程可以规定除股东会或者股东大会法定职权之外的其他职权。

3. 其他职权

《公司法》第一百零四条规定:“本法和公司章程规定公司转让、受让重大资产或者对外提供担保等事项必须经股东大会作出决议的,董事会应当及时召集股东大会会议,由股东大会就上述事项进行表决。”根据以上规定,非上市股份有限公司的章程可以规定,公司转让、受让重大资产或者对外提供担保等事项必须经股东大会作出决议,将这些纳入股东大会的职权范围。另外,该法第十六条规定,公司章程还可以规定,股东会或者股东大会有权决定公司向其他企业投资。

四、股东会或者股东大会会议种类

股东会或者股东大会会议分为两种,即定期会议和临时会议。定期会议,又称为股东常会、股东年会或者普通会议,是指公司按照法律或者公司章程规定的必须召开的股东会议。一般是一年一次,也有的规定一年两次。临时会议,又称为特别会议,是指必要时在两次年会之间不定期召开的股东会议。

根据法律规定,有限责任公司的定期会议依照公司章程的规定按时召开,一般是一年一次,也可以一年多次;股份有限公司的股东大会应当每年召开一次年会。临时股东会或者股东大会会议是为处理紧急而重大的公司事项召开的,会议的召开必须具备一定的条件。《公司法》第三十九条规定,代表十分之一以上表决权的股东,三分之一以上的董事,监事会或者不设监事会的公司的监事有权提议召开临时会议,公司应当召开临时会议;该法第一百条规定,董事人数不足本法规定人数或者公司章程所定人数的三分之二时、公司未弥补的亏损达实收股本总额三分之一时、单独或者合计持有公司百分之十以上股份的股东请求时、董事会认为必要时、监事会提议召开时、公司章程规定的其他情形发生时,公司应当在两个月内召开临时股东大会。

五、股东会或者股东大会的召集与召开

股东会或者股东大会会议的举行包括一系列程序,召集程序是其中的重要部分。为了使股东会或者股东大会形成公平而有效率的决议,提高中小股东参与公司治理的积极性,防止大股东侵害中小股东的合法权益,各国公司法均重视股东会或者股东大会的召集制度。

(一) 召集人

1. 董事会

《公司法》第四十条规定:“有限责任公司设立董事会的,股东会会议由董事会召集。”该法第一百零一条规定:“股份有限公司的股东大会由董事会召集。”股东会或者股东大会常会每年都必须举行,会议原则上应当由董事会召集。至于临时会议,董事会也应当召集。董事会召集股东会或者股东大会,存在两种情形:一是董事会主动召集,包括常会和

临时会议；二是董事会因为监事会或者不设监事会的公司的监事提议、少数股东权股东请求时，被动召集临时会议。如果已经出现《公司法》或者公司章程规定的应当召开股东会或者股东大会情形时，董事会应当及时召集临时股东会或者股东大会。但是，如果临时股东会或者股东大会的决议事项对一些董事不利时，董事会可能难以按时召集，或者不召集。为此，《公司法》规定，如果出现以上情形，公司监事会有权召集股东会或者股东大会。

2. 监事会或者不设监事会的公司的监事

《公司法》第四十条规定："有限责任公司的董事会或者执行董事不能履行或者不履行召集股东会会议职责的，由监事会或者不设监事会的公司的监事召集。"该法第一百零一条规定："股份有限公司的董事会不能履行或者不履行召集股东大会会议职责的，监事会应当及时召集。"所以，监事会或者不设监事会的公司的监事只有在董事会或者执行董事不能召集或者不召集的情形下，才能召集股东会或者股东大会。所谓不能召集，是指客观上没有召集的能力；不召集，则是指主观上不愿意召集。无论客观还是主观原因，董事会或者执行董事没有召集股东会或者股东大会，监事会或者不设监事会的监事就有权召集会议。

但是，如何判断董事会或者执行董事不能履行或者不履行召集股东会或者股东大会会议职责，法律没有具体规定。判断标准应当根据两种情形予以确定：一是董事会或者执行董事明确对外宣告或者其行为能够使人认为他们将不能履行或者不履行召集股东会或者股东大会会议职责，如董事会成员半数以上出现问题，无法参加董事会，这时，监事会或者不设监事会的公司的监事就应当召集股东会或者股东大会会议；二是董事会或者执行董事没有按照法律或者章程的规定期限履行这一职责，如果公司章程规定股东会或者股东大会必须在每年的5月1日前召集，但现在已经逾期，那么就可以判断董事会或者执行董事不履行召集会议的职责，监事会或者不设监事会的监事就可以履行召集会议的职责。

当然，监事会或者不设监事会的公司的监事不能被动等待，可以主动要求董事会或者执行董事对是否履行召集会议职责表明态度，从而及时召集公司股东会或者股东大会会议，尽量减少对公司的不利影响。

3. 少数股东权的股东

《公司法》第四十条规定，有限责任公司的监事会或者监事也不召集股东会会议的，代表十分之一以上表决权的股东可以自行召集和主持；该法第一百零一条规定，股份有限公司的监事会也不召集和主持股东大会会议的，连续九十日以上单独或者合计持有公司百分之十以上股份的股东可以自行召集。监事会成员与董事长期一起工作，容易建立密切的关系。如果股东会或者股东大会会议与董事、监事有利害关系，故意拖延，不肯召集会议；或者少数股东权股东认为有必要召集股东会或者股东大会会议，但董事会或者监事会认为没有必要召集股东会或者股东大会会议，应当允许少数股东权股东自行召集会议。为了防止有的股东滥用此项权力，该法有必要对有权召集股东会或者股东大会的股东作些限制：代表十分之一以上表决权的有限责任公司股东在一定条件下有权自行召集股东会；连续九十日以上单独或者合计持有股份有限公司百分之十以上股份的股东在一定条件下有权自行召集股东大会。

另外，《公司法》规定，有限责任公司的首次股东会会议由出资最多的股东召集和主持，依照法律规定行使职权；股份有限公司的创立大会由发起人召集和主持。

（二）召集程序

股东会或者股东大会的召集必须符合法律、行政法规、公司章程规定的程序。如果股东会或者股东大会的会议召集程序违反法律、行政法规或者公司章程，股东可以自决议作出之日起六十日内，请求人民法院撤销。

1. 会议通知

《公司法》第四十一条规定，有限责任公司召开股东会会议，应当于会议召开十五日以前通知全体股东；公司章程另有规定或者全体股东另有约定的除外。但是，在特别情形下，公司不召开股东会会议，也能够作出合法有效的股东会决议。《公司法》第三十七条第二款规定："股东以书面形式一致表示同意的，可以不召开股东会会议，直接作出决定，并由全体股东在决定文件上签名、盖章。"所以，对于有限责任公司的召集程序，法律强制性规定较少，公司的机动性强。

《公司法》第一百零二条规定，股份有限公司召开股东大会会议，应当将会议召开的时间、地点和审议的事项于会议召开二十日前通知各股东；临时股东大会应当于会议召开十五日前通知各股东；发行无记名股票的，应当于会议召开三十日前公告会议召开的时间、地点和审议事项。

2. 参加股东会或者股东大会会议的股权比例

一个有效的决议必须是在法定比例的股东出席的前提下，按照法律规定的表决方式，达到符合法定比例要求的支持率的决议。股东法定出席比例是指召开合法有效的股东会或者股东大会，出席会议的股东们代表的公司有表决权的股份数量应当满足法定标准。符合法律要求的决议才是合法有效的，不符合法律要求的决议就是无效的。

对于有限责任公司，《公司法》第四十三条规定："股东会会议作出修改公司章程、增加或者减少注册资本的决议，以及公司合并、分立、解散或者变更公司形式的决议，必须经代表三分之二以上表决权的股东通过。"对于股东会会议决定的其他事项，则由公司章程进行规定。所以，对于召集决定关于修改公司章程、增加或者减少注册资本的决议，以及公司合并、分立、解散或者变更公司形式等事宜的股东会会议，出席会议的股东所代表的表决权必须超过三分之二的比例；而对于召集决定公司其他事项的股东会会议，股东出席比例则由公司章程规定，但应该超过二分之一的比例。

对于股份有限公司，《公司法》第九十条规定："创立大会应有代表股份总数过半数的发起人、认股人出席，方可举行。"法律没有关于股东大会的股东法定出席比例，只是规定：

"股东大会作出决议，必须经出席会议的股东所持表决权过半数通过。但是，股东大会作出修改公司章程、增加或者减少注册资本的决议，以及公司合并、分立、解散或者变更公司形式的决议，必须经出席会议的股东所持表决权的三分之二以上通过。"这样规定，容易造成大股东滥用股权，小股东不能参与公司管理的局面，股东大会决议缺乏公信力，妨碍公司治理结构的平衡。

（三）会议主持人

股东会或者股东大会会议需要人主持。一般来说，股东会或者股东大会由董事长或者执行董事主持，但是如果情况特殊，公司其他人也可以主持会议。会议主持人与股东会或者股东大会会议召集人相关，会议的召集人不同，主持人也将不同。

董事会或者执行董事召集股东会或者股东大会时，董事长、副董事长、董事、执行董事可以主持股东会或者股东大会会议。但是，会议主持人首先由董事长担任；董事长不能或者不担任主持人时，由副董事长主持会议；副董事长也不能或者不担任主持人时，由半数以上董事共同推举一名董事主持会议；有限责任公司不设董事会的，股东会会议由执行董事召集和主持。《公司法》第四十条规定："有限责任公司设立董事会的，股东会会议由董事会召集，董事长主持；董事长不能履行职务或者不履行职务的，由副董事长主持；副董事长不能履行职务或者不履行职务的，由半数以上董事共同推举一名董事主持。有限责任公司不设董事会的，股东会会议由执行董事召集和主持。"《公司法》第一百零一条规定，股份有限公司股东大会会议由董事会召集，董事长主持；董事长不能履行职务或者不履行职务的，由副董事长主持；副董事长不能履行职务或者不履行职务的，由半数以上董事共同推举一名董事主持。

监事会或者不设监事会的公司的监事召集股东会或者股东大会时，由监事会或者监事主持会议。《公司法》第四十条规定，有限责任公司董事会或者执行董事不能履行或者不履行召集股东会会议职责的，由监事会或者不设监事会的公司的监事召集和主持。《公司法》第一百零一条规定，股份有限公司董事会不能履行或者不履行召集股东大会会议职责的，监事会应当及时召集和主持。至于监事会应当如何确定具体主持人，法律没有直接规定，但公司章程可以规定。

少数股东权股东召集股东会或者股东大会时，由召集人自己主持会议。《公司法》第四十条规定，有限责任公司的监事会或者监事不召集和主持的，代表十分之一以上表决权的股东可以自行召集和主持。《公司法》第一百零一条规定，股份有限公司的监事会不召集和主持的，连续九十日以上单独或者合计持有公司百分之十以上股份的股东可以自行召集和主持。

对于主持人的权力，《公司法》没有具体规定。如果股东会或者股东大会开会时，主持人违反会议议事规则，宣布散会，那么，会议是否应当结束，该法没有规定。另外，如果主持人在会议召开期间突然辞职或者不履行职责了，会议应当如何进行，法律也没有规定。

本书认为，如果出现以上情形，经过出席股东会或者股东大会会议的股东表决权过半数同意可以推选一人担任主持人，会议不应当因为主持人的行为而无法进行下去。

（四）会议参加人

股东会或者股东大会是由全体股东组成的公司机构，所以，所有股东包括普通股东和特别股东都可以参加会议。特别股东没有表决权，但这不妨碍其参加会议。如果股份为数人共有时，共有人应当推选一人出席。如果政府或者法人为股东时，其代表人可以超过一人。无民事行为能力人或者限制民事行为能力人为股东时，由其法定代理人代为出席。股份被质押时，如果是记名股东仍然可以出席会议；如果是无记名股东则需要经过质押权人同意将股票交存于公司，才能出席会议。

股份有限公司的股东可以委托代理人出席股东大会会议，代理人应当向公司提交股东授权委托书，并在授权范围内行使表决权。

六、股东的表决权

（一）股东表决权的概念及其量化

1. 表决权的概念

表决权就是股东对于股东会或者股东大会所决定事项参与决定的权利，即股东对会议决议事项作出同意或者不同意的意思表示，从而形成公司意思的权利。股东无权直接管理公司，经营公司业务，但可以通过股东会或者股东大会行使表决权，间接管理公司，对公司经营者的任免及公司的基本事项发表自己的观点，进而操控公司事务。

2. 表决权的量化

(1) 一般原则。一般来说，各股东除特别股东的表决权依照公司章程受到限制或者没有表决权外，按照其对公司出资比例或者持有公司股份数量来衡量，但有限责任公司的股东表决权也有例外。

《公司法》第四十二条规定，有限责任公司股东会会议由股东按照出资比例行使表决权；但是，公司章程另有规定的除外。《公司法》第七十一条规定，有限责任公司的股东向股东以外的人转让股权，应当经其他股东过半数同意。所以，有限责任公司具有一定的人合性，当股东决定向股东以外的人转让股权时，股东的表决权是按照人数，而不是按照其对公司的出资比例来计量。

《公司法》第一百零三条规定，股份有限公司的股东出席股东大会会议，所持每一股份有一表决权。

(2) 例外。股东表决权除了一般原则外，还存在以下例外情形的规定。

第一，优先股股东对一般公司事务没有表决权。我国《公司法》中没有出现优先股，也没有禁止发行优先股，所以，现实生活中优先股大量存在。公司章程应当明确优先股的具体权利。

第二，公司持有的本公司股份没有表决权。公司在一定条件下可以持有本公司股份，此时，这些股份实际上已经没有意义，故没有表决权。

第三，在特定情形下，股东应当回避，其表决权无效。《公司法》第十六条规定，公司股东会或者股东大会决议为公司股东或者实际控制人提供担保时，被担保的股东或者实际控制人支配的股东，不得参加该事项的表决。该项表决由出席会议的其他股东所持表决权的过半数通过。

第四，采用累积投票制选任董事、监事，是对一般原则的突破。

第五，相互持股公司的表决权应当限制。股份是对公司财产的所有，那么，相互持股的本质是公司之间相互持有自己的股份。这种采用迂回方式取得自己的股份的方式，是对公司法上的禁止公司取得自己股份的规避。公司法规定，公司对自己持有的本公司的股份没有表决权，所以，相互持股公司的表决权应当受到限制，相互持股公司的股份没有表决权。但是，我国《公司法》没有对相互持股公司的表决权进行特别规定。

（二）表决权的行使

1. 表决权的亲自行使

出席股东会或者股东大会并依法行使表决权是股东的基本权利，股东可以亲自出席行使。如果股东持有无记名股份时，股东应当于会议召开五日前至会议结束时将股票交存于公司，以使公司确认其股东身份，确定其表决权的数量。如果股东持有记名股份时，其表决权是根据股东存根簿上的记载内容来确定的。如果记名股东将股票转让给受让人，就必须变更股东存根簿上的登记内容，将受让人的名字记载于登记簿中，否则，受让人将无法行使自己持有股票的表决权。

2. 表决权的代理行使

股东出席股东会或者股东大会是权利，而不是义务。股东可以亲自出席，也可以委托其他人出席。特别是股权高度分散的股份有限公司，要求股东都亲自出席会议是不可能的。所以，委托代理人出席股东大会，是股份有限公司股东行使表决权的重要模式。所以，《公司法》第一百零六条规定，股份有限公司的股东可以委托代理人出席股东大会会议，代理人应当向公司提交股东授权委托书，并在授权范围内行使表决权。但对于有限责任公司，股东表决权的行使模式，法律没有规定，由公司章程确定。公司可以允许股东委托他人行使表决权，也可以禁止股东委托他人代行表决权。

3. 表决权的书面行使

当股东不能或者不出席股东会或者股东大会时，可以委托代理人行使其表决权，但这时股东难以控制代理人的行为。为此，表决权的书面行使制度应运而生。所谓表决权的书面行使制度，就是指不出席股东会或者股东大会的股东在书面投票纸上就股东会或者股东大会决议事项表明自己的观点，并将该书面投票纸在会议召开前提交公司以产生表决权行使效果的法律制度。表决权的书面行使制度，以股东会或者股东大会的召开为前提，如果公司没有召开股东会或者股东大会，而全体股东书面同意公司某项决议进而发生法律效力的情形与此不同。

七、累积投票制度

累积投票制，是指股东大会选举董事或者监事时，每一股份拥有与应选董事或者监事人数相同的表决权，股东拥有的表决权可以集中使用。

（一）累积投票制度在我国的立法状况

《公司法》第一百零五条规定，股份有限公司股东大会选举董事、监事，可以根据公司章程的规定或者股东大会的决议，实行累积投票制。该法所称累积投票制，是指股东大会选举董事或者监事时，每一股份拥有与应选董事或者监事人数相同的表决权，股东拥有的表决权可以集中使用。2018年，中国证券监督管理委员会（以下简称“中国证监会”）发布的《上市公司治理准则》第十七条规定，在董事、监事的选举过程中，应充分反映中小股东的意见。股东大会在选举中应积极推行累积投票制度。单一股东及其一致行动人拥有权益的股份比例在百分之三十及以上的上市公司，应当采用累积投票制度。采用累积投票制度的上市公司应在公司章程里规定该制度的实施细则。

（二）我国累积投票制度的实施

根据《公司法》第一百零五条规定，股份有限公司，包括上市公司，在选举董事、监事时，公司可以依照公司章程或者股东大会决议的形式决定是否采用累积投票制度，即法律对于公司是否采用累积投票制度，采取了“选入式”，即只有公司章程规定或者股东大会决议决定时公司才能采用累积投票制度。[①] 但是，根据《上市公司治理准则》第十七条规定，在我国上市公司中，股东大会在董事、监事的选举中应积极推行累积投票制度。对于单一股东及其一致行动人拥有权益的股份比例在百分之三十及以上的上市公司，则采取强制主义的立法态度，要求采用累积投票制。显然，《上市公司治理准则》与《公司法》在选举董事、监事时是否采用累积投票制度方面存在矛盾，同时，《公司法》的法律效力高于《上市公司治理准则》，所以，股份有限公司，包括上市公司，在选举董事、监事时应当依照《公司法》的规定进行，即根据自己的需要决定是否采用累积投票制度，单一股东及其一致行动人拥有权益的股份比例在百分之三十及以上的上市公司也不例外。

累积投票制度与直接投票制度为相冲突的制度，两者各有利弊，究竟是利大还是弊大，应当结合具体的企业作出自己的判断。对于有限责任公司选举董事、监事时是否采用累积投票制度，《公司法》没有规定。根据民商法“意思自治”原则，在法律没有强制性规定的情形下，有限责任公司可以根据自己的需要决定是否采用累积投票制度。但是，在美国，累积投票制主要适用不公开公司选举董事的场合。在公众公司，累积投票制很少使

① 梁上上.论股东表决权：以公司控制权争夺为中心展开[M].北京：法律出版社，2005：85.

用。这说明累积投票制度反而更适合有限责任公司。

（三）累积投票制度的意义

累积投票制度起源于美国，是援引国会议员的选举中的比例代表制度而产生的。[①]在采用直接选举的场合，持有公司半数以上出资或者股份的股东就完全有能力控制全部董事或者监事的选举。例如，一个持有公司51%出资或者股份的股东，就可以完全排除占49%出资或者股份的股东，取得所有股东代表董事或者监事的席位，从而掌握公司的控制权。相反，少数派股东由于持有的出资或者股份较少，无法按照直接选举制度选举出自己的代表来参与公司的经营管理，自己的利益也无法得到保护，成为控股股东转嫁风险的对象。为了保护少数派股东的利益，使他们也有机会选出自己的代表参与公司经营管理，一些国家和地区的法律引入累积投票制度，其目的就是防止股东中的多数派股东操纵选举，以增加少数派股东参与公司经营管理的机会。

当然，通过累积投票制度，少数派股东可能可以推选出自己的代表进入董事会和监事会，但在一般情况下，少数派股东的代表还不足以控制董事会和监事会，但至少能够将少数派股东的意见反映到董事会和监事会，增加他们参与公司管理的可能。同时，董事会和监事会中存在少数派代表董事，将使多数派代表董事不敢为所欲为，可以起到内部监督的作用。

（四）累积投票制度的运行

为了解释累积投票制度，可以用一个简单的实例[①]来加以说明。

假设一家公司由A、B两名股东组成，其中，A持有26股，B持有74股。该公司的董事会由3人组成。在选举董事时，每一股东可以提出3名候选人。在该选举中，以得票最多的3名候选人当选。如果只允许直接投票，A可以为其3名候选人每人投26票，而B可以为其每一名候选人投74票。这样，B所提出的3名候选人全部当选，而A所提出的候选人没有一人能够当选。相反，如果允许累积投票，那么，会出现另外的现象。累积投票规则为，首先根据每一股东所持有的股份数计算出所能投出的表决权总数，其次允许股东根据自己的投票策略以合适的方式把表决权集中投向一名或者分散投向几名候选人。在该实例中，A有权投78票，B有权投222票。若A把78票全部投给其3名候选人中的1名，则该位候选人肯定能够当选。这是因为，B的222票无法让他的3名候选人中的每一名都有超过78票的支持票（若B_1的票数为79票，B_2的票数为79票，则B_3的票数只有64票），也就是说，B无法阻挡A的候选人的当选。显然，累积投票制度增加了少数派股东在董事会、监事会中的参与机会。

另外，累积投票制度具有特别的功能。在公司全部出资或者股份由两个股东均等所有，各持一半出资或者股份的情况下：若采取直接投票，则每一股东只投自己的候选人的

① 梁上上.论股东表决权：以公司控制权争夺为中心展开[M].北京：法律出版社，2005：85－87.

票，那么就会出现僵局，董事会或者监事会成员无法产生；若采用累积投票制度，则不会出现以上局面。

八、股东会或者股东大会的决议

（一）决议方法

股东会或者股东大会决议通过一般采取多数决定制度，而不必全体一致同意。但是，决议的事项重要性不同，要求股东表决权通过的比例也不一样。

1. 普通决议

普通决议是指决定公司普通事项时采用的，以简单多数通过的决议。"简单多数通过"是指出席会议的股东所持表决权的半数以上通过，不是公司股份总数的半数以上通过。在我国，《公司法》明确规定特别决议事项必须特别通过，而没有规定普通决议。有人认为，普通决议就是特别事项之外的全部事项。[①] 本书认为，《公司法》规定的特别事项只是法定特别决议，公司章程可以将其他事项纳入特别决议，那么，普通决议就应当是除了法律和公司章程确定的特别事项之外的所有事项。

2. 特别决议

特别决议是指决议公司的特别事项时采用的，以绝对多数才能通过的决议。不同国家对不同表决事项的"绝对多数"的数量要求不同。有的要求出席会议股东所持表决权的三分之二以上通过，有的则要求出席会议股东所持表决权的四分之三以上通过。我国《公司法》第四十三条规定，有限责任公司的股东会会议作出修改公司章程、增加或者减少注册资本的决议，以及公司合并、分立、解散或者变更公司形式的决议，必须经代表三分之二以上表决权的股东通过。该法第一百零三条规定，股份有限公司的股东大会作出修改公司章程、增加或者减少注册资本的决议，以及公司合并、分立、解散或者变更公司形式的决议，必须经出席会议的股东所持表决权的三分之二以上通过。该法第一百二十一条规定，上市公司在一年内购买、出售重大资产或者担保金额超过公司资产总额百分之三十的，应当由股东大会作出决议，并经出席会议的股东所持表决权的三分之二以上通过。

（二）公司股东会或者股东大会决定重大事项时，对反对股东的保护

1. 概述

股东会或者股东大会决议的事项，有法定事项及公司章程所定事项。会议依法作出决定后，就发生法律效力。但是，公司在决定这些事项时只要求出席会议股东所持表决权的一定比例通过，而没有要求股东全部通过，所以，公司的决议可能违背了部分股东的意愿，损害他们的利益。《公司法》规定了对这部分股东的特别保护制度，这部分股东可以要求公司按照合理价格收购自己的股权，享有股权收购请求权。由于有限责任公司的股东

① 石少侠.公司法教程[M].北京：中国政法大学出版社，1999：168.

向外转让出资受到限制，而股份有限公司的股东转让股份更加自由，所以，该法加强了对有限责任公司的这部分股东的保护，对股份有限公司的这部分股东的保护力度相对不强，两者股东的股权收购请求权内容也不一样。

《公司法》第七十四条规定，如果有限责任公司“有下列情形之一的，对股东会该项决议投反对票的股东可以请求公司按照合理的价格收购其股权：（一）公司连续五年不向股东分配利润，而公司该五年连续盈利，并且符合本法规定的分配利润条件的；（二）公司合并、分立、转让主要财产的；（三）公司章程规定的营业期限届满或者章程规定的其他解散事由出现，股东会会议通过决议修改章程使公司存续的。自股东会会议决议通过之日起六十日内，股东与公司不能达成股权收购协议的，股东可以自股东会会议决议通过之日起九十日内向人民法院提起诉讼。”

《公司法》第一百四十二条规定，如果股份有限公司的股东大会依法决定与其他公司合并、分立，表决时持反对意见的股东有权要求公司收购其股份。

股东的股权收购请求权，就是反对公司特定决议的股东要求公司按照合理价格收购自己的股权，从而收回投资，退出公司的权利。

股东的股权收购请求权是法律为了保护少数股东的利益而规定的，为股东固有权，公司不能通过章程剥夺之。股东在行使这项权利时，无需公司承诺，就与公司形成了股权买卖合同，具有法律效力。

2. 股东行使股权收购请求权的要件

股东行使股权收购请求权必须具备以下要件。

（1）在股东会或者股东大会上反对公司作出特别决定的股东才享有股权收购请求权。对于有限责任公司，在股东会上反对公司决定以下事项的股东，享有股权收购请求权：①公司连续五年不向股东分配利润，而公司该五年连续盈利，并且符合本法规定的分配利润条件的；②公司合并、分立、转让主要财产的；③公司章程规定的营业期限届满或者章程规定的其他解散事由出现，股东会会议通过决议修改章程使公司存续的。对于股份有限公司，在股东大会上反对公司决定与其他公司合并、分立的股东，享有股权收购请求权。

股东行使股权收购请求权，必须证明自己在股东会或者股东大会上反对公司的以上决定。如果公司股东会或者股东大会记录簿上记载了该股东在会议上的发言，他便可以直接行使请求权；如果记录簿上没有这样的记载，该股东就需要自己举证。

（2）股东必须在法定的期间行使股权收购请求权。股东的股权收购请求权应该有一定的时间限制。《公司法》没有明确规定股东行使该请求权的期间。这样，股东行使该权利便没有时效限制，股东无限期享有这一权利。这样将给公司造成许多麻烦：公司难以确定股东行使股权收购请求权的时间，时时担心；同时，这些股东拥有公司股权数量也在不断变化，公司无法确定要求收购股权的数量。有些国家或者地区的公司法就规定了股东行使股权收购请求权的时效，如果股东没有在法定期间行使该请求权，将丧失该权利，如我国台湾地区所谓的“公司法”规定，享有股权收购请求权的股东应当自股东大会决议之日起二十日内，提出记载股份种类及数额之书面，向公司提出请求。本书认为，我国《公司法》应当建立股权收购请求权时效制度，完善股权收购请求权制度。

(3) 股权收购价格的确定。股权收购，收购价格是其中的主要事项，是问题的关键。对于股权收购价格，有以下两种确定办法。①协议决定。有限责任公司的股东行使股权收购请求权时，就收购价格，首先与公司进行协商决定。股东与公司双方可以在决议之日起六十日内达成协议。②裁定决定。如果有限责任公司的股东与公司之间自决议之日起六十日内就收购价格未达成协议的，其次可以自股东会会议决议通过之日起九十日内向人民法院提起诉讼，请求人民法院裁定收购价格。至于人民法院应当如何裁定最后的“公平价格”，我国法律没有规定。本书认为，人民法院在裁定前，应当询问公司负责人及申请股东，必要时可聘请社会专业机构评估股权价格。如果是上市股票，人民法院还应当酌情考虑股票实际成交价格。

(4) 股权收购请求权的失效。如果发生下列情形的，股东的股权收购请求权将失效：①在股东行使股权收购请求权时，股东会或者股东大会已经撤销申请股东反对的决议，这样，反对股东已经没有反对的对象，股权收购请求权就没有存在的理由；②有限公司股东与公司之间没有在决议之日起六十日内达成协议，又没有在决议通过之日起九十日内向人民法院提起诉讼，股东将丧失股权收购请求权。

(三) 决议记录

各国公司法都规定，股东会或者股东大会的决议事项应当有完备的记录。在记录中，应当明确会议的时间、场所、主席的姓名、议事的内容和结果等，并由出席人签字。《公司法》第四十一条规定，有限责任公司的股东会应当对所议事项的决定作成会议记录，出席会议的股东应当在会议记录上签名。该法第一百零七条规定，股份有限公司的股东大会应当对所议事项的决定作成会议记录，主持人、出席会议的董事应当在会议记录上签名。会议记录应当与出席股东的签名册及代理出席的委托书一并保存。

(四) 决议瑕疵

股东会或者股东大会决议是公司全体的意思表示，一经形成，即发生法律效力，不但对赞成决议的股东发生效力，而且还对反对决议的股东发生效力。但是，由于各种原因，股东会或者股东大会决议可能存在瑕疵：在内容上或者在程序上违反法律、行政法规或者章程的规定。《公司法》第二十二条规定，公司股东会或者股东大会的决议内容违反法律、行政法规的无效。股东会或者股东大会的会议召集程序、表决方式违反法律、行政法规或者公司章程，或者决议内容违反公司章程的，股东可以自决议作出之日起六十日内，请求人民法院撤销。股东依照前述规定提起诉讼的，人民法院可以应公司的请求，要求股东提供相应担保。公司根据股东会或者股东大会决议已办理变更登记的，人民法院宣告该决议无效或者撤销该决议后，公司应当向公司登记机关申请撤销变更登记。这样，我国的股东会或者股东大会无效和可撤销制度便确立了。

1. 股东会或者股东大会决议无效制度

公司股东会或者股东大会的决议内容违反法律、行政法规的无效。由于决议内容违反法律、行政法规的规定，所以，这些决议是当然无效、自始无效、绝对无效的，不以特定人提起诉讼为无效要件。股东可以随时向人民法院提起确认决议无效的诉讼，且诉讼不受时效限制，可以随时提出。

2. 股东会或者股东大会决议可撤销制度

股东会或者股东大会的会议召集程序、表决方式违反法律、行政法规或者公司章程，或者决议内容违反公司章程的，股东可以请求人民法院撤销。由于决议形成后即发生法律效力，董事会就应当按照决议实施，如果股东不能抓紧时间起诉，将来就很难消除即使最后被撤销的决议所造成的影响，为此，股东必须在特定时期内提起诉讼，否则，股东再提起诉讼撤销决议就没有意义。所以，《公司法》规定，股东必须在自决议作出之日起六十日内起诉。为了防止恶意股东滥用此项诉讼权利，避免恶意诉讼给公司造成损失，股东起诉后，公司可以请求人民法院，要求起诉股东提供担保。对于这种诉讼，人民法院应当根据案件的具体情况进行裁决，如果股东会或者股东大会的会议程序有轻微违法、违规，给公司造成的不利影响不大，人民法院可以作出不予撤销的裁决。决议被撤销后，决议自始无效，公司应当消除决议造成的影响。公司根据股东会或者股东大会决议已办理变更登记的，人民法院宣告该决议无效或者撤销该决议后，公司应当向公司登记机关申请撤销变更登记。

《〈公司法〉司法解释（四）》规定：公司股东、董事、监事等都可以依法向人民法院请求确认股东会或者股东大会决议无效或者不成立的。股东依据《民法典》第八十五条、《公司法》第二十二条第二款请求撤销股东会或者股东大会决议的，起诉时应当具有公司股东资格。

原告请求确认股东会或者股东大会决议不成立、无效或者撤销决议的案件，应当列公司为被告。对决议涉及的其他利害关系人，可以依法列为第三人。一审法庭辩论终结前，其他有原告资格的人以相同的诉讼请求申请参加前款规定诉讼的，可以列为共同原告。

如果股东会或者股东大会决议符合《民法典》第八十五条、《公司法》第二十二条第二款规定的，股东可以向人民法院请求撤销股东会或者股东大会决议。但是，如果会议召集程序或者表决方式仅有轻微瑕疵，且对决议未产生实质影响的，则难以得到人民法院的支持。

股东会或者股东大会决议存在下列情形之一的，当事人可以主张决议不成立：(1) 公司未召开会议的，但依据《公司法》第三十七条第二款或者公司章程规定，可以不召开股东会或者股东大会而直接作出决定，并由全体股东在决定文件上签名、盖章的除外；(2) 会议未对决议事项进行表决的;(3) 出席会议的人数或者股东所持表决权不符合《公司法》或者公司章程规定的;(4) 会议的表决结果未达到《公司法》或者公司章程规定的通过比例的;(5) 导致决议不成立的其他情形。

股东会或者股东大会决议被人民法院判决确认无效或者撤销的,公司依据该决议与善意相对人形成的民事法律关系不受影响。

第三节　董事与董事会

一、案例分析与评析

【案例】

甲股份有限公司(以下简称"甲公司")是一家生产销售高科技电子产品的大企业,去年公司销售额超过2亿元人民币。但是,去年甲公司董事长张某因为挪用公司财产罪被判处有期徒刑三年,缓刑四年。

现在,张某咨询:其是否可以继续担任甲公司董事长(法定代表人)? 为什么? 该如何处理此事?

【案例分析】

《公司法》第一百四十六条规定,因挪用财产被判处刑罚,执行期满未逾五年的不得担任公司董事、高级管理人员。公司违反该规定选举董事或者聘任高级管理人员的,该选举或者聘任无效。

本案中的张某,去年已经因为挪用财产罪被判处有期徒刑三年,缓刑四年。同时,张某是甲公司的董事长(法定代表人)。

张某因为挪用公司财产罪被判处有期徒刑三年,缓刑四年的刑罚,正在执行期,属于正在服刑人员。虽然《公司法》没有明确规定服刑人员不得担任公司董事,但是,我们可以根据《公司法》第一百四十六条的规定判定服刑人员不得担任公司董事。

所以,张某不得担任甲公司董事,更不得担任公司董事长、法定代表人。甲公司应当宣告张某当选董事无效、当选董事长无效,按照《公司法》和公司章程的规定重新补选公司董事,董事会再按照《公司法》和公司章程的规定重新选举公司董事长,确定新的法定代表人。

【评析】

公司的董事是公司非常重要的职位,董事长更是公司核心层的核心。所以,我国《公司法》特别强调公司董事必须具有合适的道德品质,绝对不容许那些因为贪图公司财产而侵害公司利益,最终受到刑罚处罚的人担任。但是,有些公司却只是考虑经济效益,只关注董事及高级管理人员的能力,而忽视或者轻视其道德修养,甚至选举或者聘用一些经济道德败坏的服刑人员或者服刑结束不超过五年的人员。事实上，公司这样做存在极大风险，很可能会给公司带来毁灭性损失。所以，公司生存发展必须关注董事及高级管理人员的道德修养，需要提高这些人员的道德水平。同时，对于个人来说，道德修养是做人之本。我们不但要学习知识和技能，更应当加强个人道德修养的培养。

二、董事概述

国内外的立法与学说关于董事的定义至今未形成共识，我国《公司法》对董事没有进行界定。《中国大百科全书》(法学卷)将董事定义为对内执行业务、对外代表公司的常设机关。《牛津法律大词典》将董事定义为公司股东选举出决策者及主管公司业务的管理者。P. H. Collin 在"*English Law Dictionary*"中将董事定义为股东任命管理公司的人。柯芳枝先生认为："董事者，乃董事会之成员，而为股份有限公司之法定、必备、常设之业务执行机关。"[①]谢朝斌博士认为，所谓董事，是指由股东大会选举产生的，管理和督察公司事务的董事会必要成员之个别机关。[②] 本书认为，董事是指由股东会或者股东大会、公司职工民主选举产生或者直接由出资人委派的，管理和监督公司事务的董事会人员。

董事一语，在概念上有两层含义：一是董事为公司组织的一部分，与公司互为一体，所以其行为就是公司的行为，自身没有独立的主体资格；二是董事作为独立的民事主体，和公司之间存在委任关系或者信托关系。所以，董事违反法定义务时，自己应当承担个人责任。

董事可分为专职董事和兼职董事。专职董事，又称为内部董事，是指在公司担任高级管理职务和其他兼职的公司董事；兼职董事，又称为外部董事，是指只是在公司担任董事职务，而没有其他任何职位且有公司外的其他职务的董事。兼职董事可能与公司之间存在利害关系，也可能没有利害关系。与公司没有利害关系的兼职董事或者外部董事被称为独立董事。《公司法》第一百二十二条规定："上市公司设立独立董事，具体办法由国务院规定。"2001 年 8 月 16 日，中国证券监督管理委员会制定并发布的《关于在上市公司建立独立董事制度的指导意见》(以下简称《指导意见》)确定了我国的独立董事制度。

关于董事的人数，《公司法》规定，有限责任公司设董事会，其成员为三人至十三人；股东人数较少或者规模较小的有限责任公司，可以设一名执行董事。所以，有限责任公司的董事人数一般在三人至十三人，特殊情形下，为一人。另外，《公司法》规定，股份有限公司设董事会，其成员为五人至十九人。一个公司董事的具体数额，以公司章程确定。由于董事会为会议机关，所以，董事人数以单数为宜。董事人数、董事姓名等为公司章程绝对必要记载事项。如果没有记载，将导致章程无效。

① 柯芳枝.公司法论[M].北京：中国政法大学出版社，2004：240.
② 谢朝斌.独立董事法律制度研究[M].北京：法律出版社，2004：46.

关于董事的任期，多数国家公司法都规定了最长时期，其原因在于：对于公司来说，这样可以让选任机关能够更好地行使投票权，从而可以监督董事；对于董事来说，这样可以减少董事在位时间过长而生专横毛病的可能。我国《公司法》规定："董事任期由公司章程规定，但每届任期不得超过三年。董事任期届满，连选可以连任。董事任期届满未及时改选，或者董事在任期内辞职导致董事会成员低于法定人数的，在改选出的董事就任前，原董事仍应当依照法律、行政法规和公司章程的规定，履行董事职务。"

三、董事的任职资格

（一）积极条件

1. 董事既可以是股东，也可以不是股东

对于董事是否是股东的问题，大致可以分为以下三种模式。一是有资格股模式，即法律明文规定董事必须拥有资格股。英国、法国、韩国均采取此种模式。二是无资格股模式，即公司法对董事的选任无资格股的限制。《日本商法典》规定，公司不得以章程规定董事必须是股东。三是任意选择模式，即公司法对董事资格股不作规定，允许公司以章程要求董事必须具有公司股份。要求董事必须拥有公司股份，可以激励董事努力为公司服务。但是，这样规定，限制了董事的选任范围，不利于优秀人才进入董事队伍。为此，我国《公司法》未对公司董事是否必须是股东进行强制规定，股东可以担任董事，非股东也可以担任董事。如果董事是股份有限公司股东，持有公司股份，应当向公司申报其所持有的本公司股份及其变动情况，在任职期间每年转让的股份不得超过其所持有本公司股份总数的百分之二十五；持有本公司股份自公司股票上市交易之日起一年内不得转让。同时，如果董事离职的，在离职后半年内不得转让其所持有的本公司股份。

2. 董事可以由法人担任

对于是否允许法人担任董事，美国、德国、奥地利、意大利等国家公司法规定，董事必须是自然人，法人不能担任董事；英国、比利时、荷兰、法国等国家公司法及我国台湾地区所谓的"公司法"规定，法人可以担任董事，但必须指定一名有行为能力的自然人为其常任代表。我国《公司法》对此未作规定，有学者认为，这应当理解为允许法人董事存在，但须指定一名有行为能力的自然人为其代表。①

3. 有职工代表董事存在

我国《公司法》第四十四条规定："两个以上的国有企业或者两个以上的其他国有投资主体投资设立的有限责任公司，其董事会成员中应当有公司职工代表；其他有限责任公司董事会成员中可以有公司职工代表。董事会中的职工代表由公司职工通过职工代表大会、职工大会或者其他形式民主选举产生。"该法第六十七条规定，国有独资公司的董事会

① 石少侠.公司法教程[M].北京：中国政法大学出版社，1999：173.

成员中应当有公司职工代表，董事会成员中的职工代表由公司职工代表大会选举产生。该法第一百零八条规定，股份有限公司的董事会成员中可以有公司职工代表。董事会中的职工代表由公司职工通过职工代表大会、职工大会或者其他形式民主选举产生。所以，在我国，国有独资公司和两个以上的国有企业或者其他两个以上的国有投资主体投资设立的有限责任公司董事会成员中应当有职工代表；其他公司的董事会成员中，可以有公司职工代表。董事会中的职工代表由公司职工通过职工代表大会、职工大会或者其他形式民主选举产生。

4. 董事没有国籍限制

多数国家的公司法对董事的国籍没有限制，但少数国家的公司法对董事的国籍有限制。例如，瑞士《公司法》规定，若公司只有一名董事，该董事必须是居住在瑞士境内的居民；若有数名董事，那么董事会的多数成员必须是居住在瑞士境内的瑞士公民。我国《公司法》没有对董事的国籍进行规定，即董事既可以是我国公民，也可以是外国人。

（二）消极条件

多数国家的公司法规定，某些曾被追究刑事责任或者曾有严重违法行为的人以及个人资信状况较差的人，在一定期限内不得担任公司董事。我国《公司法》第一百四十六条对担任董事的消极条件进行了规定，“有下列情形之一的，不得担任公司董事、监事、高级管理人员：（一）无民事行为能力或者限制民事行为能力；（二）因贪污、贿赂、侵占财产、挪用财产或者破坏社会主义市场经济秩序，被判处刑罚，执行期满未逾五年，或者因犯罪被剥夺政治权利，执行期满未逾五年；（三）担任破产清算的公司、企业的董事或者厂长、经理，对该公司、企业的破产负有个人责任的，自该公司、企业破产清算完结之日起未逾三年；（四）担任因违法被吊销营业执照、责令关闭的公司、企业的法定代表人，并负有个人责任的，自该公司、企业被吊销营业执照之日起未逾三年；（五）个人所负数额较大的债务到期未清偿。公司违反前款规定选举、委派董事、监事或者聘任高级管理人员的，该选举、委派或者聘任无效。董事、监事、高级管理人员在任职期间出现本条第一款所列情形的，公司应当解除其职务。”

另外，《公司法》第六十九条还规定：“国有独资公司的董事长、副董事长、董事、高级管理人员，未经国有资产监督管理机构同意，不得在其他有限责任公司、股份有限公司或者其他经济组织兼职。”《中华人民共和国公务员法》规定，国家公务员不得在公司中兼职，包括兼任公司董事。

四、董事的选任与更换

公司董事分为职工董事和非职工董事，其中，职工董事由公司职工通过职工代表大会、职工大会或者其他形式民主选举产生或更换。非职工董事一般由股东会或者股东大会决定。但有的国家，如德国《公司法》规定，董事由监事会选举产生或更换。

根据我国《公司法》规定，对于公司非职工董事，一般有限责任公司和发起式设立的股份有限公司，由股东会或者股东大会选任或更换；对于职工董事，则应当由职工民主选举产生或更换。募集式设立的股份有限公司，首届非职工董事由创立大会选任，公司成立后则由股东大会选举产生或更换；如果存在职工董事，应当由职工民主选举产生或更换。另外，国有独资公司和两个以上的国有企业或者其他两个以上的国有投资主体投资设立的有限责任公司董事会成员中必须有职工董事，这些职工董事应当由职工民主选举产生或更换。国有独资公司的非职工董事由国有资产监督管理机构委派或更换。

《公司法》第二十二条规定，如果股东会或者股东大会选任董事的会议召集程序、表决方式违反法律、行政法规或者公司章程，或者决议内容违反公司章程的，股东可以自决议作出之日起六十日内，请求人民法院撤销。股东依照前述规定提起诉讼的，人民法院可以应公司的请求，要求股东提供相应担保。公司根据股东会或者股东大会、董事会决议已办理变更登记的，人民法院宣告该决议无效或者撤销该决议后，公司应当向公司登记机关申请撤销变更登记。

《公司法》第四十五条规定："董事任期由公司章程规定，但每届任期不得超过三年。董事任期届满，连选可以连任。董事任期届满未及时改选，或者董事在任期内辞职导致董事会成员低于法定人数的，在改选出的董事就任前，原董事仍应当依照法律、行政法规和公司章程的规定，履行董事职务。"

五、董事的义务与责任

（一）董事的义务

各国公司法都强调董事的义务。在大陆法系国家和地区，董事与公司的关系多被认为是民法中的委任关系。所以，董事对公司负有善管义务和忠实义务。英美法系国家和地区的公司法学者多认为董事与公司之间的关系为代理关系或者信托关系。董事应承担忠实善意的主观义务和自身的利益不得与公司利益相冲突的客观义务。所以，在英美法系国家和地区，董事有忠实义务和注意义务。

我国《公司法》规定，董事应当遵守法律、行政法规和公司章程，对公司负有忠实义务和勤勉义务。但法律仅仅具体规定了董事对公司的忠实义务，没有列举具体的勤勉义务。根据《公司法》规定，董事负有以下义务。

(1) 董事不得收受贿赂或者其他非法收入。《公司法》第一百四十七条规定，董事不得利用职权收受贿赂或者其他非法收入，不得侵占公司的财产。如果董事违反了这项义务，即构成对忠实义务的违反，将承担相应的责任。

(2) 董事不得擅自处分公司财产。董事受托管理公司财产，应该严格按照法律、行政法规、公司章程的规定进行操作，不得随意处分公司财产。《公司法》第一百四十八条规定，董事不得挪用公司资金；不得将公司资金以其个人名义或者以其他个人名义开立账户存储；不得违反公司章程的规定，未经股东会、股东大会或者董事会同意，将公司资金借贷给他人或者以公司财产为他人提供担保。法律绝对禁止挪用公司资金、将公司资金以其个人名义或者以其他个人名义开立账户存储；但对于董事将公司资金借贷给他人或者以公司财产为他人提供担保，法律只是限制，而不是禁止。其理由在于：董事挪用公司资金、将公司资金以其个人名义或者以其他个人名义开立账户存储，不可能是为了公司的利益而进行的，但将公司资金借贷给他人或者以公司财产为他人提供担保，却可能是为了公司的利益而进行的，所以，只要董事的职务行为是根据公司章程的规定，经股东会、股东大会或者董事会同意的，就是合法的职务行为，不应当被禁止。董事违反这项义务，属于违反了对公司的忠实义务，必须承担相应责任。

（3）董事不得擅自披露公司秘密。保守公司秘密，是董事对公司的基本义务，是维护公司利益的必然要求。但董事按照法律规定，公开公司秘密的行为不属于此规定。这也是董事的忠实义务，违反规定的董事应当承担相应的责任。

（4）董事不得使自己处于与公司利益相互冲突之中。《公司法》第一百四十八条规定，董事不得违反公司章程的规定或者未经股东会、股东大会同意，与本公司订立合同或者进行交易；不得未经股东会或者股东大会同意，利用职务便利为自己或者他人谋取属于公司的商业机会，自营或者为他人经营与所任职公司同类的业务；不得接受他人与公司交易的佣金归为己有。另外，《公司法》第六十九条规定，国有独资公司的董事长、副董事长、董事，未经国有资产监督管理机构同意，不得在其他有限责任公司、股份有限公司或者其他经济组织兼职。这些都是董事的忠实义务，违反规定的董事必须承担相应的责任。

（5）董事应当接受股东质询，如实向监督机关提供有关资料。《公司法》第一百五十条规定："股东会或者股东大会要求董事、监事、高级管理人员列席会议的，董事、监事、高级管理人员应当列席并接受股东的质询。董事、高级管理人员应当如实向监事会或者不设监事会的有限责任公司的监事提供有关情况和资料，不得妨碍监事会或者监事行使职权。"这属于董事的忠实义务，违反规定的董事必须对此承担相应的责任。

（6）股份有限公司的董事不得直接或者通过子公司向公司借款。

（7）股份有限公司的董事应当定期向股东披露从公司获取报酬的情况。

（8）股份有限公司董事应当向公司申报所持有的本公司的股份及其变动情况，在任职期间每年转让的股份不得超过其所持有本公司股份总数的百分之二十五；所持本公司股份自公司股票上市交易之日起一年内不得转让。董事离职后半年内，不得转让其所持有的本公司股份。公司章程可以对公司董事、监事、高级管理人员转让其所持有的本公司股份作出其他限制性规定。

（9）上市公司董事的回避义务。《公司法》第一百二十四条规定："上市公司董事与董事会会议决议事项所涉及的企业有关联关系的，不得对该项决议行使表决权，也不得代理其他董事行使表决权。该董事会会议由过半数的无关联关系董事出席即可举行，董事会会议所作决议须经无关联关系董事过半数通过。出席董事会的无关联关系董事人数不足三人的，应将该事项提交上市公司股东大会审议。”

（二）董事的责任

1. 对公司的责任

（1）责任的依据及其内容。董事违反了法律、行政法规和公司章程规定的义务，就要承担相应的法律责任。董事会执行公司业务，分为两个阶段：一为意思决定，二为具体执行。董事因为执行业务致使公司损害须对公司承担责任，主要存在以下情形。

第一，依照董事会决议而使公司损害的情形。《公司法》第一百一十二条规定，如果股份有限责任公司的董事会决议违反法律、行政法规或者公司章程、股东大会决议，致使公司遭受严重损失的，参与决议的董事对公司负赔偿责任。但经证明在表决时曾表明异议并记载于会议记录的，该董事可以免除责任。但是，若该决议没有付诸实施，公司也未因此而造成损失，则所有董事都不必承担责任。同样，如果董事会决议没有违反法律、行政法规或者公司章程、股东大会决议，即使致使公司遭受严重损失，执行董事和赞成决议的董事都不必对公司的损失承担责任。另外，董事因为违反法律、行政法规或者公司章程、股东大会决议而作出董事会决定，是否应当承担连带责任呢？法律对此没有规定。有限责任公司的董事会决议违反法律、行政法规或者公司章程、股东会决议，致使公司遭受严重损失的，董事是否也应当按照以上规定承担连带责任呢？法律也没有明确规定。

第二，未依照董事会决议而使公司受损害的情形。公司业务具体执行由公司董事长、副董事长、常务董事以及其他执行董事担任。执行董事应当遵守董事会决议，如果执行董事不遵守董事会决议，就是违反法律行为。所以，如果董事未遵照董事会决议而使公司损失时，根据《公司法》一百四十九条规定，应当承担赔偿责任。

根据我国《公司法》规定，董事对公司的责任有以下三点：

①该法第二十一条规定，公司董事利用其关联关系损害公司利益，给公司造成损失的，应当承担赔偿责任。

②该法第一百四十八条规定，董事违反规定擅自处分公司财产，擅自披露公司秘密，使自己处于与公司利益相互冲突之中所得的收入，应当归公司所有。

③该法第一百四十九条规定，董事执行公司职务时违反法律、行政法规或者公司章程的规定，给公司造成损失的，应当承担赔偿责任。

（2）责任的追究。董事对公司损害负有责任就应当赔偿公司的损失。事实上，多数董事都不愿赔偿，因此就产生了对董事责任的追究问题。董事对公司的责任，追究责任的主体应该就是公司。但股东会或者股东大会若由与董事关系紧密的大股东把持，公司就不一定追究董事的责任。为了保护公司及少数股东的利益，《公司法》设立了少数股东代表公司诉讼制度。对董事责任追究，分为以下情形。

第一，由公司提起诉讼。公司对董事提起诉讼，存在两种情形：一是股东会或者股东大会决议对董事提起诉讼，二是由少数股权的股东请求公司提起诉讼。

对于股东会或者股东大会决议起诉董事，我国《公司法》没有具体规定，但本书认为这种情形是存在的，法律应该予以完善。股东会或者股东大会决议起诉，并不局限于董事，还包括监事、高级管理人员。另外，公司与董事之间的诉讼，不限于追究董事的责任，还包括其他纠纷，也不论公司是原告还是被告，都应该由公司监事或者监事会代表公司。

《公司法》第一百五十一条规定："有限责任公司的股东、股份有限公司连续一百八十日以上单独或者合计持有公司百分之一以上股份的股东，可以书面请求监事会或者不设监事会的有限责任公司的监事向人民法院提起诉讼。"完全期待公司主动起诉追究董事的责任，事实上确有困难，因此必须借助少数股东权，以确保董事的责任得以追究。为了发挥股东监督力，对于股东请求监事对董事提起诉讼的门槛不宜定得太高。所以，该法规定，有限责任公司的股东均可以行使该权利；股份有限公司的股东，只要连续一百八十日以上单独或者合计持有公司百分之一以上股份，就可以行使此项权利。要求股份有限公司的股东必须连续一百八十日以上单独或者合计持有公司百分之一以上股份，是为了防止有个别股东会滥用此项权利。少数股权的股东在请求监事或者监事会起诉董事时，应该以书面形式进行。因为书面请求能够说明起诉对象及起诉理由，同时又能够作为证据。如果监事或者监事会接到请求书后，认为请求合理，但碍于情面不便起诉，那么，上述股东在请求日起三十日后，可以提起代表诉讼。

第二，少数股权的股东提起代表诉讼。所谓代表诉讼，是指董事对公司应负责任，而公司怠于起诉时，由股东为了公司的利益提起追究董事责任的诉讼。由于股东的这种诉讼权是由公司的诉讼权派生出来的，所以又称为派生诉讼、传来诉讼或者代位诉讼。《公司法》第一百五十一条规定，监事会、不设监事会的有限责任公司的监事，或者董事会、执行董事收到前述规定的股东书面请求后拒绝提起诉讼，或者自收到请求之日起三十日内未提起诉讼，或者情况紧急、不立即提起诉讼将会使公司利益受到难以弥补的损害的，前述规定的股东有权为了公司的利益以自己的名义直接向人民法院提起诉讼。

对董事责任的追究，应该由监事代表公司进行。但是，由于监事和董事在职务上接触频繁、关系密切，所以要求监事代表公司起诉董事，常常会基于各种原因而不能实现，给公司的利益、股东的利益造成损害。为此，法律应该授予少数股权的股东代位诉讼权，以谋求公司、股东利益的恢复。

(3) 例外。董事应当对自己的违法行为承担责任。但是，董事会是一个采取集体多数决定制度的机构，在董事会决定某项违反法律、法规或者公司章程规定的董事会决议时，有的董事同意，有的董事弃权，有的董事赞成，最后，该决议以多数董事同意而通过。该决议的通过给公司造成损失，参与决议的董事应当对公司负赔偿责任。但是，让反对该决议的董事对此承担责任显然不妥。为此，《公司法》规定，董事会的决议违反法律、行政法规或者公司章程、股东大会决议，致使公司遭受严重损失的，参与决议的董事对公司负赔偿责任。但经证明在表决时曾表明异议并记载于会议记录的，该董事可以免除责任。所以，我国《公司法》将经证明在表决时曾表明异议并记载于会议记录的董事作为例外，不必对此承担责任。这样规定也存在以下两点不足。第一，免责董事规定不科学。如果某董事在董事会表决时对违法决议表示异议，但却对决议投赞成票，按照《公司法》规定，他应当对违法董事会决议给公司造成的损失免责，但实际上他最后却支持了违法决议，应当对决议承担责任。这样规定，可能导致没有董事对违法董事会决议承担责任的后果。第二，《公司法》没有对没有参加投票或者投弃权票的董事责任问题进行规定。这样，对这些人的责任问题就存在争论。有些国家的公司法对此进行了规定，没有参加投票或者投弃权票的董事视为赞成决议，必须对决议承担责任。

2. 对公司债权人的责任

如果董事的违法行为给公司债权人造成损失时，董事还应当承担责任，债权人享有追究董事责任的权利。基于其地位，董事对公司债权人没有独立的义务。但是，在特别情况下，董事对公司债权人负有义务。在美国，1981 年，新泽西州最高法院著名的判例——“弗兰西斯诉联合杰西银行案”，就属于董事违反注意义务而对公司债权人承担赔偿责任的情况。法官斯锥特(C. J. Street)说：“在公司有支付能力的情况下，公司的股东会作为公司最终利益享有人，有权就董事的违反义务问题作出决议。而且如果股东会授权或批准了董事的特定交易，那么，董事的这种行为之有效性就不容置疑。但是，在公司丧失清偿能力的情况下，债权人的利益就必须介入，他们就有权通过清算机制取消股东会和董事会处置公司财产的权力。实际上，这时的公司财产已不再是股东们以公司为中介由董事会来经营的资产，而是债权人的资产。”这一判例已被其他的英联邦国家所采纳。[①] 有些大陆法系国家也认为董事应当对公司债权人负责。例如，《日本商法典》第二百六十六条之三第一款规定：“董事执行其职务有恶意或重大过失时，对第三人也负连带损害赔偿责任。”意大利《民法典》第二千三百九十四条规定：“董事对公司债权人承担因未履行假扣押公司资产完整的固有义务而产生的一切责任。在公司资产不能满足清偿的情况下，债权人可以提起诉讼。在公司破产或者行政性强制清算的情况下，提起诉讼的权利属于破产财产管理人或者清算委员会。公司方面放弃诉权的行为不妨碍公司债权人行使诉权。但是，如果公司进行了和解，则只能在符合提起撤销之诉条件的情况下，公司债权人才能提起撤销和解之诉。”

我国《公司法》没有规定董事对公司债权人的义务，董事不对公司债权人承担责任。这样，董事的行为造成公司债权人的利益受到损害而不必承担责任，结果，董事侵害债权人利益的现象十分普遍。《公司法》应该建立董事对债权人的责任制度。

《〈公司法〉司法解释(五)》规定：“董事任期届满前被公司股东会或者股东大会有效决

① 张开平.英美公司董事法律制度研究[M].北京：法律出版社，1997：164.

议解除职务，其主张解除不发生法律效力的，人民法院不予支持。”但是，董事职务被解除后，有权向人民法院提起诉讼，请求公司依据法律、行政法规、公司章程的规定或者合同约定，综合考虑解除原因、剩余任期、董事报酬等因素给予合理数额的补偿。

六、董事会的概念及职权

（一）董事会的概念

董事会是由全体董事所组成的，有决定公司业务执行权限的公司法定、常设的集体业务执行机关。董事会具有以下几点含义。

首先，董事会是公司的业务执行机关。在公司治理结构中，股东会或者股东大会是公司的意思形成机关，股东会或者股东大会的决议必须由董事会负责主持实施。

其次，董事会是集体执行公司业务的机关。董事会是会议机关，其权限应当以会议的形式实现。董事会对公司业务的决议，表达的是董事会成员的共同意思，是多数人的意见。如果董事会没有召开，而是董事书面同意的决定，就是全体董事都同意也不能发生董事会决议的效力。

再次，董事会的决议不能直接对外发生效力，而必须通过其代表董事长或者其他执行董事、经理根据董事会决议所作的意思表示。董事会为公司的机关，没有法律人格，不能成为诉讼主体，不能成为原告或者被告。

最后，一般来说，董事会是公司的法定、常设机关。在公司的各种机关中，董事会是一个必设机关。根据我国《公司法》规定，国有独资公司不设股东会，但设董事会。董事会作为会议体有开会、闭会、休会情形，其人员也有变动，但作为一个组织始终存在，其成员活动不能停止。

尽管《公司法》第五十条规定：“股东人数较少或者规模较小的有限责任公司，可以设一名执行董事，不设董事会。”但这只是特例，不能改变董事会为公司法定、常设机关的特点。

（二）董事会的职权

对董事会的职权范围，各国公司法的规定不尽相同。有的国家公司法采取列举的方法规定董事会的职权，有的国家采取排除的方法，规定董事会享有除股东会或者股东大会行使的权力之外的一切管理公司的权力。列举方法规定董事会职权范围，可以给人一目了然的感觉。但是，列举方法也存在一些不足之处：“一是法律难以通过列举而穷尽董事会应有的权限；二是具体细节应留给当事人在公司章程中予以规定，立法者没有必要去代替当事人设想他们可能面临的情况。”[①]排除方法规定董事会权限，可能让人无法根据法律直接认清董事会的职权范围，但可以避免列举方法的挂一漏万的弊端，相比较而言，更

① 江平，赵旭东.新编公司法教程[M].北京：法律出版社，1994：207.

适合社会发展的需要。综合各国公司法的规定，董事会的职权包括对内经营管理权和对外代表权两个方面。

对于董事会职权，我国现《公司法》仍然继用原《公司法》的模式，采取列举方法规定董事会的职权。该法第四十六、一百零八条规定，董事会的职权包括：(1) 召集股东会会议，并向股东会报告工作；(2) 执行股东会的决议；(3) 决定公司的经营计划和投资方案；(4) 制订公司的年度财务预算方案、决算方案；(5) 制订公司的利润分配方案和弥补亏损方案；(6) 制订公司增加或者减少注册资本以及发行公司债券的方案；(7) 制订公司合并、分立、解散或者变更公司形式的方案；(8) 决定公司内部管理机构的设置；(9) 决定聘任或者解聘公司经理及其报酬事项，并根据经理的提名决定聘任或者解聘公司副经理、财务负责人及其报酬事项；(10) 制定公司的基本管理制度；(11) 公司章程规定的其他职权。

另外，《公司法》规定，公司董事会可以授予经理法定职权之外的其他职权。

如果上市公司决议涉及的企业有关联关系的，且出席董事会的无关联关系董事人数不足三人的，那么，原来属于董事会决定的事项就转化为股东大会的职权范围。

如果监事有《公司法》禁止行使行为情形的，有限责任公司的股东、股份有限公司连续一百八十日以上单独或者合计持有公司百分之一以上股份的股东，可以书面请求董事会或者不设董事会的有限责任公司的执行董事向人民法院提起诉讼。在这种情形下，董事会或者不设董事会的有限责任公司的执行董事有权对监事提起诉讼。

根据我国《证券法》的规定，公司申请公司债券上市交易，应当向证券交易所报送申请公司债券上市的董事会决议。所以，董事会应当决定公司是否申请公司债券上市交易。

股东会或者股东大会的职权是采取列举方法规定的，董事会的职权也是采取列举方法规定的，那么，对于法律没有列举的公司经营管理和对外代表权应该由谁行使呢？法律没有规定，这就可能出现公司权力真空的局面，不利于公司的管理。本书认为，针对《公司法》的此种状况，要解决这个问题，只有在公司章程中规定，所有没有列举的公司经营管理和对外代表权都由董事会行使，以解决公司治理过程中可能出现的权力真空问题。

(三) 董事会有将公司重要文件备置于公司，并让股东查阅或者复制的义务

《公司法》第三十三条规定，有限责任公司董事会应当将公司章程、股东会会议记录、董事会会议决议、监事会会议决议和财务会计报告备置于公司，股东有权查阅、复制。股东可以要求查阅公司会计账簿。股东要求查阅公司会计账簿的，应当向公司提出书面请求，说明目的。公司有合理根据认为股东查阅会计账簿有不正当目的，可能损害公司合法利益的，可以拒绝提供查阅，并应当自股东提出书面请求之日起十五日内书面答复股东并说明理由。公司拒绝提供查阅的，股东可以请求人民法院要求公司提供查阅。《公司法》第九十六条、第九十七条规定，股份有限公司董事会应当将公司章程、股东名册、公司债券存根、股东大会会议记录、董事会会议记录、监事会会议记录、财务会计报告备置于公司，

股东有权查阅，并有权对公司经营提出建议或者质询。无论是有限责任公司还是股份有限公司的股东都可以查阅公司的重要文件，这是股东知情权的体现。《公司法》规定，有限责任公司的股东不仅可以查阅这些文件，还可以复制，不但可以查阅一般文件，还可以查阅公司会计账簿，如果公司拒绝提供查阅会计账簿，股东可以要求法院提供司法支持；但是，法律没有规定股份有限公司的股东可以复制这些文件，也没规定其可以查阅公司会计账簿。这样，有限责任公司的股东就可以依法查阅公司会计账簿，公司董事会必须执行；而股份有限公司的股东则不能依法查阅公司会计账簿，公司董事会没有法定义务向股东提供会计账簿。究其原因，立法者可能是考虑股份有限公司的股东比较复杂，公司的会计账簿是公司的重要秘密，没有规定任何股份有限公司股东有权查阅公司会计账簿，就是为了防止个别小股东滥用股权，损害公司利益。另外，法律也没有禁止公司章程规定股东在一定条件下可以查阅公司会计账簿，公司完全可以根据自己的情况确定股东查阅公司会计账簿的权利，公司可以自己决定是否授予自己股东这项权利。

《公司法》没有规定公司债权人有查阅公司重要文件的权利。那么，债权人就无法依法了解公司的真实信息，不利于债权人利益的保护。另外，如果公司董事会违反规定，没有备置公司重要文件供股东查阅或者复制，是否应该承担责任呢？《公司法》没有规定。有些国家或者地区的公司法规定，如果董事违反此规定，将受到罚款处罚。如，我国台湾地区所谓的“公司法”第二百一十条规定，代表公司的董事违反此一规定，不备置章程、簿册者处新台币一万元以上五万元以下罚款。

另外，有些国家或者地区的公司法规定，董事有向公司股东会或者股东大会报告的义务；当公司资产不足抵偿其债务时，董事会有申请公司破产的义务；董事会在公司解散时，有通知公告公司解散的义务；董事会有依法召集股东会或者股东大会的义务。如果董事会没有履行这些义务，将受到罚款等行政处罚。但我国《公司法》对此没有具体规定。

七、董事会会议

董事分为内部董事和外部董事。内部董事可以通过参加董事会会议并形成决议的方式来行使权力，也可以具体管理公司事务；外部董事则只能以参加董事会的形式行使权力。所以，董事会会议的规定是董事会制度的重要内容。

（一）种类

对于有限责任公司的董事会会议，《公司法》没有具体强制性规定，公司章程可以自由规定董事会会议相关事宜；对于股份有限公司的董事会，该法规定，董事会会议分为一般董事会会议和临时董事会会议。该法第一百一十条规定：“董事会每年度至少召开两次会议，每次会议应当于会议召开十日前通知全体董事和监事。代表十分之一以上表决权的股东、三分之一以上董事或者监事会，可以提议召开董事会临时会议。董事长应当自接到提议后十日内，召集和主持董事会会议。董事会召开临时会议，可以另定召集董事会的通知方式和通知时限。”

（二）召集

《公司法》第四十七、一百零九条规定，董事会会议由董事长召集和主持；董事长不能履行职务或者不履行职务的，由副董事长履行职务；副董事长不能履行职务或者不履行职务的，由半数以上董事共同推举一名董事召集和主持。所以，一般情形下，董事会会议的召集人是董事长。如果董事长不能履行职务或者不履行职务时，副董事长可以召集和主持董事会会议；如果副董事长也不能履行职务或者不履行职务的，由半数以上董事共同推举一名董事召集和主持。但是，该法没有规定董事长或者副董事长应该履行职务而在多长期间内不召集和主持董事会会议，才能由副董事长或者由半数以上董事共同推举一名董事召集和主持。这可能是将来产生纠纷的关键。

第一次董事会会议还没有选举出董事长，董事会会议应该由谁召集和主持呢？对此，《公司法》没有规定。本书认为，第一次董事会会议类似于公司的董事长、副董事长不能履行职务或者不履行职务的情形，应当由半数以上的董事推举一名临时董事召集和主持。

如果董事长或者副董事长不能履行职务或者不履行职务，且董事人数也不足董事总数的一半时，董事会会议的召集和主持人应当如何产生呢？《公司法》没有规定。本书认为，《公司法》应当规定，如果出现以上情形，任何董事都可以召集和主持董事会会议。

董事长召集董事会会议，应当载明事由，并且通知各董事、经理和监事。一般情况下，公司应当给董事、经理和监事留有一定的时间，让参加会议的人员先熟悉会议要讨论的内容。但如果事情紧急而突然，董事会会议也可以随时召集。

（三）开会

有限责任公司的董事会的议事方式和表决程序，《公司法》没有强制性规定，由公司章程规定，但董事会应当对所议事项的决定作成会议记录，出席会议的董事应当在会议记录上签名。董事会决议的表决，实行一人一票。

股份有限公司的董事会会议，《公司法》有许多规定。其中，第一百一十一、一百一十二条规定，董事会会议应有过半数的董事出席方可举行。董事会作出决议，必须经全体董事的过半数通过。董事会决议的表决，实行一人一票。董事会会议，应由董事本人出席；董事因故不能出席，可以书面委托其他董事代为出席，委托书中应载明授权范围。董事会应当对会议所议事项的决定作成会议记录，出席会议的董事应当在会议记录上签名。董事应当对董事会的决议承担责任。由于网络科技的发展，会议召开的方式可以多种多样，已不局限于同一时间、同一地点、面对面交谈，可以召开电视、电话会议或者互联网会议，这同样能够达到相互讨论的会议效果，与亲自出席会议没有区别。所以，许多国家或者地区的公司法规定，董事会开会时，如果以电视、电话或者互联网会议的方式，可以视为亲自参加会议。

但是，如果上市公司董事与董事会会议决议事项所涉及的企业有关联关系的，不得对该项决议行使表决权，也不得代理其他董事行使表决权。该董事会会议由过半数的无关联关系董事出席即可举行，董事会会议所作决议须经无关联关系董事过半数通过。出席董事会的无关联关系董事人数不足三人的，应将该事项提交上市公司股东大会审议。

（四）决议的效力

董事会会议决议的效力可以分为以下几种情形。

1. 决议合法有效

董事会会议应当依法召集和主持，按照法律、行政法规、公司章程的规定议事和表决，依法作好会议记录。合法的决议不一定能够给公司带来效益，相反还可能给公司造成损失。但这不能改变决议效力，公司应当对决议承担责任，董事一般无须对决议给公司带来的不利后果承担责任。

2. 决议无效

《公司法》第二十二条规定，公司董事会的决议内容违反法律、行政法规的无效。公司的股东、监事可以请求人民法院宣告决议无效。无效决议如果没有实施，可能不会给公司带来损失，董事也无须承担责任；但如果无效的决议已经实施，给公司造成损失，参加决议的董事应当对公司承担责任。

3. 决议可以撤销

董事会的会议召集程序、表决方式违反法律、行政法规或者公司章程，或者决议内容违反公司章程的，股东可以自决议作出之日起六十日内，请求人民法院撤销。股东依照前述规定提起诉讼的，人民法院可以应公司的请求，要求股东提供相应担保。公司根据董事会决议已办理变更登记的，人民法院宣告该决议无效或者撤销该决议后，公司应当向公司登记机关申请撤销变更登记。

《〈公司法〉司法解释（四）》规定，公司股东、董事、监事等都可以依法向人民法院请求确认董事会决议无效或者不成立的。股东依据《民法典》第八十五条、《公司法》第二十二条第二款请求撤销董事会决议的，起诉时应当具有公司股东资格。

原告请求确认董事会决议不成立、无效或者撤销决议的案件，应当列公司为被告。对决议涉及的其他利害关系人，可以依法列为第三人。一审法庭辩论终结前，其他有原告资格的人以相同的诉讼请求申请参加前款规定诉讼的，可以列为共同原告。

如果股东会或者股东大会决议符合《民法典》第八十五条、《公司法》第二十二条第二款规定的，股东可以向人民法院请求撤销董事会决议。但是，如果会议召集程序或者表决方式仅有轻微瑕疵，且对决议未产生实质影响的，则难以得到人民法院的支持。

董事会决议存在下列情形之一的，当事人可以主张决议不成立：(1) 公司未召开会议的，但依据《公司法》第三十七条第二款或者公司章程规定可以不召开董事会而直接作出决定，并由全体董事在决定文件上签名、盖章的除外；(2) 会议未对决议事项进行表决的；(3) 出席会议的人数或者董事所持表决权不符合《公司法》或者公司章程规定的；(4) 会议的表决结果未达到《公司法》或者公司章程所规定的通过比例的;(5) 导致决议不成立的其他情形。

董事会决议被人民法院判决确认无效或者撤销的,公司依据该决议与善意相对人形成的民事法律关系不受影响。

八、独立董事

(一) 独立董事制度的立法状况

《公司法》第一百二十二条规定:“上市公司设立独立董事,具体办法由国务院规定。”2001 年 8 月 16 日,中国证券监督管理委员会制定并发布了《指导意见》。由于国务院没有制定上市公司设立独立董事的具体规定,所以,《指导意见》便成为我国独立董事制度的直接依据。

(二) 独立董事制度的适用范围

根据 2005 年《公司法》和《指导意见》规定,我国境内上市公司应当设立独立董事。但是,由于《指导意见》先于 2005 年《公司法》出台,是依照原《公司法》制定的,有些内容与 2005 年《公司法》相矛盾,如《指导意见》第四条第五款规定:“独立董事任期届满前不得无故被免职”,而 2005 年《公司法》已经删除了原《公司法》第四十七、一百一十五条的相关规定,即董事在任期届满前,股东会或者股东大会不得无故解除其职务。那么,应当适用哪个规定呢?

本书认为,2005 年《公司法》生效后,《指导意见》中与其没有矛盾的仍然有效,但其中与 2005 年《公司法》矛盾的内容已经失去法律效力,应当按照 2005 年《公司法》施行。

对于有限责任公司和非上市股份有限公司是否设立独立董事,我国《公司法》没有规定。按照民商法的基本原理,这些公司可以设立独立董事,也可以不设立独立董事,决定权在于公司自己。

(三) 董事会中独立董事的比例等方面的要求

上市公司董事会成员中应当至少包括三分之一独立董事。独立董事中至少包括一名会计专业人士(指具有高级会计职称或者注册会计师资格的人士)。独立董事出现不符合独立性条件或者其他不适宜履行独立董事职责的情形,由此造成上市公司独立董事达不到要求的人数时,上市公司应当按照规定补足独立董事人数。

(四) 独立董事的独立性

《指导意见》规定,上市公司独立董事是指不在公司担任除董事外的其他职务,并与其所受聘的上市公司及其主要股东不存在可能妨碍其进行独立客观判断的关系的董事。独立董事对上市公司及全体股东负有诚信与勤勉义务。独立董事应当按照相关法律法规、《指导意见》和公司章程的要求,认真履行职责,维护公司整体利益,尤其要关注中小股东的合法权益不受损害。独立董事应当独立履行职责,不受上市公司主要股东、实际控制人或者其他与上市公司存在利害关系的单位或个人的影响。独立董事原则上最多在五家上市公司兼任独立董事，并确保有足够的时间和精力有效地履行独立董事的职责。

同时，为了确保独立董事的独立性，下列人员不得担任独立董事：(1) 在上市公司或者其附属企业任职的人员及其直系亲属、主要社会关系（直系亲属是指配偶、父母、子女等；主要社会关系是指兄弟姐妹、岳父母、儿媳女婿、兄弟姐妹的配偶、配偶的兄弟姐妹等）；(2) 直接或间接持有上市公司已发行股份百分之一以上或者是上市公司前十名股东中的自然人股东及其直系亲属；(3) 在直接或间接持有上市公司已发行股份百分之五以上的股东单位或者在上市公司前五名股东单位任职的人员及其直系亲属；(4) 最近一年内曾经具有前三项所列举情形的人员；(5) 为上市公司或者其附属企业提供财务、法律、咨询等服务的人员；(6) 公司章程规定的其他人员；(7) 中国证监会认定的其他人员。

（五）独立董事的选任、撤换制度

1. 担任独立董事的基本条件

担任独立董事应当符合下列基本条件：(1) 根据法律、行政法规及其他有关规定，具备担任上市公司董事的资格；(2) 具有《指导意见》所要求的独立性；(3) 具备上市公司运作的基本知识，熟悉相关法律、行政法规、规章及规则；(4) 具有五年以上法律、经济或者其他履行独立董事职责所必需的工作经验；(5) 公司章程规定的其他条件。

2. 独立董事的提名、选举和更换

(1) 上市公司董事会、监事会、单独或者合并持有上市公司已发行股份百分之一以上的股东可以提出独立董事候选人，并经股东大会选举决定。

(2) 独立董事的提名人在提名前应当征得被提名人的同意。提名人应当充分了解被提名人职业、学历、职称、详细的工作经历、全部兼职等情况，并对其担任独立董事的资格和独立性发表意见，被提名人应当就其本人与上市公司之间不存在任何影响其独立客观判断的关系发表公开声明。在选举独立董事的股东大会召开前，上市公司董事会应当按照规定公布上述内容。

(3) 在选举独立董事的股东大会召开前，上市公司应将所有被提名人的有关材料同时报送中国证监会、公司所在地中国证监会派出机构和公司股票挂牌交易的证券交易所。上市公司董事会对被提名人的有关情况有异议的，应同时报送董事会的书面意见。

中国证监会在十五个工作日内对独立董事的任职资格和独立性进行审核。对中国证监会持有异议的被提名人，可作为公司董事候选人，但不作为独立董事候选人。在召开股东大会选举独立董事时，上市公司董事会应对独立董事候选人是否被中国证监会提出异议的情况进行说明。

对于《指导意见》发布前已担任上市公司独立董事的人士，上市公司应将前述材料在《指导意见》发布实施起一个月内报送中国证监会、公司所在地中国证监会派出机构和公司股票挂牌交易的证券交易所。

(4) 独立董事每届任期与该上市公司其他董事任期相同，任期届满，连选可以连任，但是连任时间不得超过六年。

(5) 独立董事连续三次未亲自出席董事会会议的，由董事会提请股东大会予以撤换。提前免职的，上市公司应将其作为特别披露事项予以披露，被免职的独立董事认为公司的免职理由不当的，可以作出公开声明。

(6) 独立董事在任期届满前可以提出辞职。独立董事辞职应向董事会提交书面辞职报告，对任何与其辞职有关或其认为有必要引起公司股东和债权人注意的情况进行说明。如因独立董事辞职导致公司董事会中独立董事所占的比例低于《指导意见》规定的最低要求时，该独立董事的辞职报告应当在下任独立董事填补其缺额后生效。

(六) 独立董事的职权

第一，上市公司的独立董事除应当具有《公司法》或者其他法律、行政法规赋予一般董事的职权外，还有以下职权：(1) 重大关联交易(指上市公司拟与关联人达成的总额高于三百万元或高于上市公司最近经审计净资产值的百分之五的关联交易)应由独立董事认可后，提交董事会讨论；独立董事作出判断前，可以聘请中介机构出具独立财务顾问报告，作为其判断的依据；(2) 向董事会提议聘用或解聘会计师事务所；(3) 向董事会提请召开临时股东大会；(4) 提议召开董事会；(5) 独立聘请外部审计机构和咨询机构；(6) 可以在股东大会召开前公开向股东征集投票权。

独立董事行使上述职权应当取得全体独立董事的二分之一以上同意。如上述提议未被采纳或上述职权不能正常行使，上市公司应将有关情况予以披露。如果上市公司董事会下设薪酬、审计、提名等委员会的，独立董事应当在委员会成员中占有二分之一以上的比例。

第二，独立董事除履行上述职责外，还应当对以下事项向董事会或股东大会发表独立意见：(1) 提名、任免董事；(2) 聘任或解聘高级管理人员；(3) 公司董事、高级管理人员的薪酬；(4) 上市公司的股东、实际控制人及其关联企业对上市公司现有或新发生的总额高于三百万元或高于上市公司最近经审计净资产值的百分之五的借款或其他资金往来，以及公司是否采取有效措施回收欠款；(5) 独立董事认为可能损害中小股东权益的事项；(6) 公司章程规定的其他事项。

独立董事应当就上述事项发表以下几类意见之一：同意；保留意见及其理由；反对意见及其理由；无法发表意见及其障碍。如有关事项属于需要披露的事项，上市公司应当将独立董事的意见予以公告，独立董事出现意见分歧无法达成一致时，董事会应将各独立董事的意见分别披露。

(七) 独立董事的保障

为了保证独立董事有效行使职权，上市公司应当为独立董事提供以下必要的条件。

(1) 上市公司应当保证独立董事享有与其他董事同等的知情权。凡须经董事会决策的事项，上市公司必须按法定的时间提前通知独立董事并同时提供足够的资料，独立董事认为资料不充分的，可以要求补充。当两名或两名以上独立董事认为资料不充分或论证不明确时，可联名书面向董事会提出延期召开董事会会议或延期审议该事项，董事会应予以采纳。

上市公司向独立董事提供的资料，上市公司及独立董事本人应当至少保存五年。

（2）上市公司应提供独立董事履行职责所必需的工作条件。上市公司董事会秘书应积极为独立董事履行职责提供协助，如介绍情况、提供材料等。独立董事发表的独立意见、提案及书面说明应当公告的，董事会秘书应及时到证券交易所办理公告事宜。

（3）独立董事行使职权时，上市公司有关人员应当积极配合，不得拒绝、阻碍或隐瞒，不得干预其独立行使职权。

（4）独立董事聘请中介机构的费用及其他行使职权时所需的费用由上市公司承担。

（5）上市公司应当给予独立董事适当的津贴。津贴的标准应当由董事会制订预案，股东大会审议通过，并在公司年报中进行披露。

除上述津贴外，独立董事不应从该上市公司及其主要股东或有利害关系的机构和人员处取得额外的、未予披露的其他利益。

（6）上市公司可以建立必要的独立董事责任保险制度，以降低独立董事正常履行职责可能引致的风险。

（八）独立董事与监事会职能冲突问题

在2005年《公司法》出台前，对于股份有限公司，特别是上市公司是否引进独立董事制度，国内学术界，特别是经济学、法学和管理学界掀起过一场热烈讨论，有赞成的，也有反对的。2005年《公司法》强化了监事会的职权，也确立了上市公司独立董事制度，使独立董事制度法制化；对于非上市公司是否设立独立董事，法律没有规定，由公司自己决定。那么，独立董事制度与监事会制度是否存在冲突呢？本书认为，独立董事制度与监事会制度不能完全相互取代，各有长短，需要相互协调与配合，不能完全指望一种制度就能够解决公司内部的监督治理问题。主要理由有如下两点。

第一，独立董事与监事会的法律地位不同，职能也不同。独立董事是董事会成员，与专职董事一样，可以对公司决策行使表决权。同时，独立董事还拥有超过专职董事的特权，拥有对公司重大问题的决策权。监事只能列席董事会，在公司决策上并无表决权，所以，监事会无法直接监督。但是，监事会具有独立董事所没有的职权。根据《公司法》的相关规定，监事会可以向股东会或者股东大会提出罢免董事、高级管理人员的提议，可以依法对董事、高级管理人员提起诉讼，在特殊情况下，还可以召集和主持股东会或者股东大会会议。另外，监事会发现公司经营情况异常时，可以自己或者聘请会计师事务所等协助其工作，费用由公司承担。因此，独立董事与监事会的监督作用存在很大的区别：独立董事主要为事前、事中监督，且是直接监督；监事会的监督一般为事后监督，且不能直接改变公司决策。

第二，独立董事不仅具有监督功能，而且还具有决策功能。独立董事都是具有专业特长的人员，他们参加公司董事会，参与公司决策，能够对公司重大事项决策提供有用的建议。监事会则不具有此功能。

第四节 经理等高级管理人员

一、案例分析与评析

【案例】

2013年5月，A、B、C、D、E五人共同出资100万元成立了甲服装有限责任公司(以下简称“甲公司”)，其中A出资60万元，B出资20万元，C出资10万元，D和E各出资5万元。其中A为公司经理、法定代表人；B为公司监事。前几年，公司效益很好，但从2020年10月开始，甲公司经济效益直线下降，甚至亏损。E经过调查，发现A在2020年10月与乙公司共同投资成立了丙服装有限责任公司(以下简称“丙公司”)，将甲公司原来的主要客户带到丙公司，导致甲公司生意清淡。E非常气愤，但不知道该怎么办。

现在，E咨询：《公司法》对此有何规定？E如何做才能维护公司利益？为什么？

【案例分析】

《公司法》第一百四十八条规定，董事、高级管理人员不得有未经股东会或者股东大会同意，利用职务便利为自己或者他人谋取属于公司的商业机会，自营或者为他人经营与所任职公司同类的业务的行为。董事、高级管理人员违反该规定所得的收入应当归公司所有。

《公司法》第一百四十九条规定，董事、高级管理人员执行公司职务时违反法律、行政法规或者公司章程的规定，给公司造成损失的，应当承担赔偿责任。

《公司法》第一百五十一条规定，董事、高级管理人员执行公司职务时违反法律行政法规或者公司章程的规定，给公司造成损失的，有限责任公司的股东，可以书面请求不设监事会的有限责任公司的监事向人民法院提起诉讼。不设监事会的有限责任公司的监事收到股东书面请求后拒绝提起诉讼，或者自收到请求之日起三十日内未提起诉讼，或者情况紧急、不立即提起诉讼将会使公司利益受到难以弥补的损害的，股东有权为了公司的利益以自己的名义直接向人民法院提起诉讼。

《〈公司法〉司法解释(四)》规定，股东依据《公司法》第一百五十一条第二款规定直接对董事、高级管理人员提起诉讼的，应当列公司为第三人参加诉讼。在一审法庭辩论终结前，符合条件的其他股东以相同诉讼请求申请参加诉讼的，应当列为共同原告。该诉讼的胜诉利益归属于公司，股东不得请求被告直接向其承担民事责任。如果该诉讼请求部分或者全部得到人民法院支持的，公司应当承担股东因参加诉讼支付的合理费用。

本案中，A为甲公司经理、法定代表人，是甲公司的高级管理人员。但是，A在2020年10月与乙公司共同投资成立了丙公司，将甲公司原来的主要客户带到丙公司，导致甲公司生意清淡。A的以上行为是在未经股东会同意的前提下利用职务便利为他人（丙公司）谋取属于甲公司的商业机会的行为，也是和乙公司一起经营与其任职的甲公司同类业务的行为。所以，A因为以上行为所取得的收入应当归甲公司所有。A的职务行为给甲公司造成了直接经济损失，应当承担赔偿责任。

E为甲公司股东。甲公司没有设立监事会，只设监事一名，由B担任。另外，甲公司股东包括A、B、C、D、E。

所以，E可以书面请求B代表甲公司提起诉讼，要求A向甲公司承担赔偿责任。如果B拒绝提起诉讼，或者接到E的书面通知后三十日内未提起诉讼，或者情况紧急、不立即提起诉讼将会使公司利益受到难以弥补损害的，E有权为了甲公司的利益以自己名义向人民法院提起诉讼，要求经理A向甲公司承担赔偿责任。赔偿范围为经理A未经股东会同意为丙公司谋取商业机会，与乙公司经营与其任职的甲公司同类的业务所取得的全部收入。如果E以自己名义直接提起诉讼，应当将甲公司列为第三人，在一审法庭辩论终结前，符合条件的股东B、C、D以相同诉讼请求申请参加诉讼的，应当列为共同原告。即使该诉讼胜诉，最终的利益应归属于甲公司。如果人民法院部分或者全部支持E的诉讼请求，甲公司应当承担E因参加诉讼支付的合理费用。

【评析】

经理是公司最为重要的职位，可以成为公司法定代表人，必须聘任最合适的人担任。经理有忠实义务和勤勉义务，所以经理必须有较高的道德修养。但是，面对丰厚的利益诱惑，仅仅依靠经理个人的道德修养是不够的，还必须有强有力的法律监督。《公司法》规定了股东派生诉讼制度，意图使股东通过司法诉讼监督公司经理，促使经理忠实于公司利益，勤勉工作。但是，本案中的A作为甲公司公司经理、法定代表人，却违反《公司法》的规定，和乙公司共同投资设立与其所任职的甲公司相同经营类型的丙公司，极大损害了甲公司的利益。作为甲公司股东的E欲通过股东派生诉讼维护甲公司合法权益。此举可能需要付出很多代价。所以，公司治理除了依靠法律的监督外，还要提升高级管理人员的职业道德修养，更进一步的公司治理还需依靠公司文化、凝聚力等。

二、经理及高级管理人员的概念和职权

经理，又称为经理人，是由董事会聘任的、负责组织公司日常经营管理活动的公司常设执行机关。与股东会或者股东大会、董事会、监事会不同，经理机关不是会议形式的机关，其行为不需要通过会议以多数原则形成意思和决议，而是以担任经理的高级管理人员的最终意思为准。公司高级管理人员，是指公司的经理、副经理、财务负责人、上市公司董事会秘书和公司章程规定的其他人员。所以，经理是公司高级管理人员中的负责人，其他

高级管理人员协助经理工作。

现代社会，许多公司的股权越来越分散，股东对公司的管理日益漠视，而市场竞争的激烈化，使得公司管理成为一门专业技能，一般股东无法对公司经营进行全面管理。由于公司运行时，每日例行的工作太多，每年两次的董事会无法处理完成。所以，经理，包括其他公司高级管理人员的作用突显，其权力也在不断膨胀。在美国的大型上市公司中，传统的董事会决策体制框架被首席执行官所取代。首席执行官负责决定公司人事任免、企业文化营造等重大事项。当然，经理的地位没有根本改变，经理仍然是公司日常事务执行机关，经理由董事会任免。经理是董事会的辅助机关，必须听从于董事会，执行董事会的决议，接受董事会和监事会的监督。公司经理不是各国公司法规定的机构，而是公司章程任意设定的机构。在我国，有限责任公司可以设经理，股份有限公司应当设经理。

我国《公司法》规定了经理制度，确定了经理的选任、解聘、职权、责任等制度。另外，该法第十三条规定，经理可以担任公司法定代表人。这样，担任法定代表人的经理便可以直接对外代表公司。

《公司法》规定，有限责任公司和股份有限公司经理的职权包括：(1) 主持公司的生产经营管理工作，组织实施董事会决议；(2) 组织实施公司年度经营计划和投资方案；(3) 拟订公司内部管理机构设置方案；(4) 拟订公司的基本管理制度；(5) 制订公司的具体规章；(6) 提请聘任或者解聘公司副经理、财务负责人；(7) 决定聘任或者解聘除应由董事会决定聘任或者解聘以外的负责管理人员；(8) 董事会授予的其他职权。公司章程对经理职权另有规定的，从其规定。经理列席董事会会议。

根据以上规定，我国公司经理的职权具有以下特点。

第一，公司章程可以依法自主规定经理的职权。公司章程是公司最重要的法律文件，是公司的自治准则，对公司经理具有约束力。只要公司章程不违反法律法规和公序良俗，其对经理职权的规定都是有法律效力的。如果公司章程没有规定经理职权的，则经理享有法律规定的各项职权；同时，董事会还可以授予经理其他权力。

第二，经理的职权主要是公司日常事务执行权，关系到公司具体的经营管理活动。

第三，经理执行职务的行为受到监督。《公司法》没有规定董事会有权利和义务监督经理及其他高级管理人员的职务行为，只是规定监事会有权监督经理等高级管理人员的职务行为。该法第五十三条规定，监事会、不设监事会的公司的监事有权对高级管理人员执行公司职务的行为进行监督，对违反法律、行政法规、公司章程或者股东会决议的高级管理人员提出罢免的建议；当高级管理人员的行为损害公司的利益时，要求高级管理人员予以纠正；高级管理人员执行公司职务时违反法律、行政法规或者公司章程的规定，给公司造成损失的，应当承担赔偿责任。在必要时，监事会、不设监事会的有限责任公司的监事有权代表公司对高级管理人员提起诉讼。

三、经理等高级管理人员的选任或解聘及其报酬

《公司法》第四十六条规定，董事会决定聘任或者解聘公司经理及其报酬事项，并根据经理的提名决定聘任或者解聘公司副经理、财务负责人及其报酬事项。所以，作为董事会的辅助业务执行机构，经理的选任和解聘、报酬均由董事会决定，副经理、财务负责人的选任和解聘、报酬，则先由经理提名，然后再由董事会决定。

《公司法》对经理等高级管理人员的任职资格作出了与董事、监事相同的要求，不符合法律规定任职条件的人不能成为公司经理等高级管理人员。当然，该法仅仅规定了担任经理等高级职务的最低要求，公司选聘经理等高级管理人员时，除应符合法律规定的任职条件外，还应当具备较高的经营管理才能。只有选聘那些德才兼备的人担任公司经理等职务，公司才能具有强大的竞争力。

经理等高级管理人员入选后，其各方面才能都得以显现。董事会根据其表现，决定这些人员的去留，是否调动工作岗位，增加或者减少报酬。经理等高级管理人员也可以根据公司的实际情况，决定自己的去留。

四、经理等高级管理人员的义务与责任

经理等高级管理人员在行使职权时，必须履行相应的义务，承担相应的责任。

经理等高级管理人员是公司聘任的公司代理人，他们对公司负有的义务与董事相同，主要对公司负有忠实义务和勤勉义务。如果他们违反这些义务，致使公司遭受损失的，公司董事会或者监事会有权代表公司追究经理等高级管理人员的责任；公司股东在一定条件下，可以以自己的名义起诉，要求他们对公司承担责任。

在国外，经理等高级管理人员在执行职务时，违反法律、法规或者章程规定，致使第三人受到损害的，与公司一起对第三人承担连带赔偿责任。

（一）经理等高级管理人员的义务

《公司法》规定，经理等高级管理人员应当遵守法律、行政法规和公司章程，对公司负有忠实义务和勤勉义务。但法律仅仅具体规定了经理等高级管理人员对公司的忠实义务，没有列举具体的勤勉义务。根据该法规定，经理等高级管理人员负有以下几方面的义务。

(1) 经理等高级管理人员不得收受贿赂或者其他非法收入。《公司法》第一百四十七条规定，高级管理人员不得利用职权收受贿赂或者其他非法收入，不得侵占公司的财产。如果高级管理人员违反了这项义务，即构成对忠实义务的违反，就将承担相应的责任。

(2) 经理等高级管理人员不得擅自处分公司财产。公司高级管理人员受托管理公司财产，应该严格按照法律、行政法规、公司章程的规定进行操作，不得随意处分公司财产。《公司法》第一百四十八条规定，高级管理人员不得挪用公司资金；不得将公司资金以其个

人名义或者以其他个人名义开立账户存储;不得违反公司章程的规定或者未经股东会、股东大会或者董事会同意,将公司资金借贷给他人或者以公司财产为他人提供担保。法律绝对禁止挪用公司资金,将公司资金以其个人名义或者以其他个人名义开立账户存储。但对于高级管理人员将公司资金借贷给他人或者以公司财产为他人提供担保,法律只是限制,而不是禁止。其理由在于:高级管理人员挪用公司资金、将公司资金以其个人名义或者以其他个人名义开立账户存储,不可能是为了公司的利益,但将公司资金借贷给他人或者以公司财产为他人提供担保,却可能是为了公司的利益而进行的,所以,只要高级管理人员的职务行为是根据公司章程的规定,经股东会、股东大会或者董事会同意的,就是合法的职务行为,不应当被禁止。

(3) 经理等高级管理人员不得擅自披露公司秘密。保守公司秘密,是高级管理人员对公司的基本义务,是维护公司利益的必然要求。但高级管理人员按照法律规定,公开的公司秘密的披露行为不属于此规定。这也是高级管理人员的忠实义务,违反规定的高级管理人员应当承担相应的责任。

(4) 经理等高级管理人员不得使自己处于与公司利益相互冲突之中。《公司法》第一百四十八条规定,高级管理人员不得违反公司章程的规定,或者未经股东会、股东大会同意,与本公司订立合同或者进行交易;不得未经股东会或者股东大会同意,利用职务便利为自己或者他人谋取属于公司的商业机会,自营或者为他人经营与所任职公司同类的业务;不得接受他人与公司交易的佣金归为己有。经理等高级管理人员违反以上规定所得收入应当归公司所有。另外,《公司法》第六十九条规定,国有独资公司的高级管理人员,未经国有资产监督管理机构同意,不得在其他有限责任公司、股份有限公司或者其他经济组织兼职。这些都是高级管理人员的忠实义务,违反规定的高级管理人员必须承担相应的责任。

(5) 经理等高级管理人员应当接受股东质询,如实向监督机关提供有关资料。《公司法》第一百五十条规定,股东会或者股东大会要求高级管理人员列席会议的,高级管理人员应当列席并接受股东的质询。高级管理人员应当如实向监事会或者不设监事会的有限责任公司的监事提供有关情况和资料,不得妨碍监事会或者监事行使职权。这属于高级管理人员的忠实义务,违反规定的高级管理人员必须对此承担相应的责任。

(6) 股份有限公司的高级管理人员不得直接或者通过子公司向公司借款。

(7) 股份有限公司的高级管理人员应当定期向股东披露从公司获取报酬的情况。

(8) 股份有限公司高级管理人员应当向公司申报所持有的本公司的股份及其变动情况,在任职期间每年转让的股份不得超过其所持有本公司股份总数的百分之二十五;所持本公司股份自公司股票上市交易之日起一年内不得转让。这些人员离职后半年内,不得转让其所持有的本公司股份。公司章程可以对公司高级管理人员转让其所持有的本公司股份作出其他限制性规定。

（二）经理等高级管理人员的责任

1. 对公司的责任

根据我国《公司法》规定，经理等高级管理人员对公司的责任有以下三点。

第一，该法第二十一条规定，公司高级管理人员利用其关联关系损害公司利益，给公司造成损失的，应当承担赔偿责任。

第二，该法第一百四十八条规定，公司高级管理人员违反规定，擅自处分公司财产，擅自披露公司秘密，使自己处于与公司利益相互冲突之中所得的收入，应当归公司所有。

第三，该法第一百四十九条规定，公司高级管理人员执行公司职务时，违反法律、行政法规或者公司章程的规定，给公司造成损失的，应当承担赔偿责任。

2. 责任的追究

公司高级管理人员对公司损害负有责任，就应当赔偿公司的损失。事实上，多数高级管理人员都不愿进行赔偿，因此就产生了对高级管理人员责任的追究问题。追究高级管理人员对公司的责任的主体应该是公司。但股东会或者股东大会若由与高级管理人员关系紧密的大股东把持，公司就不一定追究高级管理人员的责任。为了保护公司及少数股东的利益，《公司法》设立了少数股东代表公司诉讼制度。对高级管理人员责任的追究，分为以下两种情形。

第一，由公司提起诉讼。公司对高级管理人员提起诉讼，存在两种情形：一是股东会或者股东大会决议对高级管理人员提起诉讼，二是由少数股权的股东请求公司提起诉讼。

对于股东会或者股东大会决议起诉高级管理人员，《公司法》没有具体规定，但本书认为这种情形是存在的，法律应该予以完善。公司与高级管理人员之间的诉讼，不限于追究高级管理人员的责任，还包括其他纠纷，也不论公司是原告还是被告，都应该由公司监事或者监事会代表公司。

《公司法》第一百五十一条规定："有限责任公司的股东、股份有限公司连续一百八十日以上单独或者合计持有公司百分之一以上股份的股东，可以书面请求监事会或者不设监事会的有限责任公司的监事向人民法院提起诉讼。"完全期待公司主动起诉追究高级管理人员的责任，事实上确有困难，因此必须借助少数股东权，以确保高级管理人员的责任得以追究。为了发挥股东监督力，对于股东请求监事对高级管理人员提起诉讼的门槛不宜定得太高。所以，《公司法》规定，有限责任公司的股东均可以行使该权利；股份有限公司的股东，只要连续一百八十日以上单独或者合计持有公司百分之一以上股份，就可以行使此项权利。要求股份有限公司的股东必须连续一百八十日以上单独或者合计持有公司百分之一以上股份，是为了防止有个别股东会滥用此项权利。少数股权的股东在请求监事或者监事会起诉高级管理人员时，应该以书面形式进行。因为书面请求能够说明起诉对象及起诉理由，同时又能够作为证据。如果监事或者监事会接到请求书后，认为请求合理，但碍于情面不便起诉，那么，上述股东有权在请求日起三十日后提起代表诉讼。

第二，少数股权的股东提起代表诉讼。《公司法》第一百五十一条规定，监事会、不设监事会的有限责任公司的监事收到股东书面请求后拒绝提起诉讼，或者自收到请求之日起三十日内未提起诉讼，或者情况紧急、不立即提起诉讼将会使公司利益受到难以弥补的损害的，股东有权为了公司的利益以自己的名义直接向人民法院提起诉讼。

对高级管理人员责任的追究，应该是监事代表公司进行。但是，由于监事和高级管理人员在职务上接触频繁、关系密切，所以要求监事代表公司起诉高级管理人员，常常会基于各种原因而不能实现，给公司、股东的利益造成损害。为此，法律应该授予少数股权的股东代位诉讼权，以谋求公司、股东利益的恢复。

五、上市公司的董事会秘书

上市公司应当设立董事会秘书，作为公司与证券交易所之间的指定联络人。董事会秘书为上市公司高级管理人员，对公司和董事会负责。上海证券交易所和深圳证券交易所的"股票上市规则"(以下简称"上市规则")均规定了上市公司董事会秘书制度。

(一) 董事会秘书的职责

董事会秘书的主要职责：(1) 负责公司和相关当事人与证券交易所及其他证券监管机构之间的及时沟通和联络，保证证券交易所可以随时与其取得工作联系；(2) 负责处理公司信息披露事务，督促公司制定并执行信息披露管理制度和重大信息的内部报告制度，促使公司和相关当事人依法履行信息披露义务，并按规定向证券交易所办理定期报告和临时报告的披露工作；(3) 协调公司与投资者关系，接待投资者来访，回答投资者咨询，向投资者提供公司已披露的资料；(4) 按照法定程序筹备董事会会议和股东大会，准备和提交拟审议的董事会和股东大会的文件；(5) 参加董事会会议，制作会议记录并签字；(6) 负责与公司信息披露有关的保密工作，制定保密措施，促使公司董事会全体成员及相关知情人在有关信息正式披露前保守秘密，并在内幕信息泄露时，及时采取补救措施并向证券交易所报告；(7) 负责保管公司股东名册、董事名册、大股东及董事、监事、高级管理人员持有公司股票的资料，以及董事会、股东大会的会议文件和会议记录等；(8) 协助董事、监事和高级管理人员了解信息披露相关法律、法规、规章、证券交易所规定和公司章程，以及上市协议对其设定的责任；(9) 促使董事会依法行使职权；在董事会拟作出的决议违反法律、法规、规章、证券交易所规定和公司章程时，应当提醒与会董事，并提请列席会议的监事就此发表意见；如果董事会坚持作出上述决议，董事会秘书应将有关监事和其个人的意见记载于会议记录上，并立即向证券交易所报告；(10) 证券交易所要求履行的其他职责。

上市公司应当为董事会秘书履行职责提供便利条件，董事、监事、高级管理人员及公司有关人员应当支持、配合董事会秘书的工作。董事会秘书为履行职责，有权了解公司的财务和经营情况，参加涉及信息披露的有关会议，查阅涉及信息披露的所有文件，并要求公司有关部门和人员及时提供相关资料和信息。董事会秘书在履行职责过程中受到不当妨碍和严重阻挠时，可以直接向证券交易所报告。

（二）董事会秘书的任免制度

董事会秘书应当具备履行职责所必需的财务、管理、法律专业知识，具有良好的职业道德和个人品德，并取得证券交易所颁发的董事会秘书资格证书。“上市规则”规定，有下列情形之一的人士不得担任上市公司董事会秘书：(1) 有《公司法》第一百四十六条规定情形之一的；(2) 自受到中国证监会最近一次行政处罚未满三年的；(3) 最近三年受到证券交易所公开谴责或三次以上通报批评的；(4) 本公司现任监事；(5) 证券交易所认定不适合担任董事会秘书的其他情形。

上市公司应当在首次公开发行股票上市后三个月内或原任董事会秘书离职后三个月内聘任董事会秘书。上市公司应当在有关拟聘任董事会秘书的会议召开五个交易日之前，将该董事会秘书的有关材料报送证券交易所，证券交易所自收到有关材料之日起五个交易日内未提出异议的，董事会可以聘任。

上市公司聘任董事会秘书之前，应当向证券交易所报送以下资料：(1) 董事会推荐书，包括被推荐人符合“上市规则”任职资格的说明、职务、工作表现及个人品德等内容；(2) 被推荐人的个人简历、学历证明（复印件）；(3) 被推荐人取得的董事会秘书资格证书（复印件）。

上市公司在聘任董事会秘书的同时，还应当聘任证券事务代表，协助董事会秘书履行职责。“上市规则”规定，在董事会秘书不能履行职责时，由证券事务代表行使其权利并履行其职责。在此期间，并不当然免除董事会秘书对公司信息披露事务所负有的责任。证券事务代表应当经过证券交易所的董事会秘书资格培训并取得董事会秘书资格证书。上市公司董事会正式聘任董事会秘书、证券事务代表后，应当及时公告并向证券交易所提交以下资料并公告聘任情况：(1) 董事会秘书、证券事务代表聘任书或者相关董事会决议；(2) 董事会秘书、证券事务代表的通信方式，包括办公电话、住宅电话、移动电话、传真、通信地址及专用电子邮件信箱地址等。上述有关通信方式的资料发生变更时，公司应当及时向证券交易所提交变更后的资料。

上市公司解聘董事会秘书应当具有充分理由，不得无故将其解聘。董事会秘书被解聘或者辞职时，公司应当及时向证券交易所报告，说明原因并公告。董事会秘书有权就被公司不当解聘或者与辞职有关的情况，向证券交易所提交个人陈述报告。

董事会秘书有以下情形之一的，上市公司应当自事实发生之日起在一个月内解聘董事会秘书：(1) 出现证券交易所规定不能担任董事会秘书情形之一的；(2) 连续三个月以上不能履行职责的；(3) 在执行职务时出现重大错误或疏漏，给投资者造成重大损失的；(4) 违反国家法律、法规、规章、证券交易所规定和公司章程，给投资者造成重大损失的。

上市公司应当在聘任董事会秘书时与其签订保密协议，要求其承诺在任职期间以及在离任后持续履行保密义务直至有关信息披露为止，但涉及公司违法违规的信息除外。

董事会秘书离任前，应当接受董事会、监事会的离任审查，在公司监事会的监督下移交有关档案文件、正在办理或待办理事项。上市公司董事会秘书空缺期间，董事会应当指定一名董事或高级管理人员代行董事会秘书的职责，并报证券交易所备案，同时尽快确定董事会秘书人选。公司指定代行董事会秘书职责的人员之前，由董事长代行董事会秘书职责。董事会秘书空缺期间超过三个月之后，董事长应当代行董事会秘书职责，直至公司正式聘任董事会秘书。

第五节　监事与监事会

一、案例分析与评析

【案例】

A、B、C 三家有限责任公司决定各出资 1 000 万元人民币设立甲电子科技有限责任公司。其中，A、B 公司均为国有独资公司，C 公司为普通有限责任公司。甲电子科技有限责任公司准备设立董事会和监事会。经 A、B、C 三家公司召开股东会决定，任命李某、王某和薛某为甲电子科技有限责任公司的监事，其中，李某为公司监事会主席，监事任期为两年。甲电子科技有限责任公司发起人将此方案提交审查。

请问：该方案存在什么法律错误？为什么？

【案例分析】

《公司法》第五十一条规定："监事会应当包括股东代表和适当比例的公司职工代表，其中职工代表的比例不得低于三分之一，具体比例由公司章程规定。监事会中的职工代表由公司职工通过职工代表大会、职工大会或者其他形式民主选举产生。监事会设主席一人，由全体监事过半数选举产生。董事、高级管理人员不得兼任监事。"《公司法》第五十二条规定："监事的任期每届为三年。监事任期届满，连选可以连任。"

本案中，A、B、C 三家公司作为股东召开股东会决定，任命李某、王某和薛某为甲电子科技有限责任公司的监事，其中，李某为公司监事会主席，监事任期为两年。

所以，李某、王某和薛某都不得为甲电子科技有限责任公司的董事、高级管理人员；李某、王某和薛某都必须由股东选举或者公司职工民主选举产生，不得直接由股东会任命。其中，职工代表监事不得少于一人，且必须经公司职工代表大会、职工大会或者其他方式民主选举产生。监事会主席必须经监事会选举产生，不得直接由股东会任命。监事的任期为三年，不得多也不能少。本案中，公司股东会规定监事任期为两年是错误的。

【评析】

任何组织都应当重视监督。唯有监督合适到位，组织才能和谐、长久、健康地发展。同时，监督机构必须依法设立，依法行使监督权。但是，本案中，A、B、C 三家公司都不重视公司监事会和监事的作用，不尊重监事，未能依法产生监事，成立监事会。这充分表明甲电子科技有限责任公司发起人监督意识淡薄，对法律不够尊重。这不利于该公司未来发展。所以，我们唯有真正敬畏法律，才能真正依法做事，公司才能健康成长。只有真正做好监督，才能少犯错误。

二、监事会的概念和职权

（一）监事会的概念

各国公司法对监事会这一机构的称谓不同，有的称之为监事会，有的称之为监察委员会，也有的称之为监察人。尽管称谓不同，但其实质没有什么差别。监事会是对公司业务执行活动进行监督和检查的公司机构。英美法系国家和地区的公司法采取“一层结构”模式，没有设置监事会机构。在我国，一般有限责任公司和股份有限公司必须设立监事会，但股东人数较少或者规模较小的有限责任公司，可以设一至两名监事，不设立监事会。

（二）监事会的职权

对于监事会的职权，各国公司法的规定也不相同。有的国家的监事会职权范围大些，如德国的监事会有权任免公司董事；有的国家的监事会职权范围小些，如我国 1993 年《公司法》确定的监事会职权范围很小。但是，监事会负有监督公司经营管理的重要职责，要完成好这一职责，必须建立科学、完善的监事会职权制度。监事会监督公司执行业务，不仅是职权，同时也是义务和责任。如果监事没有认真行使这一职权，给公司造成损害的，还必须承担相应的责任。

我国《公司法》采取了列举方法规定了监事会的职责，主要包括以下几个方面。

1. 监督检查权

（1）调查公司业务及财务状况。《公司法》第五十三条、第一百五十条规定，监事会或者不设监事会的公司的监事有权检查公司财务，有权要求公司如实提供有关资料，公司董事、高级管理人员不得妨碍监事会或者监事的行为；第五十六条、第一百一十八条规定，监事会或者监事的职务行为所发生的费用由公司承担。所以，监事会或者监事可以随时检查公司财务，调查公司的业务执行情况，查阅公司的簿册文件，公司董事、高级管理人员必须如实提供。簿册就是公司的各种会计报表。文件是指公司与人签订的各种合同、公司各种会议记录等内容。调查公司业务执行和公司财务状况，必须查核会计账簿，审阅合同等文件，需要具备法律或者会计方面的专业知识。如果监事缺乏相关的专业知识，监事会在办理此项事项时，可以代表公司委托律师、注册会计师审核。监事会委托律师、注册会计师查核公司簿册和文件的行为，属于公司行为，其费用自然应当由公司承担。

（2）列席董事会陈述意见。《公司法》第五十四条规定，有限责任公司的监事可以列席董事会会议，并对董事会决议事项提出质询或者建议。监事会、不设监事会的公司的监事发现公司经营情况异常，可以进行调查；必要时，可以聘请会计师事务所等协助其工作，费用由公司承担。《公司法》第一百一十八条规定，第五十四条的规定适用于股份有限公司的监事。监事会作为公司业务监督机构，其行使监督权时必须了解公司的业务经营，如果监事列席董事会，则监事就能够较早地发现董事的违法、违章行为，及时采取措施。这样，监事会或者监事就能够在公司业务执行前介入，属于事前监督，能够防止董事、高级管理人员违法、违章。监事会或者监事发现公司经营情况异常后，可以自己调查，也可以聘请会计师事务所、律师事务所等社会服务机构协助自己的工作，费用由公司承担。

监事会或者监事发现董事、高级管理人员违反法律、行政法规、公司章程或者股东会决议，有权向股东会或者股东大会、监事会提出罢免的建议；如果董事、高级管理人员的行为损害公司的利益时，要求董事、高级管理人员予以纠正；有限责任公司的股东、股份有限公司连续一百八十日以上单独或者合计持有公司百分之一以上股份的股东，书面请求监事会或者不设监事会的有限责任公司的监事向人民法院提起诉讼时，监事会或者监事有权对监事、高级管理人员提起诉讼。

2. 代表公司的权力

董事长、执行董事或者经理可以作为公司的法定代表人对外代表公司。但是，监事会在特定的情形下，也有权代表公司。

（1）代表公司委托律师事务所、会计师事务所。监事会、不设监事会的公司的监事发现公司经营情况异常，可以进行调查；必要时，可以聘请会计师事务所等协助其工作，费用由公司承担；在检查公司财务时，监事会、不设监事会的公司的监事也可以委托会计师事务所协助。为此，监事会、不设监事会的公司的监事有权代表公司委托服务机构协助自己工作。

（2）应股东或者少数股东权股东的请求，为公司对董事、高级管理人员提起诉讼。董事、高级管理人员有公司法禁止行使行为的，有限责任公司的股东、股份有限公司连续一百八十日以上单独或者合计持有公司百分之一以上股份的股东，可以书面请求监事会或者不设监事会的有限责任公司的监事向人民法院提起诉讼。这时，监事会、不设监事会的公司的监事有权代表公司对这些董事、高级管理人员提起诉讼。但是，如果没有少数股东权股东的请求，监事会、不设监事会的有限责任公司的监事是否能够代表公司提起诉讼呢？《公司法》没有规定。本书认为，尽管法律没有明确规定，监事会、不设监事会的有限责任公司的监事在没有少数股东权股东请求时可以直接提起诉讼，但是，如果经过公司章程或者股东会或者股东大会决议授权，监事会或者监事应当可以代表公司提起诉讼。

（3）对于公司与公司董事、高级管理人员之间的诉讼关系，许多国家和地区的公司法规定，由监事会代表公司，或者由股东会或者股东大会代表公司。我国《公司法》对此没有规定。

3. 与股东会或者股东大会相关的权力

（1）召开临时股东会或者股东大会的提议权。股东会或者股东大会的会议分为定期会议和临时会议。临时会议是为了处理公司突发性重大事件而召开的。如果公司发生突发性重大事件而董事会还没有召集，监事会、不设监事会的公司的监事有权向公司提议召开临时股东会或者股东大会，以及时作出决策，解决问题。

（2）股东会或者股东大会的召集权、主持权、提案权和建议权。一般情况下，股东会或者股东大会由董事会召集、董事长主持，但是如果出现董事会或者执行董事不能履行或者不履行召集股东会会议职责情形的，监事会、不设监事会的公司的监事就有权召集和主持会议，以防止股东会或者股东大会无法召集，不能召开。另外，监事会、不设监事会的公司的监事有权向股东会或者股东大会提出提案，对违反法律、行政法规、公司章程或者股东会决议的董事、高级管理人员提出罢免的建议。

三、监事会会议

（一）监事会会议类型

《公司法》第五十五条第一款规定："监事会每年度至少召开一次会议，监事可以提议召开临时监事会会议。"第一百十九条第一款规定："监事会每六个月至少召开一次会议。监事可以提议召开临时监事会会议。"所以，监事会会议分为普通会议和临时会议，普通会议就是根据法律和公司章程规定的每年定期召开的监事会会议。有限责任公司的定期会议每年至少召开一次，股份有限公司的定期会议每年至少召开两次，多则不限。临时会议是不定期的、于必要时召开的会议，临时会议由监事提议召开。

（二）监事会会议的议事规则

《公司法》规定，监事会应当对所议事项的决定作成会议记录，出席会议的监事应当在会议记录上签名。监事会的议事方式和表决程序，除《公司法》有规定的外，由公司章程规定。

《公司法》规定，有限责任公司监事会决议应当经半数以上监事通过，但没有股份有限公司监事会决议通过制度，该事项应当由公司章程确定。

另外，《公司法》规定，股份有限公司监事会设主席一人，可以设副主席。监事会主席和副主席由全体监事过半数选举产生。监事会主席召集和主持监事会会议；监事会主席不能履行职务或者不履行职务的，由监事会副主席召集和主持监事会会议；监事会副主席不能履行职务或者不履行职务的，由半数以上监事共同推举一名监事召集和主持监事会会议。对于有限责任公司监事会会议召集和主持制度，《公司法》没有规定，应当由公司章程予以规定。

四、监事制度

（一）监事的资格

1. 积极条件

《公司法》第五十一条规定，监事会应当包括股东代表和适当比例的公司职工代表，其中，职工代表的比例不得低于三分之一，具体比例由公司章程规定。监事会中的职工代表由公司职工通过职工代表大会、职工大会或者其他形式民主选举产生。所以，两种人可以担任公司的监事，即股东或者职工，他人是否可以担任监事，法律没有规定。

股东可能是法人，也可能是自然人。如果股东是法人，被选任为监事时，则必须指定自然人代表行使职务。如果代表有数人时，应该分别选任。法人可以根据自己的意思决定代表人选，可以在任期内进行撤换。我国《公司法》没有关于法人监事的任何规定，这可能导致监事任免制度混乱，应当予以规定。

对于职工监事，《公司法》仅仅规定了其选任程序，没有规定职工监事的任职条件。这样，只要成为公司职工，就有机会被选任为职工监事，职工监事对公司特别熟悉的优势可能会化为乌有。

2. 消极条件

（1）《公司法》第一百四十六条规定了董事与监事、高级管理人员相同的消极条件。

（2）公司董事、高级管理人员不得兼任监事。《公司法》第五十一条规定，公司董事、高级管理人员不得兼任监事。监事是监督董事、高级管理人员执行公司业务行为的人员，如果自己兼任这些职务，就成了自己监督自己，为此，法律作出这样的规定。但是，如果监事是公司董事、高级管理人员的近亲属，监事的监督作用也会大大减弱。所以，有的国家，如意大利《民法典》第二千三百九十九条规定：董事的配偶、四亲等以内的亲属、姻亲以及与公司或者受控公司有持续的劳务协作关系之人，不得担任监事职务；已经聘任的，应当解除其职务。本书认为，意大利的这项制度值得借鉴。

（二）监事的任免

1. 选任机关

《公司法》规定，监事会由股东代表监事和职工代表监事组成。但是，股东人数较少或者规模较小的有限责任公司，可以设一至两名监事，不设立监事会。这种小公司的监事应当是股东代表还是职工监事，法律没有明确规定。本书认为，这种公司的监事既可以是股东代表，也可以是职工代表，由公司章程规定。

首任股东代表监事，采取发起式设立的有限责任公司和股份有限公司由发起人选任；采取募集式设立的股份有限公司则是创立大会选任。非首任股东代表监事由公司股东会或者股东大会选举和更换。

职工代表监事由公司职工通过职工代表大会、职工大会或者其他形式民主选举产生。但是，在选举首任职工代表监事时，公司还未成立，也没有职工，无法进行选举活动，职工代表监事无法产生。首任职工代表监事不能产生，公司监事会也就不能依法形成，监事会没有成立，公司就不能登记。所以，需要进一步完善首任职工监事选任制度。本书认为，为了使公司顺利登记，又能够体现首任职工代表监事选任的民主性，《公司法》应当规定，首届监事会不包括职工代表监事，但任期只有一年，以后各届监事会的任期每届为三年，必须按照《公司法》规定选任职工监事，组成监事会。

2. 选任方式

监事的选任方式与董事的选任方式相近。有限责任公司的股东代表监事由股东按照出资比例行使表决权；股份有限公司的股东代表监事由股东按照其持有股份的多少行使表决权。对于监事候选人的推荐，股东表决权的行使方式，《公司法》没有规定。法人股东是否可以成为监事候选人，最后成为监事，该法没有规定；股东是否可以累积投票制投票选举监事，《公司法》规定，股份有限公司可以累积投票制选举监事，但没有规定有限责任公司是否可以。有学者认为，选举监事以累积投票为宜。①

《公司法》规定，职工代表监事的比例不得低于三分之一。公司职工人数很多的，职工代表监事由公司职工通过职工代表大会选举产生；职工人数不多的，职工代表监事由职工大会选举产生；公司还可以根据自己的实际情况通过其他形式民主选举产生职工代表监事。

3. 监事的退任

监事的任期每届为三年。监事任期届满，连选可以连任，否则应当退任。监事任期届满未及时改选，或者监事在任期内辞职导致监事会成员低于法定人数的，在改选出的监事就任前，原监事仍应当依照法律、行政法规和公司章程的规定，履行监事职务。

监事在任职期间，如果自然人监事死亡、丧失民事行为能力，法人监事破产，那么，其监事职位自然退出。如果职工代表监事与公司解除了劳动关系，不是公司职工了，其职工代表监事职位也自然退出。如果监事向公司辞职，也可以终止监事职务。

监事任职期间，其产生单位可以随时解除其监事职务。股东代表监事由股东会或者股东大会决议解除监事的职务，职工代表监事由职工代表大会、职工大会或者其他民主形式解除其监事职务。股东会决议解除股东代表监事的，应当由超过出资半数以上股东通过；股东大会决议解除股东代表监事的，应当由参加股东大会的股东所持表决权的半数以上通过。公司章程规定较高比例的，从其规定。

如果监事违反法律、行政法规和公司章程的规定，公司董事会或者执行董事有权根据有限责任公司的股东、股份有限公司连续一百八十日以上单独或者合计持有公司百分之一以上股份的股东的请求，起诉监事；董事会、执行董事收到前款规定的股东书面请求后拒绝提起诉讼，或者自收到请求之日起三十日内未提起诉讼，或者情况紧急、不立即提起诉讼将会使公司利益受到难以弥补的损害的，前述规定的股东有权为了公司的利益以自己的名义直接向人民法院提起诉讼。人民法院可以根据诉讼请求，解除监事职务。

（三）监事的义务和责任

董事与监事、高级管理人员一样，应当遵守法律、行政法规和公司章程，对公司负有忠

① 柯芳枝.公司法论[M].北京：中国政法大学出版社，2004：303.

实义务和勤勉义务；如果股东会或者股东大会要求的，监事应当列席并接受股东的质询；监事不得利用职权收受贿赂或者其他非法收入，不得侵占公司的财产。监事执行公司职务时违反法律、行政法规或者公司章程的规定，给公司造成损失的，应当承担赔偿责任。监事利用其关联关系损害公司利益给公司造成损失的，应当承担赔偿责任。

监事执行公司职务时违反法律、行政法规或者公司章程的规定，给公司造成损失的，有限责任公司的股东、股份有限公司连续一百八十日以上单独或者合计持有公司百分之一以上股份的股东，可以书面请求监事会或者不设监事会的有限责任公司的执行监事向人民法院提起诉讼。监事会、执行监事收到前述规定的股东书面请求后拒绝提起诉讼，或者自收到请求之日起三十日内未提起诉讼，或者情况紧急、不立即提起诉讼将会使公司利益受到难以弥补的损害的，这些股东有权为了公司的利益以自己的名义直接向人民法院提起诉讼。

思考题

论述我国《公司法》中的董事责任追究制度。

第七章 公司的财务会计制度

第一节 引 言

【案例】

A、B、C、D、E五人共同认缴出资200万元人民币设立甲有限责任公司（以下简称“甲公司”）。其中A认缴出资120万元，B认缴出资40万元，C认缴出资20万元，D和E分别认缴出资10万元。A实缴70万元，B实缴20万元，C实缴10万元，D和E未实缴出资。2018年甲公司亏损30万元。2019年会计年度结算，甲公司取得了非常好的业绩，实现税后利润200万元。看到甲公司有这么好的经济效益，D向公司执行董事A要求分红10万元。

现在，A代表甲公司咨询：甲公司是否可以满足D的请求？为什么？甲公司可以如何处理甲公司的200万元利润？为什么？如果甲公司不向公司股东分红，公司股东应当如何要求公司分配利润？

【案例分析】

《公司法》规定，公司分配当年税后利润时，应当提取利润的百分之十列入公司法定公积金。公司法定公积金累计额为公司注册资本的百分之五十以上的，可以不再提取。公司的法定公积金不足以弥补以前年度亏损的，在依照前述规定提取法定公积金之前，应当先用当年利润弥补亏损。公司从税后利润提取法定公积金后，经股东会或者股东大会决议，还可以从税后利润中提取任意公积金。公司弥补亏损和提取公积金后所余税后利润，有限责任公司股东按照实缴的出资比例分取红利，但全体股东约定不按照出资比例分取红利的除外。股东会或者董事会违反前述规定，在公司弥补亏损和提取法定公积金之前向股东分配利润的，股东必须将违反规定分配的利润退还公司。

《〈公司法〉司法解释（四）》规定，股东请求公司分配利润案件，应当将公司列为被告。在一审法庭辩论终结前，其他股东基于同一分配方案请求分配利润并申请参加诉讼的，应当列为共同原告。股东请求公司分配利润，必须提交载明具体分配方案的股东会或者股东大会的有效决议；未提交载明具体分配方案的股东会或者股东大会决议的股东不得请求公司分配利润，除非公司违反法律规定滥用股东权利导致公司不分配利润给其他股东而造成损失。

因此，本案中，甲公司取得税后利润200万元，必须先将其中的30万元用以弥补以前的亏损；然后，依照法律规定提取税后利润10%，即20万元作为法定公积金；甲公司股东会还可以通过决议提取任意公积金。如果甲公司股东会没有关于提取任意公积金的决定，甲公司就应当依法按照股东实缴的出资比例分配利润，即按照A占70%，B占20%，C占10%的比例分配利润，除非甲公司全体股东约定不按照实缴出资比例分取红利。

同时，公司股东D未实缴出资，正常情形下不能参与甲公司分取红利，除非甲公司全体股东有特别约定不按照股东实缴出资比例分取红利。

甲公司必须严格按照相关法律分配利润，因为如果甲公司不依法分配利润，分配利润行为就无效，股东就必须将因此而分取的红利退回甲公司。

如果甲公司不向公司股东分配利润，甲公司股东可以向人民法院提起诉讼，请求甲公司依法分配利润，且以甲公司为被告，必须提交载明具体分配方案的甲公司股东会的有效决议。在一审庭审辩论结束前，甲公司的其他股东基于同一分配方案请求分配利润并申请参加诉讼的，应当列为共同原告。如果D无法提交该股东会决议，则不得请求甲公司分配利润。

【评析】

公司，无论是有限责任公司还是股份有限公司，都是独立的法人，不是股东个人的财产。所以，公司利润分配必须严格按照法律进行，也可以在法律框架下股东协商进行。但是，有的人没有这样的意识，认为公司就是股东个人财产，可以任意分配公司利润。这是对公司的误解。事实上，《公司法》中的公司利润分配制度体现了公司的长远利益，限制了某些股东的短视思想对公司利益的危害。未实缴出资的股东必须以自己认缴的出资额对公司债务承担责任，这是有风险的。所以，《公司法》没有强调有限责任公司股东必须按照实缴出资比例分取红利，还允许在全体股东协商一致的情形下，不按照股东实缴出资比例分取红利。

第二节　公司的财会制度

一、概述

《公司法》第一百六十三条规定："公司应当依照法律、行政法规和国务院财政部门的规定建立本公司的财务、会计制度。"公司，包括各种有限责任公司和股份有限公司，都必须依照该规定，建立规范、严谨的财务制度和会计制度。

公司的财务会计制度，是指公司利用货币价值形式组织生产、管理经营、管理分配的方式和手段。公司财务会计制度关系到国家税收征管，涉及不参与公司管理的股东和债权人的利益，所以，公司财务会计制度不仅仅是公司内部的事务，还必须由政府加以规范、指引、管理。

公司财务制度涉及公司的资本与股份、运营资本的筹集与管理、固定资产与流动资金的管理、经营成本管理、利润分配的管理、审计及监事会的监督、股东的监督等。公司应当建立针对以上事项的财务管理制度，确保资产的完整与增值，提高资金使用效率。公司应当接受政府有关部门对其财务制度的执行情况的监督。

公司的会计制度是公司组织和进行会计活动的各种规范和准则，它不仅包括进行会计核算的科目、报表，还包括会计工作的组织、基本规则、成本核算、会计检查监督和会计人员依法行使的职权等。按照我国有关会计活动的法律和行政法规的规定，公司应当单独设置会计机构，配备会计人员。会计机构和会计人员的职责是进行会计核算，实行会计监督，拟订本公司处理会计事务的具体办法，参与拟订公司的生产经营计划，考核分析公司预算、财务计划的执行情况等。公司发生的业务应当按照规定填制会计凭证、登记会计账簿、编制会计报表。

二、建立财务会计制度的意义

公司依法建立财务会计制度具有如下意义。

第一，有利于保护股东利益。股东投资的直接目的在于获利。股东要达到这一目的，不仅要求公司经营管理水平高，还要求公司有健全的财务会计制度，股东能够根据公司账册了解公司的盈亏状况，从而决定“用手投票”还是“用脚投票”，并对公司高级管理人员职务行为进行监督。

第二，有利于保护债权人利益。公司财产是公司对外经营活动的担保，只有公司财务会计制度健全，债权人才能了解公司的基本状况，信任公司，与公司发生业务关系。相反，如果公司没有健全的财务会计制度，债权人就无法知晓公司的财务状况，可能被虚假的会计信息欺骗，导致最后债权无法实现，利益受到侵害。

第三，有利于保护社会公众利益。如果公司向社会公众发行股票或者公司债券，公司财务会计制度还涉及社会公众的利益。健全的公司财务会计制度，能够使社会公众知道公司的会计信息，从而决定是否向公司投资。如果公司的财务会计制度不健全、会计信息不准确，社会公众可能因为虚假信息，错误投资，上当受骗，利益受到侵害。

第四，有利于促进企业的经营管理水平。健全的财务会计制度，能够为公司节省许多费用，堵塞许多漏洞，减少浪费，提高经济效益。公司高级管理人员可以根据准确的财务会计信息，制订公司发展计划，正确处理公司事务。

第五，有利于政府监督。健全的财务会计制度，能够使公司提供准确的财务信息，为政府宏观调控和职能部门进行会计监督创造条件。税务部门可以依照公司的财务会计信息依法征税。

三、公司财务会计报告的制作、审核和批准

（一）公司财务会计报告的制作

1. 公司财务会计报告制作的负责人

《公司法》没有明确会计报告的编制人是谁，仅仅规定公司应当在每一会计年度终了时制作财务会计报告。显然，公司的财务负责人具体负责财务会计报告的制作和管理，应当对财务会计报告的真实性、准确性、全面性负责。另外，一般来说，制作财务会计报告属于公司的业务执行范围的事情，董事会是公司的业务执行机关，因此，可以认为董事会也是公司的财务会计报告制作的负责人，应当对财务会计报告负责。

2. 财务会计报告制作的时间

因为如果公司没有在会计年度终了时制作财务会计报告，公司就无法按时进行决算，所以《公司法》规定，公司应当在每一会计年度终了时编制财务会计报告。《公司法》第一百六十五条规定："有限责任公司应当按照公司章程规定的期限将财务会计报告送交各股东。股份有限公司的财务会计报告应当在召开股东大会年会的二十日前置备于本公司，供股东查阅；公开发行股票的股份有限公司必须公告其财务会计报告。"所以，公司财务会计报告完成的时间最迟在有限责任公司章程规定的期限内、股份有限公司的股东大会年会前二十日。

公司除法定的会计账簿外，不得另立会计账簿。对公司资产，不得以任何个人名义开立账户存储。

（二）公司财务会计报告的审核

"检查公司财务"是监事会的法定职权之一，所以，公司的财务会计报告在提交股东会或者股东大会确认之前，监事会应当对公司财务会计报告进行审核。审核内容主要包括：会计表册是否遗漏重大事实，会计报告与会计账册是否相符，会计报告制作是否得当，会计报告是否违反法律、行政法规或者公司章程的规定。如果公司监事会、不设监事会的公司的监事发现公司经营情况异常，可以进行调查；必要时，可以聘请会计师事务所等协助其工作，费用由公司承担。如果监事会对财务会计报告持有异议，董事会虽无义务依照监事会的意见去修改会计报告，但监事会的审核意见应当与财务会计报告一并交股东会或者股东大会确认。

公司的财务会计报告应当依法经会计师事务所审计。公司聘用、解聘承办公司审计业务的会计师事务所，依照公司章程的规定，由股东会、股东大会或者董事会决定。公司股东会、股东大会或者董事会就解聘会计师事务所进行表决时，应当允许会计师事务所陈述意见。公司应当向聘用的会计师事务所提供真实、完整的会计凭证、会计账簿、财务会计报告及其他会计资料，不得拒绝、隐匿、谎报。会计师事务所应当按照法律规定严格审

计，并对自己的审计报告负责。

（三）公司财务报告的确认

公司财务报告必须经过股东会或者股东大会讨论通过才具有相应的法律效力。财务会计报告一经通过，就说明公司确认了财务会计报告的真实性、准确性和全面性，公司董事、监事、财务负责人就无须对财务会计报告负责。但是，如果董事、监事、财务负责人及负责报告审计的会计师事务所在财务会计报告的制作、审核过程中存在违法行为，仍然应当对其行为承担责任。

《公司法》第一百六十四条规定："公司应当在每一会计年度终了时编制财务会计报告，并依法经会计师事务所审计。财务会计报告应当依照法律、行政法规和国务院财政部门的规定制作。"公司应当向会计师事务所提供相关凭证、账簿和其他相关资料，会计师事务所应当按照法律规定严格审计，并对自己的审计报告负责。

第三节　公司的公积金

一、公积金的概念

公积金是公司为了弥补亏损、扩大公司生产经营或者增加公司资本，依照法律、股东会或者股东大会规定，从公司盈余或者资本中提取的积累资金。公积金具有以下几点特征。

首先，公积金是从公司盈余或者资本中提取的资金。一般而言，公积金应当从公司盈余中提取，但在特定情形下，也可以从公司资本中提取。

其次，公积金的提取应当依照法律、股东会或者股东大会的规定进行。公积金的提取不仅涉及公司的自身发展，而且涉及股东的利益、公司债权人的利益，所以，公积金的提取应当依照法律进行，有限责任公司的股东会或者股份有限公司的股东大会可以根据法律的规定，在提取法定公积金后继续提取任意公积金。

最后，提取公积金的目的在于弥补公司亏损、扩大公司生产经营或者增加公司资本。《公司法》第一百六十八条规定："公司的公积金用于弥补公司的亏损、扩大公司生产经营或者转为增加公司资本。但是，资本公积金不得用于弥补公司的亏损。法定公积金转为资本时，所留存的该项公积金不得少于转增前公司注册资本的百分之二十五。"

二、公积金的分类与提取

（一）根据不同来源，公积金可分为盈余公积金和资本公积金

1. 盈余公积金

盈余公积金是指从公司盈余中提取的累积资金。根据盈余公积金的提取方式不同，盈余公积金可分为法定盈余公积金和任意盈余公积金。

法定盈余公积金是指依照法律规定公司必须提取的公积金。《公司法》第一百六十六条规定："公司分配当年税后利润时，应当提取利润的百分之十列入公司法定公积金。公司法定公积金累计额为公司注册资本的百分之五十以上的，可以不再提取。公司的法定公积金不足以弥补以前年度亏损的，在依照前款规定提取法定公积金之前，应当先用当年利润弥补亏损。"

任意盈余公积金是指公司在法定盈余公积金外，根据股东会或者股东大会决议而提取的公积金。《公司法》第一百六十六条第三款规定："公司从税后利润中提取法定公积金后，经股东会或者股东大会决议，还可以从税后利润中提取任意公积金。"任意盈余公积金的提取，是公司根据需要，在公司提取法定公积金后再次提取的公积金。

盈余公积金可以用于弥补亏损、扩大公司生产经营或者增加公司资本。

2. 资本公积金

资本公积金是指依照法律规定，公司从特定的公司资本资金中提取的积累资金。《公司法》第一百六十七条规定："股份有限公司以超过股票票面金额的发行价格发行股份所得的溢价款以及国务院财政部门规定列入资本公积金的其他收入，应当列为公司资本公积金。"所以，我国资本公积金由两个方面构成：一是股份有限公司以超过股票面值的发行价格发行股份所得的溢价款；二是国务院财政部门规定列入资本公积金的其他收入。国务院财政部门规定列入资本公积金的其他收入包括：每年资产评估增值所带来的估价额、处分资产的溢价收入、吸收合并其他公司所带来的资产额、接受赠与财产的所得额等。

资本公积金只能用于扩大公司生产经营或者增加公司资本，不能用于弥补亏损。

（二）根据是否为强制提取，公积金可分为法定公积金和任意公积金

1. 法定公积金

法定公积金就是依照法律规定而强制提取的公积金。法定公积金的提取比例和数额由法律直接规定，公司必须执行，公司不能以任何方式进行变通。法定公积金包括法定盈余公积金和资本公积金。

2. 任意公积金

任意公积金是指根据股东会或者股东大会的决议，在法定公积金的基础上自由提取的公积金。任意公积金只能在公司有盈余且已经提取完法定公积金的情形下才能提取。任意公积金就是任意盈余公积金。

第四节　公司的利润分配制度

从广义上讲，公司的分配包括利润分配和其他分配。利润分配的表现形式就是股利分配，即对现在或者过去未分配的利润的支付。其他分配则是在法律许可范围内，对利润

之外的资本或者剩余财产的分配。原则上，公司只能在公司利润，而且是税后利润依法提取公积金后进行股利分配。但是，如果公司解散并清算后，仍然有剩余财产的，股东有权就剩余财产获得分配，即所谓剩余分配。

另外，从事铁路、电力等公共建设的公司，一般建设周期较长，不能够很快获得利润。在此期间，如果坚持"无盈不分，无利不分"的原则，将不利于吸引投资者，给公司募集股份造成困难。针对这种情形，有的国家公司法规定，该类公司在成立后若干年没有利润，可以报请主管机关核准，在获得利润前向股东分配一定比例的股利，这就是所谓的"建设股利"。我国目前还没有确立该项制度。①

一、股利的概念

股利是"股息"和"红利"的省略语，股息是指公司章程规定的，只要公司存在可分配利润，则应当依照事先确定的特定比例向特定种类的股份支付的财产利益。股息一般向优先股股东支付。红利是指公司向股东支付的比例不固定，而是根据公司盈利情况由股东会或者股东大会决定的财产利益。红利一般向普通股股东支付。股息和红利都是公司股东从公司利润中获得的财产利益，两者的区别不明显。

二、股利分配的决策

股利分配的决策包括决策机关、决策方式、分配方式决策等方面的内容。

（一）决策机关和决策方式

决策机关就是能够决定公司利润分配的机关。根据《公司法》第三十七条、第九十九条规定，股东会或者股东大会有权决定公司的利润分配；该法第四十六条、第一百零八条规定，董事会有权制订公司利润分配方案。所以，公司利润分配方案应当由董事会制订，然后由股东会或者股东大会讨论决定。股东会或者股东大会是公司利润分配事项的决策机关，董事会对利润分配事项也起到重要作用。有限责任公司的股东会议事方式和表决程序，一般由公司章程决定。公司利润分配事项不是法律规定的特别事项，法律没有规定通过相关决议表决权的比例，而是由公司章程所决定的。股份有限公司的股东出席股东大会会议，所持每一股份有一表决权。股东大会作出决议，必须经过出席会议的股东所持表决权过半数通过。所以，股份有限公司股东大会通过利润分配事项的决议，必须经过出席会议的股东所持表决权过半数通过。

（二）分配方式决策

公司利润分配方式包括法定分配方式和意定分配方式两种。法定分配方式直接由法律规定，意定分配方式由公司决定。如果意定分配方式合法有效，就按照意定方式进行分

① 我国《公司法》尚未对建设股利作出规定。但我国台湾地区所谓的"公司法"第二百三十四条有相关规定。

配；如果没有意定分配方式或者意定分配方式无效，则适用法定分配方式。

《公司法》第三十四条、一百六十六条规定，有限责任公司股东按照实缴的出资比例分取红利；股份有限公司按照股东持有的股份比例分配利润。

公司也可以自己决定公司利润分配方式。《公司法》第三十四条规定，有限责任公司全体股东可以约定不按照出资比例分取红利。该法第一百六十六条规定，股份有限公司章程可以规定不按持股比例分配利润。

三、股利分配的原则

（一）盈余分配原则

盈余分配原则的前提，是公司存在盈余、有税后利润。如果公司没有税后利润，就不能向股东分配利润。这是各国公司立法所规定的利润分配的基本原则。但也有例外的规定，如《日本商法典》规定，公司在法定盈余公积金超过公司资本一定额度时，可以将超过部分作为股利分派。我国 1992 年出台的《股份有限公司规范意见》第七十五条规定："公司当年无利润时，不得分配股利。但公司已用盈余公积金弥补亏损后，公司为维护其股票信誉，经股东会特别决议，可按不超过股票票面面值百分之六的比率用盈余公积金分配股利，但分配股利后公司的盈余公积金不得低于注册资本的百分之二十五。"《公司法》第一百六十八条规定："公司的公积金用于弥补公司的亏损、扩大公司生产经营或者转为增加公司资本。但是，资本公积金不得用于弥补公司的亏损。"对于盈余公积金是否可以在特定条件下用于利润分配，该法没有明确规定。

本书认为，从法律条文来看，盈余公积金不应当被用于利润分配；但依照法理及国际惯例，盈余公积金在特定条件下用于利润分配更加科学。

（二）同股同利原则

同股同利原则，就是同种类的每一股分得的股利数量和方式相同，不得有所区别。《公司法》没有规定优先股等特别股，但现实社会中存在特别股。公司分配利润时，应当遵守同股同利原则。

（三）按照股东拥有公司股权比例分配利润的原则

按照股东拥有公司股权比例分配利润，是每个公司应当遵守的基本原则。《公司法》第三十四条规定，股东按照实缴的出资比例分取红利。但是，全体股东约定不按照出资比例分取红利的除外。该法第一百六十六条规定，公司弥补亏损和提取公积金后所余税后利润，股份有限公司按照股东持有的股份比例分配，但股份有限公司章程规定不按持股比例分配的除外。所以，公司分配利润一般按照股东对公司的股权比例进行。但是，有限责任公司的全体股东有权约定不按照以上规定进行，而按照其他分配办法进行；股份有限公司的股东可以通过章程规定不按照以上规定操作，而采用其他办法分配利润。

（四）公司持有的本公司股份不得分配利润

公司一般不得持有自己的股份，但是，在某些特殊的情形下，公司可以合法地持有本公司的股份。但公司不能行使这些股权，即不能行使投票权，不能参加利润分配。

（五）依法分配原则

首先，公司有了税后利润，还应当依照法律进行处理。《公司法》第一百六十六条规定，如果公司的法定公积金不足以弥补以前年度亏损的，在提取法定公积金之前，应当先用当年利润弥补亏损。

其次，如果公司以前年度没有亏损或者税后利润弥补亏损后还有剩余的，公司应当依法提取公积金，以防公司意外亏损。股东会、股东大会或者董事会违反前述规定，在公司弥补亏损和提取法定公积金之前向股东分配利润的，股东必须将违反规定分配的利润退还公司。公司持有的本公司股份不得分配利润。

最后，按照法律规定或者公司章程向股东分配股利。公司弥补亏损和提取公积金后所余税后利润，有限责任公司依照法律的规定分配；股份有限公司按照股东持有的股份比例分配，但股份有限公司章程规定不按持股比例分配的除外。

《〈公司法〉司法解释（五）》规定：分配利润的股东会或者股东大会决议作出后，公司应当在决议载明的时间内完成利润分配。决议没有载明时间的，以公司章程规定的时间为准。决议、章程均未规定时间或者时间超过一年的，公司应当自决议作出之日起一年内完成利润分配。如果股东会或者股东大会决议中载明的利润分配完成时间超过公司章程规定的时间，股东可以依据《民法典》第八十五条、《公司法》第二十二条第二款的规定请求人民法院撤销决议中关于该时间的规定。

四、股利分配的形式

股利分配的形式，一般为现金形式，也可以为其他形式。

（一）现金分配

现金分配就是公司以现金形式向股东派发股利。现金分配是最常见的一种股利分配形式，也是最受股东欢迎的一种股利分配形式。股份有限公司一般采用现金分配形式。

（二）财产分配

财产分配是指公司以其持有或者所有的财产代替现金向股东分配股利。这里的财产包括实物、其他公司的股票，还可以是债权，以及其他具有经济价值的财产。

（三）股份分配

股份分配主要是股票分配，就是公司以发行新股的方式分配股利，代替现金支付，俗称“送股”。由于股东并没有获得任何实际支付，所以，股票分配的实质就是将盈余转作资本。

五、违法分配利润的责任追究

（一）公司违法分配的情形

公司违反法律规定向股东分配利润的情况主要有以下三种。

第一，公司为分配利润而分配利润。公司向股东分配利润需要许多条件，缺少任何一个条件，公司都不能分配利润。如果公司在本营业年度无盈余，或者虽有盈余，但在公司弥补亏损及提取法定公积金后已无剩余时，公司就不能向股东分配利润。《公司法》第一百六十六条规定，股东会、股东大会或者董事会违反规定，在公司弥补亏损和提取法定公积金之前向股东分配利润的，股东必须将违反规定分配的利润退还公司。在这里，法律仅仅规定股东必须将违反规定分配的利润退还公司，没有规定如果股东不能退还的，公司及其他人，如公司债权人的损失应当由谁负责。另外，法律没有规定，当公司出现违法分配利润的情况时，谁有权主张股东退还已经分配的利润。由于股利分配经过了股东会、股东大会或者董事会讨论，公司不会来行使该权利，股东也不可能来行使该权利，而真正可能受损失的只有公司债权人。所以，如果公司违法分配利润，公司债权人才有请求股东退还已经分配利润的积极性。当然，退还的利润应当属于公司，而不是直接归属于债权人。但是，法律没有规定公司债权人享有这种代位请求权。

第二，公司应当分配利润，但不分配利润。《公司法》规定，公司在弥补亏损和提取法定公积金之后，应当分配利润。在有限责任公司中，股东会决议是否向股东分配利润。是否向股东分配利润事宜属于一般事项，股东会决议只需要股东表决权半数以上通过即可。一般来说，大股东不愿意分配利润，因为这样可能影响公司经营；小股东希望分配利润，因为他们不参与经营。这样，大股东可能利用自己的优势通过股东会决议，长期不分配利润。为了保护小股东的合法权益，《公司法》第七十四条规定，如果有限责任公司五年连续盈利，又不向股东分配利润，那么，反对股东会的以上决议的股东可以要求公司以合理价格收购自己的股权。所以，如果公司应当分配利润而不分配利润，持反对意见的小股东就可能行使收购请求权，公司将直接为此承担收购的责任，大股东则间接承担责任。但是，法律对小股东行使收购请求权的条件要求太高，难以实施。

第三，公司应当分配利润，但不依法分配利润。有限责任公司分配利润，一般应当按照股东出资比例进行，但如果全体股东一致同意，公司可以采取其他方式分配利润。股份有限公司分配利润，一般应当按照股东持有公司股份的比例进行，但公司还可以通过章程另外规定利润分配方式。如果公司利润分配方案合乎法律，但董事会不按照方案进行利润分配，侵害股东利益的，受损害的股东可以向人民法院提起诉讼，要求公司承担责任。

（二）公司违法分配利润的法律责任

对于公司违法分配利润，许多国家制定了相应的责任追究制度。责任追究制度主要包括责任人和追究人两个方面。

1. 责任人

如果公司违法分配利润，明确责任人应当是首要问题。董事应当对董事会的决议承担责任。董事会处于公司利润分配的权力中心，所以，董事是各国公司法律规定的，承担违法分配利润责任的第一责任人。公司利润分配涉及公司、股东、职工、公司债权人和国家等多个方面，如果公司董事凭借其权力，违法为股东谋福利，而损害其他主体利益的，董事就应当对此行为承担责任。但反对公司违法分配决议的董事不应对此承担责任。所以，《公司法》第一百一十二条规定，董事会的决议违反法律、行政法规或者公司章程、股东大会决议，致使公司遭受严重损失的，参与决议的董事对公司负赔偿责任。但经证明在表决时曾表明异议并记载于会议记录的，该董事可以免除责任。

另外，接受违法分配的股东是公司违法分配利润的最终受益人。公司违法分配利润，股东取得这些利润就没有合法的理由，股东取得利润就是不当得利，应当返还给公司。《公司法》第一百六十六条规定，公司违法分配利润，股东必须将违反规定分配的利润退还公司。如果股东参与公司违法分配利润决议，则股东还应当对公司的这一行为承担责任。

监事会是公司的监督机构，专门监督公司、董事高级管理人员的违法行为。如果公司高级管理人员和董事会制订的违法利润分配方案经过监事会检查通过，那么，监事也应当对公司违法分配利润的行为承担责任。

2. 追究人

追究人，即有权追究责任人责任的人。没有追究人，责任人的责任就无法落实。一般认为，以下三种人是合适的追究人。

(1) 公司。按照现代公司法理论，公司具有独立的法律人格，与其股东严格分开。所以，公司违法分配利润，首先损害的是公司的利益。股东对公司的资产拥有正当的股份利益请求权，债权人也对公司享有独立的请求权。公司应当维护自己的合法权益，以此维护股东、债权人以及其他相关利益主体的合法权益。所以，公司是合适的追究人。但是，公司必须通过其机构人员代表公司追究责任，而被追究的对象恰恰是公司机构的人员，这样就出现“自己追究自己责任”的问题。这样看来，真正代表公司追究违法分配利益责任人责任的情形一般不会出现。

(2) 公司债权人。如果公司债权人认为公司的利益分配违反法律规定，侵害了自己的债权时，就可以自己的名义代位追究违法分配利益责任人的责任。但是，债权人必须证明公司分配利益行为违法且损害到自己的债权，否则，债权人不适合作为追究人。

(3) 公司股东。公司违法分配利润对部分股东有利，而损害了其他股东的利益。如果公司没有按照同股同利的原则对待每一个股东，有的股东利益可能受到损害。股东成为追究人，可以在一定程度上有效阻止公司违法分配的现象发生。

思考题

A、B、C三人共同投资设立了甲电子有限责任公司(以下简称“甲公司”)。2019年年终结算,甲公司亏损108万元人民币;2020年年终结算,甲公司当年取得了骄人的经济效益——税后净利润301万元人民币。2020年12月31日,A、B、C召开股东会,决定将甲公司2020年的利润按照出资比例全部分配,大家回去好好过年。

请问:甲公司股东会决议是否合法?为什么?

第八章 公司变更

第一节 引　　言

【案例】

甲有限责任公司（以下简称“甲公司”）是一家化工公司，具有相关营业执照，但经济效益不好，还欠外债280万元，其中欠下乙公司债务186万元。丙公司是一家化工贸易公司，经济效益很好，但苦于没有相关营业执照。为此，丙公司寻求与甲公司合并。该消息传出之后，乙公司反对两家公司合并，认为这样做可能影响自己债权的实现。

现在，甲公司董事长A和丙公司董事长B咨询：两家公司是否可以合并？为什么？具体程序应当如何进行？乙公司反对合并的意见是否有效？为什么？

【案例分析】

两个以上公司合并设立一个新公司或者一个公司吸收其他公司为一个公司的行为就是公司合并。《公司法》第一百七十三条规定，公司合并，应当由合并各方签订合并协议，并编制资产负债表及财产清单。公司应当自作出合并决议之日起十日内通知债权人，并于三十日内在报纸上公告。债权人自接到通知书之日起三十日内，未接到通知书的自公告之日起四十五日内，可以要求公司清偿债务或者提供相应的担保。《公司法》第一百七十四条规定：“公司合并时，合并各方的债权、债务，应当由合并后存续的公司或者新设的公司承继。”

本案中，甲公司还欠乙公司186万元债务，若准备与丙公司合并，则应当按照《公司法》的相关规定进行。

面对甲、丙两家公司合并，作为即将合并的甲公司的债权人，乙公司反对甲、丙两家公司合并，必须有相关法律依据。但是，《公司法》没有确认合并各方的债权人有权阻止合并，只是确认债权人有权要求合并公司提供相应的担保或者清偿债务，没有规定若合并公司拒绝提供担保或者清偿债务，则不得合并。甲、丙两家公司合并后，原来甲公司对乙公司的债务由合并后的新公司承担。事实上，甲、丙两家公司合并，不但没有减少甲公司偿债能力，反而提升了乙公司债权实现的可能性。所以，甲、丙两家公司合并不会损害甲公司债权人乙公司的利益，乙公司反对合并的意见没有法律意义。

【评析】

唯有懂得法律，知道事情的本质，我们才能形成正确的判断，采取正确的行动。本案中的乙公司，面对自己的债务人甲公司与丙公司合并，在不懂得相关公司法规定的情形下，根据自己的感觉作出反对这两家公司合并的决定是草率的，也是无效的。乙公司将一件很好的事情理解为损害自己利益的坏事，给自己造成不必要的心理负担。所以，我们应该在查清事实真相的情形下再作出自己的决策，不要想当然地作出判断。

第二节　公司的合并

一、公司合并的概念与特征

公司合并是指两个或者两个以上的公司订立合并协议并依照法定程序归并为一个公司的法律行为。公司合并具有以下特征。

第一，公司合并是一种法律行为。公司合并是公司组织变更的行为。公司合并将给许多关系人带来影响。被合并的公司丧失了主体资格，原来公司的组织机构也不能存在，其股东身份也将改变，其债权人的利益也将受到影响。《公司法》规定了合并程序，确立了对公司债权人和少数股东权益的保护制度。

公司合并是一种特殊的合同行为，必须按照《合同法》的规定进行。如果违反了法律规定，公司合并就存在效力问题。

第二，公司合并是将两个或者两个以上的公司归并为一个公司的行为。公司合并包括吸收合并和新设合并。

第三，公司合并应当依法进行。《公司法》规定了公司合并的程序，公司合并时必须遵守。如果公司合并没有按照这些程序进行，可能导致合并无效。

二、公司合并方式

（一）吸收合并与新设合并

依照合并后公司是否还有公司存续，公司合并可以分为吸收合并和新设合并。《公司法》第一百七十二条规定："公司合并可以采取吸收合并或者新设合并。"

吸收合并就是一个公司吸收其他公司，被吸收的公司解散。在这种合并中，存续公司仍然保持原来公司的名称，获得被吸收公司的财产和债权，同时也应当承担被吸收公司的债务。继续存在的公司被称为存续公司，由于合并而丧失主体资格的公司被称为消灭公司。

新设合并，又称为创设合并，就是两个或者两个以上公司合并设立一个新的公司，合并各方解散。在这种合并中，新设立的公司是在接管原来公司的全部财产和业务的基础上设立的，所以也应当对原来公司的债务负责。

（二）现金合并与易股合并

依照合并对价形式不同，公司合并可以分为现金合并与易股合并。这种划分主要在美国流行，我国《公司法》没有规定这样的形式。

现金合并是指在合并中，消灭公司的某些股东被要求接受现金或者其他财产作为对价，从而将这些股东驱逐出合并的公司。现金合并是利用合并程序将特定股东挤走的合并，所以属于强制收购。

易股合并是指在合并交易中，消灭公司的股东接受存续公司的股份作为合并对价的合并。易股合并是比较传统的合并方式。在这种合并完成后，消灭公司的股东接受存续公司的股票，成为存续公司的股东。

三、公司合并程序

（一）订立合并协议

《公司法》第一百七十三条规定，公司合并，应当由合并各方签订合并协议。

在公司合并实践中，往往是公司高级管理人员在得到董事会的授权后即进行公司合并谈判，并代表双方公司拟订合并协议，确定合并交易的各种条款和条件。其内容主要包括：哪一方公司在公司合并后继续存在；存续公司章程的变更或者在新设合并的情况下新公司章程的制定；合并后存续公司或者新公司的人事安排；等等。另外，合并协议还必须关注股东的变化。就消灭公司的股东而言，他们必须将手中持有的消灭公司的股票进行置换；存续公司的股东则可以继续持有其股份，也可以不继续持有其股份。

合并协议需要经过公司董事会同意，董事会同意后再将协议推荐给股东会或者股东大会，然后由股东会或者股东大会决定。

（二）股东会或者股东大会决议通过

公司合并是公司的重大变更事项，对股东利益影响很大。因此，公司合并必须经过股东会或者股东大会同意后才能实施。

《公司法》第四十三条规定，有限责任公司的股东会会议作出公司合并决议，必须经代表三分之二以上表决权的股东通过。该法第六十六条规定，国有独资公司的合并，必须由国有资产监督管理机构决定；其中，重要的国有独资公司合并的，应当由国有资产监督管理机构审核后，报本级人民政府批准。该法第一百零三条规定，股份有限公司的股东大会作出公司合并决议，必须经出席会议的股东所持表决权的三分之二以上通过。

（三）编制资产负债表及财产清单

《公司法》第一百七十三条规定，公司合并，应当编制资产负债表及财产清单。编制资产负债表的目的是为了便于了解公司现有资产状况；编制财产清单，应当包括公司所有的动产、不动产、债权债务以及其他资产或者债务，并分门别类标明加工，记载于财产目录表中。上述表册应当按照规定备置，供债权人、股东查阅。

（四）对债权人的通知或者公告

因公司合并会对公司债权人利益构成影响，所以，法律要求公司在作出合并决议后应当通知或者公告债权人。《公司法》第一百七十三条规定，公司应当自作出合并决议之日起十日内通知债权人，并于三十日内在报纸上公告。债权人自接到通知书之日起三十日内，未接到通知书的自公告之日起四十五日内，可以要求公司清偿债务或者提供相应的担保。

（五）办理合并登记手续

公司合并完成后，应当办理相应的注销、变更或者设立登记。《公司法》第一百七十九条规定，公司合并，登记事项发生变更的，应当依法向公司登记机关办理变更登记；公司解散的，应当依法办理注销登记；设立新公司的，应当依法办理公司设立登记；公司变更的，应当依法办理变更登记。

四、公司合并的法律后果

公司合并必然发生相应的法律后果，主要表现为以下几个方面。

（一）公司的消灭、变更或者诞生

1. 公司的消灭

公司合并必然有一个或者一个以上的公司解散。在吸收合并中，被吸收的公司解散；在新设合并中，被合并的公司全部解散。因为合并而消灭的公司的股东，可以以其持有的股份或者出资，按照合并协议换取存续公司或者新设立公司的股份或者出资，也可以退出公司。

2. 公司的变更

在吸收合并中，存续公司的债权、债务以及股权结构已经改变，公司章程也应当改变，公司的机构组成也可能发生变化。因此，存续公司应当立即召集股东会或者股东大会，变更公司章程，依法办理变更登记。

3. 新公司的诞生

在新设合并中，新公司必然产生。新公司应当立即召集股东会或者股东大会，制定公司章程，依法办理公司登记。

（二）消灭公司的权利、义务的概括转移

公司合并的结果是存续公司或者新设公司承继被合并公司的债权、债务。《公司法》第一百七十四条规定："公司合并时，合并各方的债权、债务，应当由合并后存续的公司或者新设的公司承继。"根据以上规定，公司合并后，消灭公司的权利和义务全部由存续公司或者新设公司承继。但法律没有规定权利和义务如何承继。一般来说，权利转移应当按照法定程序办理，对于公司不动产的转移，应当办理过户手续；动产转移，只要交付便可。债务转移时，债权人应当到公司登记，否则不得以公司债务的转移对抗第三人。

五、公司合并时对利害关系人的保护

（一）对债权人的保护

公司合并关系到公司债权人的债权能否实现。为了保护债权人的利益，《公司法》第一百七十三条规定，公司应当自作出合并决议之日起十日内通知债权人，并于三十日内在报纸上公告。债权人自接到通知书之日起三十日内，未接到通知书的自公告之日起四十五日内，可以要求公司清偿债务或者提供相应的担保。如果公司不清偿债务也不提供担保，原《公司法》规定，公司不得合并，合并行为属于违法行为；现《公司法》则没有这样的规定。

《公司法》的修订是符合市场规律的，因为《公司法》第一百七十四条规定，公司合并时，合并各方的债权、债务，应当由合并后存续的公司或者新设的公司承继。这样，公司合并就不会减弱债权实现的保险系数，相反还可能增加了保险系数。合并时，公司不清偿债务也不提供担保，对债权没有什么影响，不应当因为公司的这种行为导致公司合并违法。

（二）对反对合并的少数股东的保护

公司合并涉及少数股东反对公司合并的问题。如果少数股东对合并或者合并的部分条款不满意，他们就会反对合并，但这不能改变合并的结果，公司仍然能够依法合并。为了保护这些少数股东的合法利益，《公司法》第七十四条规定，有限责任公司对股东会决定合并的决议投反对票的股东，可以请求公司按照合理的价格收购其股权。如果股东与公司不能达成股权收购协议的，股东可以自股东会会议决议通过之日起九十日内向人民法院提起诉讼。《公司法》第一百四十二条规定，股份有限公司股东因对股东大会作出的公司合并决议持异议，有权要求公司收购其股份。至于股份有限公司应当以什么价格收购这些股东的股份，该法没有明确规定。本书认为，这时也应当参照有限责任公司收购股权的办法进行，即公司按照合理的价格收购其股权，如果股东与公司不能达成股权收购协议的，股东可以自股东会会议决议通过之日起九十日内向人民法院提起诉讼。

第三节　公司的分立

一、公司分立概述

公司分立，又称为公司分割，是指一个公司分成两个或者两个以上的新公司，或者从一个公司中分出一个或者数个公司的法律行为。在现实生活中，许多公司根据专业化分工的需要，将原来公司中从事某一类或者某一部分业务的机构独立出来，另外成立一个公司，使其能够独立对外承担民事责任，独立经营。公司分立是公司提高市场竞争力的重要

手段。分立就是将公司分为多个独立承担民事责任的公司，具有分散经营风险的功能，是现代企业调整组织结构的一个重要手段。自 1966 年法国《公司法》采取公司分立制度以来，该制度逐渐为其他国家所采用。在欧洲共同体 1982 年制定第六号指令后，许多欧洲共同体国家开始采用公司分立制度，如德国、意大利。现在，日本、韩国等国家以及我国台湾地区采用了公司分立制度。美国《公司法》没有明确规定公司分立制度，但实务上仍然可以采用公司法上有关资产转让以及有关税法规定达到事实上公司分立的目的。[①] 我国《公司法》确立了公司分立制度。

二、公司分立的形式

公司分立分为新设分立和派生分立两种。新设分立又称为分解分立，是指将一个公司的财产全部转移到两个或者两个以上新公司，原公司消灭的制度。例如，甲公司将其全部资产一分为二，分别设立乙、丙这两个公司，在乙、丙这两个公司设立的同时，甲公司归于消灭。派生分立，又称为分拆，是指在不消灭原公司的基础上，将原来公司资产分出一部分或者若干部分，然后再设立一个或者数个公司的制度。例如，甲公司以其部分资产另外设立了乙公司，甲公司不因为乙公司的成立而消灭，只是甲公司资产额减少而已。

三、公司分立的程序

公司分立与公司、股东、债权人甚至公司职工关系重大，为了维护各方利益，法律规定了严格的公司分立程序。与公司合并不同，公司分立是公司能够依法独立进行的行为，公司无须与他人协商。公司分立，意味着新公司的设立，所以，公司分立时必须按照公司设立的条件和程序进行。

（一）董事会决议

公司分立为公司的大事，首先必须经过公司董事会讨论决定。《公司法》第四十六条、第一百零八条规定，董事会有权制订公司分立方案。董事会形成决议后，再将决议提交公司股东会或者股东大会决定。董事会应当制订具体的公司分立方案。

（二）股东会或者股东大会决议

公司分立属于与股东利益密切相关的重大事项，因此，公司分立必须作为特别事项由股东会或者股东大会通过。《公司法》第四十三条规定，有限责任公司的股东会会议作出公司分立决议，必须经代表三分之二以上表决权的股东通过。该法第六十六条规定，国有独资公司的分立，必须由国有资产监督管理机构决定；其中，重要的国有独资公司分立，应当由国有资产监督管理机构审核后，报本级人民政府批准。该法第一百零三条规定，股份有限公司的股东大会作出公司分立决议，必须经出席会议的股东所持表决权的三分之二

① 施天涛.公司法论[M].北京：法律出版社，2005：629.

以上通过。

分立方案的内容主要包括：(1) 分立后存续公司或者新设公司的名称；(2) 公司分立的条件；(3) 公司资产的划分及归属；(4) 有关存续公司章程的变更以及新设公司的安排；(5) 其他条款。

（三）编制资产负债表及财产清单

《公司法》第一百七十五条规定，公司分立，其财产作相应的分割。公司分立，应当编制资产负债表及财产清单。编制资产负债表的目的是为了便于了解公司现有资产状况；编制财产清单，应当包括公司所有的动产、不动产、债权债务以及其他资产或者债务，并分门别类标明加工，记载于财产目录表中。上述表册应当按照规定备置，供债权人、股东查阅。

（四）通知和公告债权人

对债权人而言，公司分立将引起公司财产以及其债务状况的变化，直接关系其债权的实现。所以，《公司法》第一百七十五条规定，公司应当自作出分立决议之日起十日内通知债权人，并于三十日内在报纸上公告。

（五）由分立后的各公司签订内部分立协议

公司分立事项经过股东会或者股东大会通过后，分立后的各公司代表根据股东会或者股东大会的决议，就资产分割、债权债务分担、股权安排等事项及具体实施办法达成协议。协议的内容主要包括：(1) 原公司的名称、住所；(2) 分立后存续公司、新设公司的名称、住所；(3) 原公司的资产负债状况及其处理办法；(4) 存续公司、新设公司发行股份的总数、种类和数量；(5) 向原公司股东换发新股票或者股权证明书的有关规定；(6) 分立的具体日期。分立协议对分立后各公司具有法律约束力。

（六）申请登记

新设分立时，新设的公司都应当办理设立登记，原来的公司则应当办理注销登记。登记后，还应当办理公告。派生分立后，存续公司的股东、资本等发生了变化，应当办理变更登记；新设公司应当依法办理设立登记。

四、分立的法律后果

公司分立必然发生相应的法律后果，主要表现为以下方面。

（一）公司的消灭、变更或者诞生

1. 公司的消灭

在新设分立时，原来的公司就应当消灭。

2. 公司的变更

在派生分立时，存续公司的股东、资产等方面都发生了变化，所以必须进行公司变更。

3. 新公司的诞生

无论是新设分立还是派生分立，都会设立新公司。新设分立后的公司全部为新公司，而派生分立后的公司，除了存续公司外，其他公司都是新公司。

（二）消灭公司的权利、义务的概括转移

公司分立的结果是分立后的公司连带承继原公司的债权、债务。《公司法》第一百七十六条规定，公司分立前的债务由分立后的公司承担连带责任。但是，公司在分立前与债权人就债务清偿达成的书面协议另有约定的除外。

五、公司分立时对公司利害关系人的保护

（一）对原公司债权人的保护

公司分立关系到公司债权人的债权能否实现。为了保护债权人的利益，《公司法》第一百七十五条规定，公司应当自作出分立决议之日起十日内通知债权人，并于三十日内在报纸上公告。

公司分立前的债务由分立后的公司承担连带责任。但是，公司在分立前与债权人就债务清偿达成的书面协议另有约定的除外。

（二）对反对分立的少数股东的保护

公司分立涉及对少数股东反对公司合并的问题。如果少数股东对分立或者分立部分条款不满意，他们就会反对分立，但这不能改变分立的结果，公司仍然能够依法分立。为了保护这些股东的合法利益，《公司法》第七十四条规定，有限责任公司对股东会决定分立的决议投反对票的股东可以请求公司按照合理的价格收购其股权。如果股东与公司不能达成股权收购协议的，股东可以自股东会会议决议通过之日起九十日内向人民法院提起诉讼。《公司法》第一百四十二条规定，股份有限公司股东因对股东大会作出的公司分立决议持异议，有权要求公司收购其股份。至于股份有限公司应当以什么价格收购这些股东的股份，《公司法》没有明确规定。本书认为，这时应当参照有限责任公司收购股权的办法进行，即公司按照合理的价格收购其股权，如果股东与公司不能达成股权收购协议的，股东可以自股东会会议决议通过之日起九十日内向人民法院提起诉讼。

第四节　增资与减资

公司成立后，由于各种情况的变化，可能对公司资本进行相应调整，包括增加资本或者减少资本。

一、增加资本

（一）增加资本制度概述

增加资本，简称增资，是指公司为了筹集资金、扩大经营规模，依照法定条件和程序增

加公司注册资本的行为。需要强调的是，这里的资本是注册资本，不是实缴资本，增加实缴资本不是增加资本。

由于增加资本能够增强公司的实力，提高公司的信用，扩大公司的规模，不会对交易安全和债权造成危害，因此，各国公司法对公司增加资本的条件限制很少。

（二）增加资本的方式

1. 增加票面价值

增加票面价值，就是公司在不改变原有股份总数和比例的前提下增加每股金额。通过这种方式可以达到增加资本的目的，且不改变公司的股权比例。例如，根据《公司法》的规定，公司将公积金、应当分配的股利留存，均记入每一股份之中，从而使股票价值增加。

2. 增加出资

有限责任公司如果需要增加资本，可以按照原有股东的出资比例增加出资，也可以邀请其他人出资。原来股东认购出资，可以另外缴纳股款，也可以将公司公积金或者应当分配的股利留存转换为出资。

3. 发行新股

股份有限公司增加资本可以采取发行新股的方式。发行新股可以向原有股东发行，也可以向公众发行。公司原有股东享有优先认购权。上市公司进行的配股发行就是公司向原有股东增资发行新股的一种形式。

4. 债转股

如果将对公司的债权转换为股权，那么，公司的这些债务消灭，股本增加。《公司法》第一百六十一条规定，上市公司经股东大会决议可以发行可转换为股票的公司债券，并在公司债券募集办法中规定具体的转换办法。如果某上市公司发行了可转换为股票的公司债券，债券持有人有权依法选择是否将公司债券转换为公司股票。如果转换，那么该负债消灭，公司股本增加。

（三）增加资本的程序

《公司法》规定，增加资本是公司的重大事项，必须作为股东会或者股东大会的特殊事项通过。《公司法》第四十三条规定，有限责任公司股东会会议作出增加注册资本的决议，必须经代表三分之二以上表决权的股东通过；该法第六十六条规定，国有独资公司减少注册资本，必须由国有资产监督管理机构决定；该法第一百零三条规定，股份有限公司股东大会作出增加注册资本决议，必须经出席会议的股东所持表决权的三分之二以上通过。

另外，公司增加资本后，应当修改公司章程，办理变更登记。

二、减少资本

（一）减少资本制度概述

减少资本，简称减资，是指公司依照法定条件和程序减少公司注册资本的行为。按照资本不变的原则,一般不允许公司减少注册资本。因为公司减少注册资本可能危及交易安全,会减弱对债权人的保护。但死板地坚持资本不变的原则,又过分地限制了公司的自主经营权,不利于发挥社会财富的经济效益。所以,《公司法》允许公司在特定的情况下,依照法定程序减少注册资本。

(二) 减少资本的方式

1. 票面价值减少

票面价值减少是指在不改变原有股份总数和比例的前提下减少股本的每股金额的方式。例如,将原来每股金额十二元减少为八元,公司注册资本就减少了。

2. 股份注销

股份注销是将已经发行在外的部分股份予以注销,从而减少公司资本的方式。例如,《公司法》第一百四十二条规定,股份有限公司因为与持有本公司股份的其他公司合并或者股东因对股东大会作出的公司合并、分立决议持异议,而收购其股份的,持有了本公司股份,应当注销或者转让。如果公司注销了这些股份,公司的资本就会相应减少。

(三) 减少资本的程序

公司减少资本,关系到公司股东、债权人的利益,所以《公司法》规定,公司必须严格按照法律规定形成决议,同时还必须通知和公告债权人。《公司法》第四十三条规定,有限责任公司股东会会议作出减少注册资本的决议,必须经代表三分之二以上表决权的股东通过;该法第六十六条规定,国有独资公司增加注册资本,必须由国有资产监督管理机构决定;该法第一百零三条规定,股份有限公司股东大会作出减少注册资本决议,必须经出席会议的股东所持表决权的三分之二以上通过。

另外,《公司法》第一百七十七条规定:"公司需要减少注册资本时,必须编制资产负债表及财产清单。公司应当自作出减少注册资本决议之日起十日内通知债权人,并于三十日内在报纸上公告。债权人自接到通知书之日起三十日内,未接到通知书的自公告之日起四十五日内,有权要求公司清偿债务或者提供相应的担保。"公司减资后的注册资本不得低于法定的最低限额。

公司减少资本后,应当修改公司章程,依法办理变更登记。

第五节　公司组织形式的变更

一、公司组织变更概述

公司组织的变更,是指不中断公司的法人资格而将公司由一种法定形态变更为另一种法定形态的行为。营运中的公司,由于某种情形的变化,可能需要对公司的组织形式进行变更。例如，原来为一家家族式有限责任公司，后来公司规模扩大，原来的公司形式影响了公司的发展，需要将公司变更为股份有限公司。又如，原来的一家股份有限公司，由于其中的一些股东死亡或者退出公司，最后再按照股份有限公司运作不利于公司的发展，需要将公司变更为有限责任公司。

公司组织变更的最大好处是不中断法人资格，不影响公司的经营。如果没有公司组织变更制度，投资者想变更公司形式就必须首先解散公司，再对公司进行清算，然后再按照一般公司设立的程序重新注册另一种类型的公司。这样费时费力，势必造成公司营业的中断、无形资产的丧失，对于公司股东、债权人和社会经济的发展与繁荣均不利。因此，各国公司法为了使投资者迅速、经济地改变公司形态，均规定了公司的组织变更制度，使公司无须中断营业和法人资格，通过履行一系列法定程序达到变更公司形式的目的。我国《公司法》确认了公司组织变更制度。

二、公司组织变更的类型

各国《公司法》规定，公司组织变更不是任意进行的，但各国要求的条件不一，具体来说，公司组织形式的变更包括以下类型：有限责任公司变更为股份有限公司、股份有限公司变更为有限责任公司、无限责任公司变更为两合公司、两合公司变更为无限责任公司、股份两合公司变更为股份有限公司、股份有限公司变更为股份两合公司、股份有限公司变更为无限责任公司、无限责任公司变更为股份有限公司、股份有限公司变更为两合公司、股份两合公司变更为有限责任公司等。

《公司法》第九条规定："有限责任公司变更为股份有限公司，应当符合本法规定的股份有限公司的条件。股份有限公司变更为有限责任公司，应当符合本法规定的有限责任公司的条件。有限责任公司变更为股份有限公司的，或者股份有限公司变更为有限责任公司的，公司变更前的债权、债务由变更后的公司承继。"所以，我国公司组织变更只有两种类型，即有限责任公司变更为股份有限公司和股份有限公司变更为有限责任公司。

三、公司组织变更的条件

《公司法》规定了有限责任公司变更为股份有限公司和股份有限公司变更为有限责任公司这两种公司组织变更的条件。

（一）有限责任公司变更为股份有限公司的条件

根据《公司法》规定，有限责任公司变更为股份有限公司，必须符合以下条件：(1) 应当有二人以上二百人以下为发起人，其中须有半数以上的发起人在中国境内有住所。(2) 股份有限公司采取发起设立方式设立的，注册资本为在公司登记机关登记的全体发起人认购的股本总额。股份有限公司采取募集方式设立的，注册资本为在公司登记机关登记的实收股本总额。(3) 以募集设立方式设立股份有限公司的,发起人认购的股份不得少于公司股份总数的百分之三十五;但是,法律、行政法规另有规定的,从其规定。

(二) 股份有限公司变更为有限责任公司的条件

根据《公司法》规定,股份有限公司变更为有限责任公司,应当具备以下条件:由五十个以下股东出资设立。

从设立条件来看,有限责任公司设立条件不高,容易达到;而股份有限公司设立条件较高,不易达到。所以,从有限责任公司变更为股份有限公司,难度较大;而从股份有限公司变更为有限责任公司,则较容易。

四、公司组织变更的程序

(一) 制订变更方案

公司在进行组织变更前,必须制订变更方案,对变更后的公司名称、股权安排、公司组织结构等提出初步意见。《公司法》第四十六条、第一百零八条规定,公司董事会有权制订公司组织变更方案。

(二) 通过公司组织变更决议

公司组织变更是关系股东权责的大事,必须经过股东会或者股东大会以特别决议的形式通过。《公司法》第四十三条规定,有限责任公司的股东会作出公司组织变更决议的,必须经过代表三分之二以上表决权的股东通过;第一百零三条规定,股份有限公司的股东大会作出公司组织变更决议的,必须经出席会议的股东所持表决权的三分之二以上通过。

(三) 编制公司资产负债表和财产目录

公司组织变更的同时是新公司的设立,公司设立必须符合法律规定的条件。根据公司法原理,变更前公司的净资产是变更后公司的注册资本,股东的权益和责任也取决于变更前公司的财产状况。所以,在公司组织变更时,公司应当编制资产负债表和财产清单,作为变更后公司的资本基础,也是变更后股东权益和责任的基础。

(四) 向债权人进行通知和公告

进行组织变更的公司应当在法定期限内将公司变更事项通知或者公告债权人。

(五) 申请办理登记

公司组织变更,其章程必须变更,公司名称等许多方面都发生了变化,所以,公司组织变更后,应当依法办理变更登记。

思考题

A、B、C 三家有限责任公司共同出资成立了甲有限责任公司(以下简称"甲公司")。

甲公司成立后,业务范围很广,也取得了较好的经济效益。但是,近年来由于劳动力成本不断上升,甲公司经营的纺织厂经济效益下滑,甚至亏损。经审计,甲公司总资产1 000万元人民币,负债300万元人民币,其中欠乙公司货款200万元人民币。经甲公司股东会决定,甲公司将纺织厂分立,成立丙纺织有限责任公司,股东仍然是A、B、C三家有限责任公司,甲公司对于乙公司的债务划归至丙公司。乙公司对此很有意见,坚决不同意甲公司分立决议。

现在,乙公司咨询:公司分立应当如何依法进行?乙公司的债权是否会因为甲公司分立而受到影响?为什么?

第九章 公司的解散与清算

第一节 引 言

【案例】

甲、乙、丙三人分别认缴出资100万元、200万元和300万元人民币成立了A有限责任公司(以下简称"A公司")。甲实缴30万元,乙实缴60万元,丙实缴90万元。其中甲担任执行董事、法定代表人。三年来,由于公司经营不善,全部实缴资本亏损完毕,且欠B公司120万元债务。但是,A公司并未解散,更没有清算,因此给A公司增加了债务30万元。现在,甲、乙、丙都不理睬A公司事务,B公司已经找不到A公司办公室。A公司商业登记资料显示其已经因两年前未年检而被吊销营业执照。

现在,B公司咨询:B公司应当如何维护自己的债权?为什么?

【案例分析】

《公司法》第一百八十三条规定,因为被吊销营业执照而解散的,应当在解散事由出现之日起十五日内成立清算组,开始清算。逾期不成立清算组进行清算的,债权人可以申请人民法院指定有关人员组成清算组进行清算。人民法院应当受理该申请,并及时组织清算组进行清算。

《公司法》第三条规定,公司是企业法人,有独立的法人财产,享有法人财产权。公司以其全部财产对公司的债务承担责任。有限责任公司的股东以其认缴的出资额为限对公司承担责任。

《〈公司法〉司法解释(二)》规定,公司逾期不成立清算组进行清算,公司债权人申请人民法院指定清算组进行清算的,人民法院应予受理。有限责任公司的股东未在法定期限内成立清算组进行清算,导致公司财产贬值、流失、毁损或者灭失,债权人主张在造成损失范围内对公司债务承担赔偿责任的,人民法院应依法予以支持。

本案中,甲、乙、丙三人分别认缴出资100万元、200万元和300万元成立了A公司,其中甲实缴30万元,乙实缴60万元,丙实缴90万元。两年前,A公司就因为未年检而被吊销营业执照。但作为A公司股东的甲、乙、丙三人并未依法组成清算组进行清算。并且，A公司因未及时进行清算而损失了30万元。B公司为A公司的债权人，有120万元的债权因为A公司无力偿还而难以实现。

所以，首先，B公司可以以A公司债权人的身份，向当地基层人民法院申请指定有关人员组成清算组，对处在解散状态的A公司进行清算。其次，甲、乙、丙三人分别认缴出资100万元、200万元和300万元成立了A公司，其中甲实缴30万元，乙实缴60万元，丙实缴90万元，即甲还有70万元未实际缴付；乙还有140万元未实际缴付；丙还有210万元未实际缴付。股东甲、乙、丙不但要以其实缴的出资承担责任，还应当以其尚未实际缴付的出资对A公司的债务承担责任。同时，甲、乙、丙还应当对因为其未及时成立清算组进行清算而给A公司造成的损失承担责任。所以，B公司可以要求甲、乙、丙在其未实际缴付的出资范围内对A公司承担责任。如果甲、乙、丙认缴出资仍然不能够承担A公司全部债务的，甲、乙、丙还要因为其未及时成立清算组进行清算而给A公司带来的30万元损失承担责任。

【评析】

诚实信用原则是民商法的最大原则。每个人都应当对自己的承诺承担责任。股东应当对自己认缴出资的承诺承担责任，不要存有任何侥幸心理。本案中的甲、乙、丙设立公司时，认缴了较大金额的出资，却只实缴了三分之一。当公司经营失败时，甲、乙、丙都不愿意面对现实、依法清算，而是选择采取逃避的态度处理公司解散之后的事情。最后，这些股东不但不能逃避债务，反而会因此承担更多责任。所以，我们做任何事情，都应当有头有尾，即使犯下错误，也要直接面对，千万不要逃避。否则，这很可能将给我们带来更大的烦恼。

第二节　公司的解散

一、公司解散概述

（一）公司解散的概念

关于公司解散的概念，学术界存在不同的观点。第一种观点认为，公司解散是公司法人资格消灭的原因，认为“公司之解散，非公司法人人格之消灭，乃公司法人人格之消灭之原因。详言之，即已成立之公司，发生法律上之原因，而丧失其营业上之能力。”[①]第二种观点认为，公司解散是公司法人资格消灭的一种程序。[②] 第三种观点认为，公司解散是公

① 张国键.商法概论[M].台北：三民书局，1980：186.
② 江平，赵旭东.法人制度论[M].北京：中国政法大学出版社，1998：154.

司因法律或章程规定的解散事由出现而停止营业活动并逐渐终止其法人资格的行为，它是公司主体资格消灭的必经程序。[①]

本书认为，公司解散是公司根据法律，自愿或者被迫终止公司营业的行为，它是公司主体资格彻底消灭的必经程序。

首先，公司解散是公司终止公司营业的行为。公司解散只是导致公司丧失营业资格，公司人格没有消灭，公司还可以对外进行许多民事活动。

其次，公司解散可以分为自愿解散和被迫解散两种类型。

最后，公司解散是一种行为，可能是公司自己的行为，也可能是行政行为，还可能是司法行为。

（二）解散后存续公司的性质

对于解散后存续公司的性质，学术界存在以下几种观点。

（1）人格消灭说，即公司因为解散而丧失法人资格，公司财产归股东所有。

（2）清算公司说，即解散后清算中的公司是专门为了清算而存在的公司。

（3）拟制说，即公司因为解散而丧失法人资格，并不得从事经营范围内的活动，但由于法律的拟制，在清算范围内，公司仍应视为存在，享有权利能力。

（4）同一人格说，即公司虽然已经解散，但其法人资格并无本质区别，只是权利能力范围有所缩小而已。各国现行公司法多持此说。

二、公司解散的原因

公司解散可以分为自愿解散和被迫解散两种类型。

（一）公司自愿解散的原因

1. 公司章程规定的营业期限届满或者公司章程规定的其他解散事由出现

（1）公司章程规定的营业期限届满。有些国家（如法国、意大利、美国）的公司法规定，公司的经营期限是公司章程的必要记载事项，但多数国家没有此要求。如果公司章程确定了经营期限，又没有依法进行延长，那么，当公司营业期限届满时，公司应当解散。但是，如果公司在期限届满前，依照法律规定修改了公司章程，那么，公司就无须解散。

（2）公司章程规定的其他解散事由出现。各国公司法规定，在不违反法律的前提下，允许公司在章程中载明公司的解散事由。我国《公司法》第八十一条规定，股份有限公司章程应当载明公司的解散事由与清算办法。但是，对于有限责任公司的章程是否应当这样载明，该法没有规定，那么，在章程中载明公司解散事由就不是有限责任公司的强制要求，公司自己掌握是否在公司章程中载明公司解散事由。当公司章程规定的解散事由出

① 石少侠.公司法教程(修订本)[M].北京：中国政法大学出版社，1999：226.

现时，公司当然解散，无须股东会或者股东大会另外作出解散决议。

《公司法》第七十四条规定，如果有限责任公司的公司章程规定的营业期限届满或者公司章程规定的其他解散事由出现，股东会会议通过决议修改章程使公司存续的，那么，对股东会该项决议投反对票的股东可以请求公司按照合理的价格收购其股权。自股东会会议决议通过之日起六十日内，股东与公司不能达成股权收购协议的，股东可以自股东会会议决议通过之日起九十日内向人民法院提起诉讼。

2. 股东会或者股东大会决议解散

公司在运营过程中认为必要时，经过股东会或者股东大会决议可以解散公司。公司解散属于公司的重大事项，与公司、股东的关系重大，所以，公司解散决议必须是股东会或者股东大会作为特别决议事项通过。《公司法》第四十三条规定，有限责任公司的股东会作出公司解散决议的，必须经过代表三分之二以上表决权的股东通过；该法第一百零三条规定，股份有限公司的股东大会作出公司解散决议的，必须经出席会议的股东所持表决权的三分之二以上通过。

3. 因公司合并或者分立需要解散

公司经过股东会或者股东大会决议可以合并或者分立，公司合并或分立可能会导致公司的解散。在吸收合并时，除存续公司继续存在外，其他参与合并的公司均被解散；在新设合并时，所有参与合并的公司均被解散；在解散分立时，原来的公司宣告解散。公司因为合并和分立而解散，无须进行清算。

（二）公司被迫解散的原因

公司非自愿解散但受到外界力量的干预也会被迫解散。公司被迫解散的情形包括以下方面。

1. 依法被行政主管机关吊销营业执照、责令关闭或者被撤销

《公司法》第一百九十八条规定："违反本法规定，虚报注册资本、提交虚假材料或者采取其他欺诈手段隐瞒重要事实取得公司登记的，由公司登记机关责令改正，对虚报注册资本的公司，处以虚报注册资本金额百分之五以上百分之十五以下的罚款；对提交虚假材料或者采取其他欺诈手段隐瞒重要事实的公司，处以五万元以上五十万元以下的罚款；情节严重的，撤销公司登记或者吊销营业执照。"《公司法》第二百一十一条规定："公司成立后无正当理由超过六个月未开业的，或者开业后自行停业连续六个月以上的，可以由公司登记机关吊销营业执照。"此外，《中华人民共和国公司登记管理条例》规定，公司伪造、涂改、出租、出借、转让营业执照情节严重的；或公司不按规定接受年检，在宽限期内仍不接受年检的；或在年检中隐瞒真实情况严重的；或者股份有限公司设立、变更、注销登记后，不在规定期限内发布公告或者发布公告内容与公司登记机关核准登记的内容不一致，情节严重的，由登记机关吊销营业执照。主管部门取缔公司或吊销公司营业执照均导致公司解散。

2. 人民法院裁定解散

《公司法》第一百八十二条规定:"公司经营管理发生严重困难,继续存续会使股东利益受到重大损失,通过其他途径不能解决的,持有公司全部股东表决权百分之十以上的股东,可以请求人民法院解散公司。"人民法院根据股东的申请,有权裁定公司解散。

那么,人民法院应当如何受理和裁定股东的要求解散公司的申请呢?《〈公司法〉司法解释(二)》对此作出以下明确规定。

第一,明确了提起公司解散诉讼的股东资格。

《公司法》规定,持有全部股东表决权百分之十以上的股东可以请求人民法院解散公司,没有对单独持有全部公司股东表决权不到百分之十但合计持有公司全部股东表决权超过百分之十的公司股东是否可以请求人民法院解散公司作出规定。《〈公司法〉司法解释(二)》确定,无论是单独还是合计持有公司全部股东表决权百分之十以上的股东,都有直接申请人民法院解散公司的权利。这样,司法解释是扩展解释了能够提起解散公司诉讼的主体范围。

第二,明确了股东提起解散公司诉讼的事由范围。

《公司法》规定,如果公司经营管理发生严重困难,继续存续会使股东利益受到重大损失,通过其他途径不能解决,那么,部分公司股东可以请求人民法院解散公司。为了便于操作,《〈公司法〉司法解释(二)》细化了股东提起解散公司诉讼的事由。只有发生下列事由之一,股东才能提起解散公司诉讼:(1) 公司持续两年以上无法召开股东会或者股东大会,公司经营管理发生严重困难的;(2) 股东表决时无法达到法定或者公司章程规定的比例,持续两年以上不能做出有效的股东会或者股东大会决议,公司经营管理发生严重困难的;(3) 公司董事长期冲突,且无法通过股东会或者股东大会解决,公司经营管理发生严重困难的;(4) 经营管理发生其他严重困难,公司继续存续会使股东利益受到重大损失的情形。

股东不得以知情权、利润分配请求权等权益受到损害,或者公司亏损、财产不足以偿还全部债务,以及公司被吊销企业法人营业执照未进行清算等为由,提起解散公司诉讼。

第三,明确了股东提起解散公司诉讼的程序。

股东提起解散公司解散,不能同时又申请人民法院对公司进行清算。如果股东坚持这样做,人民法院可以告知原告,在人民法院判决解散公司后,依据《民法典》第七十条、《公司法》第八十三条和《〈公司法〉司法解释(二)》第七条的规定,自行组织清算或者另行申请人民法院对公司进行清算。股东提起解散公司诉讼时,在股东提供担保且不影响公司正常经营的情形下,可以向人民法院申请财产保全或者证据保全。股东提起解散公司诉讼应当以公司为被告,其他股东不能为被告而只能为第三人。

原告提起解散公司诉讼应当告知其他股东,或者由人民法院通知其参加诉讼。其他股东或者有关利害关系人申请以共同原告或者第三人身份参加诉讼的，人民法院应予准许。

第四，人民法院审理解散公司案件的基本要求。

人民法院审理解散公司诉讼案件，应当注重调解。人民法院应当积极支持当事人协商，在不违反法律、行政法规强制性规定的前提下，达成由公司或者股东收购股份，或者以减资等方式使公司存续的方案。当事人不能协商一致使公司存续的，人民法院应当及时判决。

经人民法院调解公司收购原告股份的，公司应当自调解书生效之日起六个月内将股份转让或者注销。

股份转让或者注销之前，原告不得以公司收购其股份为由对抗公司债权人。人民法院关于解散公司诉讼作出的判决，对公司全体股东具有法律约束力。在人民法院判决驳回解散公司诉讼请求后，提起该诉讼的股东或者其他股东不得又以同一事实和理由提起解散公司诉讼。

第三节　公司的清算

一、公司清算概述

公司清算是指在公司解散后，清算人依法处分公司财产，终结公司法律关系，从而消灭公司法人资格的法律程序。公司除因合并或者分立而解散外，其余原因引起的解散，均需要经过清算程序。因为公司是由股东出资组成的法人实体，在其存续期间对内对外发生了大量的法律关系，公司解散只是终止了营业活动，公司法人资格并未消灭，所以，还有必要依法将公司的财产向债权人和股东进行分配，终结公司现存的全部法律关系，这就是公司清算。

二、公司清算的种类

（一）破产清算和非破产清算

按照清算是否在破产的情形下进行，清算可以分为破产清算和非破产清算。破产清算，是指公司不能清偿到期债务而被依法宣告破产时，由法院组织清算组对公司资产进行清理，并将破产财产公平地分配给债权人，并最终消灭公司法人资格的程序。非破产清算，是指公司资产足以清偿公司全部债务的情况下进行的清算，包括自愿清算和强制清算。这种清算财产，除了用以清偿公司的全部债务外，还需要依法将剩余财产分配给公司的股东。由于在没有清算前，无法知晓公司是否能够清偿全部债务，所以，可能出现由非破产清算转为破产清算的现象。《公司法》第一百八十七条规定："清算组在清理公司财产、编制资产负债表和财产清单后，发现公司财产不足清偿债务的，应当依法向人民法院申请宣告破产。公司经人民法院裁定宣告破产后，清算组应当将清算事务移交给人民法院。”

（二）任意清算和法定清算

按照清算是否为公司自己确定进行，非破产清算可以分为任意清算和法定清算。任意清算，是指在公司自愿解散的情况下，依照公司章程的规定或者全体股东同意的清算方法，处分公司财产的程序。任意清算体现了当事人“意思自治”的原则，处分财产的顺序、方式等均由公司章程或者股东一致同意确定，法律一般不加干涉。任意清算一般只适用于无限责任公司或者两合公司。因为无限责任公司和两合公司的股东或者部分股东对公司承担无限连带责任，法律无须考虑公司实行任意清算是否损害债权人利益。我国《公司法》没有规定无限责任公司和两合公司，自然没有适用任意清算的必要。有限责任公司和股份有限公司是现代公司的主要形式，在这两种公司中，股东对公司承担有限责任，公司资产是公司债权人的债权实现的唯一担保，如果允许任意清算，公司债权人的权益必然容易受到侵害。法定清算，是指公司依照法律规定的程序进行的清算。在法定清算的情况下，法律对清算方法和程序进行了规定，清算必须依法进行。法定清算是公司清算的基本方式。

（三）普通清算和特别清算

按照清算是否受到法律或者行政机关的干预，法定非破产清算可以分为普通清算和特别清算。普通清算，是指公司自行组织的清算组按照法定程序所进行的清算。特别清算，是指当解散的公司进行清算有显著困难时，由法院组织清算组并加以监督所进行的清算。特别清算是普通清算的延伸，是对普通清算的补充。

《公司法》第一百八十三条规定：“有限责任公司的清算组由股东组成，股份有限公司的清算组由董事或者股东大会确定的人员组成。逾期不成立清算组进行清算的，债权人可以申请人民法院指定有关人员组成清算组进行清算。人民法院应当受理该申请，并及时组织清算组进行清算。”这里包括了普通清算和特别清算。

三、清算中的公司机关

从公司解散到公司注销前的这段时间，公司终止了经营活动，但公司法人资格仍然存在，公司还必须进行清算活动。所以，公司清算时，公司的经营管理机关（董事会）功能丧失，清算组接管公司的财产和事务；但公司股东会或者股东大会、监事会仍然存在，可以行使原来的部分职权，为清算服务。另外，此时法律和公司章程关于监事会的职权，股东会或者股东大会召集程序，少数股东召集股东会或者股东大会请求权和召集权，董事、监事、公司高级管理人员的义务、责任，股东账簿查阅权等仍然适用。

四、清算人

（一）清算人的概述

在我国法律中，关于“清算人”这个概念的使用颇不一致。我国《公司法》没有使用“清算人”，而是使用“清算组”；但我国《合伙企业法》《个人独资企业法》《中华人民共和国信托法》使用“清算人”；我国《最高人民法院关于适用〈中华人民共和国民事诉讼法〉若干问题的意见》使用“清算组织”。我国《民法典》《公司法》使用“清算组”这个概念，说明公司清算必须由二人以上组成，一人不能进行公司清算。

但是，《公司法》第一百八十三条规定：“有限责任公司的清算组由股东组成。”对于一人有限责任公司，清算组即由唯一的股东组成，这一人是否可以称为“清算组”呢？当然不便这样称呼。

清算人是否可以是法人？《公司法》第一百八十三条没有规定。但根据该条规定，有限责任公司的股东组成清算组，那么，法人股东就自然可以成为清算人。但是，法人股东担任清算人，应当指定自然人作为其代理人，参加公司清算。

清算人是公司解散后负责清算事务之人。公司清算人是在公司清算期间公司的负责人，代表公司处理公司事务，依照法律行使职权承担义务和责任。日本《公司法》和我国台湾地区所谓的“公司法”规定，清算人与公司的关系准用民法关于委任的规定。

（二）清算人的选任

清算人选任方式主要有三种类型。一是由法律直接规定。《公司法》第一百八十三条规定，有限责任公司的清算组由股东组成。二是由股东大会选任。该法第一百八十三条规定，股份有限公司的清算组由董事或者股东大会确定的人员组成。三是由法院指定。该法第一百八十三条规定，公司解散（除了因公司合并、分立之外），应当在解散事由出现之日起十五日内成立清算组，开始清算。如果公司逾期不成立清算组进行清算的，债权人可以申请人民法院指定有关人员组成清算组进行清算。

（三）清算人的职权

清算人作为清算中的公司的机关，在执行清算事务范围内，相当于董事的地位，享有与董事同等的权利和义务。《公司法》第一百八十四条规定了清算组在清算期间行使的职权。

(1) 清理公司财产，分别编制资产负债表和财产清单。清算人就任后，应当清查公司财产，编制资产负债表和财产清单，作为清偿债务和分配剩余财产的依据。《公司法》第一百八十六条第一款规定：“清算组在清理公司财产、编制资产负债表和财产清单后，应当制定清算方案，并报股东会、股东大会或者人民法院确认。”如果公司清算属于普通清算，那么，清算方案应当报股东会或者股东大会确认；如果公司清算是特别清算，那么，清算方案应当报人民法院确认。

另外,公司清算组应当依法编制资产负债表和财产清单,不得作伪造记载。《公司法》第二百零四条规定,公司在进行清算时,隐匿财产,对资产负债表或者财产清单作虚假记载的,由公司登记机关责令改正,对公司处以隐匿财产金额百分之五以上百分之十以下的罚款;对直接负责的主管人员和其他直接责任人员处以一万元以上十万元以下的罚款。

(2) 通知、公告债权人。《公司法》第一百八十五条规定:“清算组应当自成立之日起十日内通知债权人,并于六十日内在报纸上公告。债权人应当自接到通知书之日起三十日内,未接到通知书的自公告之日起四十五日内,向清算组申报其债权。债权人申报债权,应当说明债权的有关事项,并提供证明材料。清算组应当对债权进行登记。在申报债权期间,清算组不得对债权人进行清偿。”对于未在申报期间申报的债权是否消灭,该法没有明确规定。《日本商法典》第四百二十一条、第四百二十二条规定,在催告债权公告中,须附记债权人未在规定期间内申报时,则排除于清算之外。但是,已知的债权人不得排除于清算之外。被排除于清算之外的债权人,其债权并不绝对消灭,对尚未分配的剩余财产享有清偿请求权。

另外,我国《公司法》第二百零四条规定,公司在进行清算时,不依照本法规定通知或者公告债权人的,由公司登记机关责令改正,对公司处以一万元以上十万元以下的罚款。如果存在以上事实,公司清算无效,公司债权人仍然有权要求公司清偿。该法第一百八十九条规定,清算组成员因故意或者重大过失给公司或者债权人造成损失的,应当承担赔偿责任。如果这时公司法人资格已经消灭,清算组成员对公司债务承担连带赔偿责任。

(3) 处理与清算有关公司未了结的业务。公司解散后,公司就终止经营。但是,公司以前尚未了结的业务还必须进行处理与清理。清算组只能进行与清算有关的经营活动,但不得开展与清算无关的经营活动,不得从事新的业务。

(4) 清缴所欠税款以及清算过程中产生的税款。

(5) 清理债权、债务。清算组应当依照职权对公司的债权债务进行清理。公司对第三人有债权的,应当依法收清;对于公司的债务,应当依法清偿。公司财产在未依法清偿债务前,不得分配给股东。

(6) 处理公司清偿债务后的剩余财产。清算人将公司已有的财产清偿债务后,应当将所有财产分派给各股东。《公司法》第一百八十六条规定,公司财产在分别支付清算费用、职工的工资、社会保险费用和法定补偿金,缴纳所欠税款,清偿公司债务后的剩余财产,有限责任公司按照股东的出资比例分配,股份有限公司按照股东持有的股份比例分配。公司财产在未按前述规定清偿前,不得分配给股东。清算组违反以上规定处理公司财产的,应当对此承担连带赔偿责任。

(7) 代表公司参与民事诉讼活动。清算期间,清算组有权代表公司参与民事诉讼。

(8) 申请宣告破产。如果清算组在清理公司财产、编制资产负债表和财产清单后,发现公司财产不足清偿债务的,应当依法向人民法院申请宣告破产。公司经人民法院裁定宣告破产后，清算组应当将清算事务移交给人民法院，其职权宣告终止。

（四）清算人的义务和责任

清算人作为清算中公司的机关，应当依法履行职责，遵守相关法律、法规和公司章程、股东会或者股东大会决议。《公司法》第一百八十九条规定："清算组成员应当忠于职守，依法履行清算义务。清算组成员不得利用职权收受贿赂或者其他非法收入，不得侵占公司财产。清算组成员因故意或者重大过失给公司或者债权人造成损失的，应当承担赔偿责任。"

五、清算程序

第一，成立清算组。《公司法》第一百八十三条规定，公司应当在解散事由出现之日起十五日内成立清算组，开始清算。

第二，公告和通知公司债权人，催报债权。这是为了保护债权人利益而规定的强制措施。

第三，清理公司财产、编制资产负债表和财产清单，制定清算方案，报股东会或者股东大会、人民法院确认。

第四，收清债权，清偿债务。《公司法》规定，公司财产应当按照下列顺序清偿：①支付清算费用；②支付职工的工资、社会保险费用和法定补偿金；③缴纳所欠税款；④清偿公司债务。

第五，分配剩余财产。公司财产在清偿公司债务后还有剩余财产的，有限责任公司按照股东的出资比例分配，股份有限公司按照股东持有的股份比例分配。

第六，清算报告。《公司法》第一百八十八条规定："公司清算结束后，清算组应当制作清算报告，报股东会、股东大会或者人民法院确认，并报送公司登记机关，申请注销公司登记，公告公司终止。"

六、相关司法解释

《公司法》第一百八十三条规定，公司逾期不成立清算组进行清算的，债权人可以申请人民法院指定有关人员组成清算组进行清算。人民法院应当受理该申请，并及时组织清算组进行清算。那么，人民法院应当如何受理、如何组织清算组进行清算呢？《〈公司法〉司法解释（二）》对此作出明确规定。

（一）债权人申请人民法院指定清算组清算的条件

公司应当依照《民法典》第七十条、《公司法》第一百八十三条的规定，在解散事由出现之日起十五日内成立清算组，开始自行清算。有下列情形之一，债权人、公司股东、董事或其他利害关系人申请人民法院指定清算组进行清算的，人民法院应予受理：(1) 公司解散逾期不成立清算组进行清算的；(2) 虽然成立清算组但故意拖延清算的；(3) 违法清算可能严重损害债权人或者股东利益的。

（二）司法清算组成员的组成

人民法院受理公司清算案件，应当及时指定有关人员组成清算组。清算组成员可以从下列人员或者机构中产生：(1) 公司股东、董事、监事、高级管理人员；(2) 依法设立的律师事务所、会计师事务所、破产清算事务所等社会中介机构；(3) 依法设立的律师事务所、会计师事务所、破产清算事务所等社会中介机构中具备相关专业知识并取得执业资格的人员。

人民法院指定的清算组成员有下列情形之一的，人民法院可以根据债权人、股东的申请，或者依职权更换清算组成员：(1) 有违反法律或者行政法规的行为的；(2) 丧失执业能力或者民事行为能力的；(3) 有严重损害公司或者债权人利益的行为的。

（三）司法清算组的职责

公司依法清算结束并办理注销登记前，有关公司的民事诉讼，应当以公司的名义进行。公司成立清算组的，由清算组负责人代表公司参加诉讼；尚未成立清算组的，由原法定代表人代表公司参加诉讼。

公司清算时，清算组应当按照《公司法》的相关规定，将公司解散清算事宜书面通知全体已知债权人，并根据公司规模和营业地域范围在全国或者公司注册登记地省级有影响的报纸上进行公告。清算组未按照前述规定履行通知和公告义务，导致债权人未及时申报债权而未获清偿，债权人有权主张清算组成员对因此造成的损失承担赔偿责任。

（四）公司债权申报

公司清算时，债权人对清算组核定的债权有异议的，可以要求清算组重新核定。清算组不予重新核定，或者债权人对重新核定的债权仍有异议的，债权人可以以公司为被告向人民法院提起诉讼请求确认。债权人在规定的期限内未申报债权，在公司清算程序终结前补充申报的，清算组应予登记。公司清算程序终结，是指清算报告经股东会、股东大会或者人民法院确认完毕。

债权人补充申报的债权，可以在公司尚未分配财产中依法清偿。公司尚未分配财产不能全额清偿，债权人可以主张股东以其在剩余财产分配中已经取得的财产予以清偿；但债权人因重大过错未在规定期限内申报债权的除外。

债权人或者清算组，还可以以公司尚未分配财产和股东在剩余财产分配中已经取得的财产，不能全额清偿补充申报的债权为由，向人民法院提出破产清算申请。

（五）清算

1. 清算方案

公司自行清算的，清算方案应当报股东会或者股东大会决议确认；人民法院组织清算的，清算方案应当报人民法院确认。未经确认的清算方案，清算组不得执行。如果清算组因为执行未经确认的清算方案而给公司或者债权人造成了损失，那么，公司、股东或者债权人可以要求清算组成员承担赔偿责任。

2. 清算方案的执行

人民法院组织清算的，清算组应当自成立之日起六个月内清算完毕。因特殊情况无法在六个月内完成清算的，清算组应当向人民法院申请延长。

人民法院指定的清算组在清理公司财产、编制资产负债表和财产清单时，发现公司财产不足清偿债务的，可以与债权人协商制定有关债务清偿方案。

债务清偿方案经全体债权人确认且不损害其他利害关系人利益的，人民法院可依清算组的申请裁定予以认可。清算组依据该清偿方案清偿债务后，应当向人民法院申请裁定终结清算程序。

债权人对债务清偿方案不予确认或者人民法院不予认可的，清算组应当依法向人民法院申请宣告破产。

3. 清算过程中的法律责任追究

有限责任公司的股东、股份有限公司的董事和控股股东未在法定期限内成立清算组开始清算，导致公司财产贬值、流失、毁损或者灭失的，债权人可以要求其在造成损失范围内对公司债务承担赔偿责任。

有限责任公司的股东、股份有限公司的董事和控股股东因怠于履行义务，导致公司主要财产、账册、重要文件等灭失，无法进行清算的，债权人可以要求其对公司债务承担连带清偿责任。如果上述情形系实际控制人原因造成，债权人还可以要求实际控制人对公司债务承担相应民事责任。

有限责任公司的股东、股份有限公司的董事和控股股东，以及公司的实际控制人在公司解散后，恶意处置公司财产给债权人造成损失，或者未经依法清算，以虚假的清算报告骗取公司登记机关办理法人注销登记的，债权人可以要求其对公司债务承担相应的赔偿责任。

（六）公司注销

公司解散应当在依法清算完毕后，申请办理注销登记。公司未经清算即办理注销登记，导致公司无法进行清算，债权人可以要求有限责任公司的股东、股份有限公司的董事和控股股东，以及公司的实际控制人对公司债务承担清偿责任。如果公司未经依法清算即办理注销登记，股东或者第三人在公司登记机关办理注销登记时承诺对公司债务承担责任，债权人可以要求其对公司债务承担相应的民事责任。

（七）其他事项

按照《〈公司法〉司法解释（二）》第十八条和第二十条的规定，应当承担责任的有限责任公司股东、股份有限公司的董事和实际控制人，以及公司的实际控制人为二人以上的，如果其中一人或者数人按照规定承担了民事责任，那么，他们可以要求其他人员按照过错大小分担责任的，人民法院应依法予以支持。

在公司解散时，股东尚未缴纳的出资均应作为清算财产。股东尚未缴纳的出资，包括到期应缴未缴或者分期缴纳尚未届满缴纳期限的出资。在公司财产不足以清偿债务时，债权人可以要求未缴出资股东，以及公司设立时的其他股东或者发起人在未缴出资范围内对公司债务承担连带清偿责任。

清算组成员在从事清算事务时，违反法律、行政法规或者公司章程给公司或者债权人造成损失的，公司或者债权人可以要求其承担赔偿责任。

有限责任公司的股东、股份有限公司连续一百八十日以上单独或者合计持有公司百分之一以上股份的股东，依据公司法的相关规定，可以以清算组成员有前述行为为由，向人民法院提起诉讼。如果公司已经清算完毕注销，上述股东可以参照公司法的规定，直接以清算组成员为被告、其他股东为第三人，向人民法院提起诉讼的，人民法院应予受理。

解散公司诉讼案件和公司清算案件由公司住所地人民法院管辖。公司住所地是指公司主要办事机构所在地。公司办事机构所在地不明确的，由其注册地人民法院管辖。基层人民法院管辖县、县级市或者区的公司登记机关核准登记公司的解散诉讼案件和公司清算案件；中级人民法院管辖地区、地级市以上的公司登记机关核准登记公司的解散诉讼案件和公司清算案件。

《〈公司法〉司法解释（五）》规定：人民法院审理涉及有限责任公司股东重大分歧案件时，应当注重调解。当事人应当尽量协商一致，在不违反法律、行政法规的强制性规定情形下，以下列方式解决分歧：(1) 公司回购部分股东股份；(2) 其他股东受让部分股东股份；(3) 他人受让部分股东股份；(4) 公司减资；(5) 公司分立；(6) 其他能够解决分歧，恢复公司正常经营，避免公司解散的方式。

思考题

甲、乙共同出资设立了A有限责任公司(以下简称“A公司”)，其中甲出资60万元人民币，乙出资40万元人民币，甲担任公司执行董事，乙担任公司监事。公司成立后的头几年，甲、乙配合默契，也很努力，A公司取得了很好的经济效益，甲、乙也能够协商处理纠纷。而近年来，甲觉得自己贡献很大，乙的贡献很小，却按照出资比例分红，占了较大便宜。故甲一直不召开股东会，也不分配红利。为此，乙十分恼火，到公司闹事。甲、乙两人关系僵化，无法继续合作，A公司的经营也因此陷于停顿，但仍然掌控在甲手中。

为此，乙咨询：怎样做才能维护自己的合法权益？为什么？

第十章 外国公司的分支机构

第一节 引　　言

【案例】

有百年历史的德国甲公司为了拓展公司业务，2019 年 5 月 20 日在上海设立了某分支机构——甲公司 A 分公司。德国甲公司在甲公司 A 分公司投资了 1 000 万元人民币。刚开始，甲公司 A 分公司取得了很好的经济效益。但是，2020 年年初，许多地方开始出现新型冠状病毒肺炎疫情，有的地方被迫停工停产。为此，甲公司 A 分公司经济效益呈断崖式下跌。到目前为止，甲公司 A 分公司欠下巨额债务，以致其资产难以清偿全部债务。乙公司是甲公司 A 分公司最大的债权人，非常担心自己债权难以实现。

为此，乙公司咨询：其应当如何维护自己的合法权益？为什么？

【案例分析】

《公司法》规定："外国公司在中国境内设立的分支机构不具有中国法人资格。外国公司对其分支机构在中国境内进行经营活动承担民事责任。外国公司撤销其在中国境内的分支机构时，必须依法清偿债务，依照本法有关公司清算程序的规定进行清算。未清偿债务之前，不得将其分支机构的财产移至中国境外。"

本案中，德国甲公司为了拓展公司业务，在上海设立了甲公司 A 分公司。现在甲公司 A 分公司欠下巨额债务，以致其资产难以全部偿还。

为此，甲公司 A 分公司为德国甲公司在中国的分支机构，不具有法人资格。所以，德国甲公司应当对其甲公司 A 分公司在中国境内进行经营活动承担民事责任。如果德国甲公司想撤销甲公司 A 分公司，就必须依法清偿债务，依照《公司法》的相关规定进行清算，否则不得将甲公司 A 分公司的财产移至中国境外。

所以，面对自己的债务人——甲公司 A 分公司——难以清偿全部债务的状况，作为债权人的乙公司可以直接在中国境内起诉德国甲公司，要求其对甲公司 A 分公司所欠自己的债务承担民事责任。

【评析】

无论是中国公司的分公司还是外国公司的分公司都不具有独立法人资格，都不能独立承担民事责任，其总公司必须对其债务承担民事责任。外国公司的分公司有较高的独立性，但不是独立法人。所以，任何公司在设立自己分公司时必须谨慎，必须对分公司的经营活动负责。为此，总公司在选派分公司经理之时，不但要关注其经营能力，更要关注其道德修养。

第二节　外国公司分支机构概述

一、外国公司与分支机构的概念

外国公司是相对于本国公司而言的，即具有他国国籍而无本国国籍的公司。具有本国国籍的公司为本国公司，既具有本国国籍又具有他国国籍的公司仍然被认为是本国公司。所以，区分本国公司还是外国公司的关键在于确定公司国籍。

世界各国对公司国籍的认定，有着各种不同的标准，主要包括：第一，设立准据主义，即依照公司设立所依据的法律为本国法还是外国法来确定公司的国籍；第二，股东国籍主义，即以公司股东的国籍或者过半数出资者的所属国为公司的国籍；第三，设立行为地法主义，即依照公司设立登记行为所在地为本国还是外国来确定公司的国籍；第四，住所地国籍主义，即以公司住所地为本国还是外国来确定公司的国籍。对于何为公司住所，也有不同的规定和理解，如有营业中心地说、总公司所在地说等。所以，一个公司，依照不同的标准，可能出现多重国籍的现象。

我国对公司国籍的认定标准，采取了设立准据法主义和设立行为地法主义，即依照我国法律在我国登记设立的公司，无论外国投资比例是多少，都是我国公司。相应地，不是依照我国法律或者不是在我国登记设立的公司都不是我国公司，而是外国公司。《公司法》第一百九十一条规定："本法所称外国公司是指依照外国法律在中国境外设立的公司。"

我国台湾地区对公司国籍的认定标准与大陆不同，台湾地区所谓的"公司法"规定，外国公司是指以营利为目的，依照外国法律组织登记，并经过台湾当局认可，在台湾地区营业的公司。

我国香港特别行政区《公司条例》将香港以外的地区成立的法人，在香港设立营业地点从事商业活动的外国公司，称为海外公司。

外国公司不是按照本国法律设立，所以，只有在得到本国的认可或者批准，并办理必要的登记手续后，方可在该国进行营业活动。因此，外国公司一般均在他国设立分支机构来经营管理业务。

在我国，外国公司的分支机构是指外国公司依照我国《公司法》的规定，在我国境内设立的经营性组织。外国公司分支机构的形式多样，法律没有特别限制，但都必须依照我国法律在我国登记，合法经营。

二、外国公司分支机构的法律地位

我国《公司法》第一百九十五条规定："外国公司在中国境内设立的分支机构不具有中国法人资格。外国公司对其分支机构在中国境内进行经营活动承担民事责任。"该规定确定了外国公司分支机构在我国的法律地位。我国外国公司分支机构具有以下特点。

（一）不具有独立法人资格

外国公司的分支机构没有自己独立的名称，只能使用外国公司名称；没有独立的组织机构；没有独立的公司章程；不是独立的纳税主体。它只能以外国公司的名义行使权利，承担义务和责任。所以，外国公司分支机构是外国公司的一部分，不是东道国的经济组织。

（二）依照我国《公司法》规定设立

外国公司依照其所属国法律而设立，但外国公司分支机构则须依照所在国法律设立。一般来说，有关外国公司分支机构设立的规定，与本国公司设立的规定没有多少区别。我国《公司法》规定了外国公司分支机构设立的程序、条件等，外国公司分支机构必须依照该规定进行设立。

（三）在我国境内设立并从事连续性经营活动

外国公司分支机构须在我国境内设立，才具有我国公司法规定的外国公司分支机构的资格，依照我国《公司法》受到保护。在我国境内设立，就是该机构必须在我国有住所，有代理人，有相应的经营资金，开展连续性经营活动。如果外国公司仅仅是在我国境内从事临时性活动，不常驻我国从事连续性经营活动，则不能成为外国公司的分支机构。

第三节　外国公司分支机构的设立程序

一、外国公司在我国境内设立分支机构的条件

外国公司在我国境内设立分支机构应当具备积极条件和消极条件。

（一）积极条件

欲在我国境内设立分支机构，必须是依法在我国境外国家或者地区设立的公司。必须强调的是，这里所指的"境外"是指中国大陆（内地）之外，包括我国香港特别行政区、澳门特别行政区和台湾地区，即依照香港特别行政区、澳门特别行政区和台湾地区的关于公司的有关规定设立的公司也属于外国公司。

我国《公司法》规定，我国公司是指有限责任公司和股份有限公司，股东仅对公司债务承担有限责任。但是，许多国家或者地区的公司法规定的公司形式还包括无限责任公司和两合公司，股东可能对公司承担无限连带责任。我国《公司法》中的外国公司是依照外国法律规定设立的，可以是有限责任公司，也可以是无限责任公司。

外国公司在我国境内设立分支机构的全部资本和业务活动资金，由外国公司拨付。外国公司分支机构从事不同经营活动所需的最低资金额，由国务院确定。

（二）消极条件

外国公司在我国境内设立分支机构，不得存在下列情形之一：

(1) 违反我国法律法规和社会公共利益，损害国家主权和国家安全；

(2) 经营活动可能存在环境污染；

(3) 经营项目在我国禁止外国公司投资的范围内。

二、外国公司分支机构设立的申请

外国公司欲在我国境内设立分支机构，必须向我国主管机关提出申请。提出设立申请的申请人应当为外国公司，但外国公司可以授权在我国的该公司的代理人提出申请。在申请中应当载明欲设立公司的分支机构的名称、住所、分支机构代表人姓名、业务范围、用于分支机构的营业资金额等事项。

《公司法》第一百九十二条规定："外国公司在中国境内设立分支机构，必须向中国主管机关提出申请，并提交其公司章程、所属国的公司登记证书等有关文件，经批准后，向公司登记机关依法办理登记，领取营业执照。外国公司分支机构的审批办法由国务院另行规定。"第一百九十三条规定："外国公司在中国境内设立分支机构，必须在中国境内指定负责该分支机构的代表人或者代理人，并向该分支机构拨付与其所从事的经营活动相适应的资金。对外国公司分支机构的经营资金需要规定最低限额的，由国务院另行规定。"

三、外国公司分支机构的审批

外国公司的分支机构设立，必须经过东道国审批、认可。对外国公司的认可程序有三种类型：一是特别认可程序，即对外国公司进行特别登记或者批准认可的程序；二是互相认可程序，即采取缔结国际条约或者根据互惠原则认可对方公司来本国从事民事活动的资格；三是一般认可程序，即凡是依照外国法已有效成立的任何国家的公司，只要根据本国法规定办理登记或者注册手续，就可以取得本国公司从事民事活动的资格。

《公司法》规定，外国公司在中国境内设立分支机构，必须向中国主管机关提出申请，经批准后，向公司登记机关依法办理登记，领取营业执照。所以，我国对外国公司的认可程序采取了特别认可程序。

四、外国公司分支机构的登记

外国公司分支机构的设立申请被批准后，即可申请设立登记。外国公司分支机构的登记机关及登记程序，与本国公司分支机构相同：登记机关为国家市场监督管理总局。国家市场监督管理总局可以委托省、自治区、直辖市的市场监督管理局负责该辖区的外国公司分支机构的设立登记。

外国公司分支机构在申请进行设立登记时，应当向登记机关提交下列文件：(1) 申请在中国设立分支机构的外国公司法定代表人签署的登记申请书；(2) 提出该申请的外国公司章程及已经在所属国登记的证明；(3) 我国有关主管机关批准该外国公司在中国设立分支机构的批准文件；(4) 外国公司分支机构的营业场地使用证明；(5) 其他有关文件。登记机关接受申请后，应当依照法律规定进行审查，认为符合登记条件的，予以登记。

外国公司分支机构的登记事项主要包括：(1) 外国公司分支机构的名称；(2) 外国公司分支机构的所属公司的国籍；(3) 外国公司分支机构的住所或者营业所所在地；(4) 外国公司分支机构用于经营活动的资金额；(5) 外国公司分支机构的负责人姓名；(6) 外国公司分支机构的业务范围；(7) 外国公司分支机构的经营期限。

《公司法》第一百九十四条规定："外国公司的分支机构应当在其名称中标明该外国公司的国籍及责任形式。外国公司的分支机构应当在本机构中置备该外国公司章程。"

外国公司分支机构登记后，发给外国公司分支机构营业执照，外国公司分支机构成立，可以开始依法进行生产经营活动。

第四节　外国公司分支机构的撤销及清算

外国公司的分支机构是外国公司的一部分，外国公司有权根据公司的发展，设立或者撤销分支机构。如果这些分支机构违反我国法律，危害社会公序良俗的，主管机关有权撤销这些分支机构。

由于外国公司分支机构为外国公司所控制，外国公司的能力及其在国外的活动不受中华人民共和国法律管辖，为防止外国公司通过撤销其分支机构而将财产转移出境，造成难以追索其未缴纳的税费和未清偿的债务等情况，为保护中国境内的债权人、雇员和国家的合法权益，《公司法》第一百九十七条规定："外国公司撤销其在中国境内的分支机构时，必须依法清偿债务，依照本法有关公司清算程序的规定进行清算。未清偿债务之前，不得将其分支机构的财产移至中国境外。"

外国公司分支机构被撤销后，应当按照我国《公司法》关于公司清算的规定进行。外国公司分支机构在清算期间，不得基于非清算目的处分其财产，在清偿债务前不得将分支机构的财产以任何方式转移到境外。分支机构的财产能够清偿其债务的，按照顺序分别支付清算费用、职工的工资、社会保险费用和法定补偿金，缴纳所欠税款，清偿分支机构债务。其财产不能清偿所欠债务时，应当由设立该分支机构的外国公司承担全部责任。如果外国公司在其本国被宣告破产，则对其分支机构享有债权的我国债权人和其他债权人，有权申报债权，参与清算财产的分配。

外国公司的责任形式不同，其在中国境内的分支机构的清算也不相同。外国公司为有限责任公司或者股份有限公司，其对分支机构的债务承担清偿责任，若公司财产不足以清偿全部债务，则应当依法宣告破产，按照破产法规定清偿分支机构的债务。外国公司是无限责任公司或者两合公司的，其对分支机构承担清偿责任，若公司财产不足以清偿全部债务，则公司的无限责任股东对分支机构债务承担无限连带责任。

外国公司分支机构依法清算后，应当在法定期限内注销登记，缴销营业执照，将剩余财产转移至中国境外。

思考题

一家美国大型公司欲在中国境内开展业务，现咨询：设立有限责任公司与设立该公司分公司有何区别？其关键点分别是什么？

第十一章 个人独资企业法

第一节 引　言

【案例】

甲是一位刚毕业的大学生，在全民创业精神的鼓励下，用自己仅有的10万元人民币注册成立了某餐饮服务中心。餐饮企业看起来容易，做起来却不简单。不到一年，甲的某餐饮服务中心就难以维持，不但已经没有了流动资金，而且还欠下房租5万元，拖欠职工工资3万元。

为此，甲咨询：某餐饮服务中心的债务应当如何处理？为什么？

【案例分析】

《个人独资企业法》规定，个人独资企业是指依照法律在中国境内设立，由一个自然人投资，财产为投资人个人所有，投资人以其个人财产对企业债务承担无限责任的经营实体。如果个人独资企业投资人在申请企业设立登记时明确以其家庭共同财产作为个人出资的，应当依法以家庭共同财产对企业债务承担无限责任。个人独资企业应当按时、足额发放职工工资。个人独资企业解散后，原投资人对个人独资企业存续期间的债务仍应承担偿还责任，但债权人在五年内未向债务人提出偿债请求的，该责任消灭。个人独资企业财产不足以清偿债务的，投资人应当以其个人的其他财产予以清偿。

甲注册成立了某餐饮服务中心。该餐饮服务中心为个人独资企业，欠下房租5万元，拖欠职工工资3万元，无法继续经营。

所以，甲必须对某餐饮服务中心的债务承担无限责任，即对某餐饮服务中心的5万元房租及3万元职工工资承担无限责任。由于甲登记设立服务中心时，未明确以其家庭共同财产出资，所以，甲无须以其家庭共同财产对某餐饮服务中心债务承担无限责任。即使某餐饮服务中心被解散，作为原投资人的甲应当对某餐饮服务中心企业存续期间的债务承担偿还责任。如果某餐饮服务中心财产不足以清偿债务的，甲当以其个人的其他财产予以清偿。当然，债权人在某餐饮服务中心解散后的五年内未向债务人提出偿债请求的，该责任消灭。

【评析】

个人独资企业为一个自然人投资设立的，所以该自然人就应当对其全部债务承担无限责任。个人独资企业制度充分体现了"一人做事一人当"的精神。每个人都应当对自己的行为承担责任，不要奢求别人为自己的不利后果埋单。另外，为了减免设立个人独资企业给自己的家庭带来不利影响，自然人在登记个人独资企业时不要明确以自己家庭共同财产出资设立。这样做，能够减免可能给家人带来的麻烦。创办企业的目的之一是为了给家人带来财富，不是给家人带来负担或者麻烦。所以，我们在创办个人独资企业时，更应当关注其中的风险。

第二节　个人独资企业概述

一、个人独资企业的概念与特征

我国于 1999 年颁布并于 2000 年 1 月 1 日实施的《中华人民共和国个人独资企业法》第二条规定："个人独资企业，是指依照个人独资企业法在中国境内设立，由一个自然人投资，财产为投资人个人所有，投资人以其个人财产对企业债务承担无限责任的经营实体。"

从上述概念分析，个人独资企业有以下基本特点。

第一，个人独资企业是由一个自然人投资的企业。它的特点表现在投资主体和投资形式上，对投资主体的要求为必须是自然人，对投资形式的要求为只能是一个自然人的投资，只有一个人的投资才能称得上是独资。所以，个人独资企业，出资人仅限于自然人，而且必须是一个自然人投资创立的企业。这是个人独资企业的显著特征，或者说是决定其本质属性的特征。

第二，个人独资企业的财产为投资人个人所有。这是由前一个特点所决定的。在市场经济中所通行的谁投资、谁所有的原则，在个人独资企业中同样适用。个人独资企业只有一个自然人作为投资人，即个人独资企业的财产只来源于这个投资人的投资，因此，这个企业的财产应当归属于这个投资人所有，投资人对所投资企业的财产享有占有、使用、收益和处分的权利。

第三，个人独资企业的投资人以其个人财产对企业债务承担无限责任。即在责任形式上，个人独资企业的投资人作为债务人，要以其全部个人财产对其所投资的个人独资企业债务承担责任。这是因为，个人独资企业为其投资人一个人所拥有，收益为其个人所得，企业的风险、企业的债务都应由其个人承担；并且由于个人独资企业的财产与其投资人的个人财产是不可分离的，个人独资企业的投资人用于投资在个人独资企业的财产和其他个人财产，都一起构成了清偿企业债务的基础，作为清偿债务的保证。

第四，个人独资企业是一个经营实体。这是个人独资企业作为企业而言的一个特点，也是个人独资企业的一项基本要求。个人独资企业只有成为经营实体，才有存在的价值，才能在市场中发挥作用，也才能有独立的利益、履行其应尽的义务，成为权利和义务的主体。

第五，个人独资企业不是完全独立的纳税主体。在市场经济国家和地区，个人独资企业不是单独的纳税主体，个人独资企业的经营收入被看作业主的收入，由业主个人缴纳各种税收。对于所得税，个人独资企业按照业主个人所得缴纳个人所得税；而公司所得首先缴纳企业所得税，投资人从公司收益中分得的红利还必须缴纳个人或者企业所得税，即对于同一笔收入应当缴纳两次所得税。我国个人独资企业不缴纳企业所得税，由企业主缴纳个人所得税，实行一次征税。所以，相对来说，我国个人独资企业的税务负担较轻。

第六，个人独资企业的存在与业主个人的权利能力不可分割，企业随着业主的死亡而结束。个人独资企业的财产、管理运行都离不开业主，如果业主丧失民事行为能力，企业的许多业务就无法进行，企业的信用也将改变，这时的企业就不再是原来的企业；如果业主死亡，那么企业就已经发生根本变化，原来的企业就不再存在。

个人独资企业的这些基本特点，决定了这种企业形式的优势，也决定了它的局限性。一般地说，它的优势在于：个人投资，设立容易；规模较小，灵活多样；个人经营，效率较高；吸纳劳动力，扩大就业；有利于扩大社会投资；有利于适应产品、服务创新的需要等。它的局限性在于：企业的进退受投资人个人知识与能力状况影响很大；投资人个人承担的风险较大，并影响到经营的规模；企业的存续时间与投资人的状况联系紧密，可能造成企业稳定性相对较差等。

二、个人独资企业与公司、合伙企业的区别

作为当今市场经济最典型的三种企业形式，公司、合伙企业和个人独资企业，虽然同为以营利为目的的经济组织或者经济实体，但三者的法律形态截然不同。

（一）存在的法律依据不同

公司制企业依据公司法设立，受公司法调整；合伙制企业依据合伙企业法设立，受合伙企业法调整；个人独资企业依据个人独资企业法设立，受个人独资企业法调整。

（二）组建方式不同

公司由投资人共同出资设立，投资人可以是自然人，也可以是法人。合伙企业由两个以上合伙人共同出资设立，合伙人一般为自然人。个人独资企业由一个自然人投资设立。

（三）投资人与公司或者企业的财产关系不同，责任形式不同

公司股东的个人财产与其投入公司的财产彻底分离，股东以其出资额为限，对公司承担责任，即负有限责任。合伙企业合伙人的财产与合伙企业的财产相对分离，当合伙企业财产不足以清偿合伙企业债务时，合伙人以其投入合伙企业的财产以外的其他财产对合伙企业债务负连带清偿责任，即负无限责任。个人独资企业投资人的个人财产与企业财产不分离，投资人以其个人财产对企业债务承担无限责任。

（四）法律地位不同

公司是企业法人，合伙企业和个人独资企业是非法人。

（五）内部事务管理结构不同

公司设股东会、董事会、监事会，依照法定职权和公司章程的约定管理公司事务。合伙企业的合伙人依照合伙企业法的规定和合伙协议的约定，管理合伙企业事务。合伙人对执行合伙企业事务享有同等的权利，可以由全体合伙人执行合伙企业事务，也可以由合伙协议约定或者全体合伙人决定，委托一名或者数名合伙人执行合伙企业事务。不参加执行合伙企业事务的合伙人有权监督执行合伙企业事务的合伙人，检查他们执行合伙企业事务的情况。个人独资企业的出资人可以自行管理企业事务，也可以委托或者聘用其他具有民事行为能力的人管理企业事务。

除了上述主要区别外，个人独资企业与公司和合伙企业相比，一般规模较小，设立条件较宽松，设立程序较简便，进入或者退出市场也较灵活。但是其公示性（主要指财务公开程度）不如公司和合伙企业，投资者的经营风险大于公司和合伙企业。投资者可以根据自己的投资取向，自愿选择适合自身发展需要的企业形式进行投资，进入市场，参与竞争。

三、《个人独资企业法》的适用范围

我国《个人独资企业法》已于1999年8月30日由第九届全国人民代表大会常务委员会第十一次会议通过，并于2000年1月1日起正式施行。

在现代社会经济生活中，作为市场基本细胞的企业，在国外普遍采取三种基本的形式，即公司企业、合伙企业、个人独资企业。从历史上考察，个人独资企业、合伙企业和公司企业这三种基本形式的出现和发挥的作用，实际上是一个伴随着社会经济发展的企业组织形式的进步过程。但是，每一种企业形式又不可能完全取代另一种企业形式。因此，即使在公司形式被普遍采用的西方国家，独资形式、合伙形式的企业仍同时存在，三种企业形式共同构筑了西方企业立法的体系。我国在完善社会主义市场经济主体法律制度的过程中，已经制定了《公司法》《合伙企业法》《个人独资企业法》，完成了企业法体系的构建。

根据《个人独资企业法》第二条的规定，本法的适用范围包括符合本法规定条件的现有的个人独资企业和部分个体工商户，不包括国有和集体所有的独资企业，也不包括外商投资的独资企业。

根据《个人独资企业法》第一条规定，本法的立法宗旨在于：规范个人独资企业的行为，保护个人独资企业投资人和债权人的合法权益，维护社会经济秩序，促进社会主义市场经济的发展。

第三节　个人独资企业的设立

一、个人独资企业的设立条件

《个人独资企业法》第八条规定，设立个人独资企业应当具备下列五项条件。

（一）投资人为一个自然人

这是设立个人独资企业的最重要的条件，限定其投资人只能是一个人，并且必须是自然人。在现实生活中，个人可能以家庭共同财产作为个人出资进行投资，对此，《个人独资企业法》并不禁止，但要求在申请书中予以注明，以便于明确对企业债务以家庭共有财产来承担无限责任。但是，在申请设立登记时仍必须以一个自然人的名义进行。

必须注意的是，《个人独资企业法》第十六条规定："法律、行政法规禁止从事营利性活动的人，不得作为投资人申请设立个人独资企业。"这些人员主要包括行政机关公务人员、司法人员等。

（二）有合法的企业名称

个人独资企业名称是企业所享有的一种人格权，它必须依法确定，才能受法律保护。按规定，个人独资企业的名称应当符合名称登记管理有关规定，并与其责任形式及从事的行业相符合。个人独资企业名称中不得使用"有限"、"有限责任"或者"公司"字样。

（三）有投资人申报的出资

个人独资企业作为一个生产经营性实体，从事的是经济活动，投资人又只有一个，因此，投资人是一定要投入相当的人力、财力、物力等生产要素。具体而言，该项条件包含着以下四层意思：一是个人独资企业投资人必须有出资，没有出资便不能设立企业；二是出资的数额由投资人申报，在法律上没有规定出资的最低限额；三是仅规定要有出资而对出资来源未作限定，在守法的前提下，资金可以是自有的，也可以是家庭共有的，还可以是借来的或亲友支持的；四是出资的形式未作规定，可以是现金，也可以是实物，还可以是一些财产权利。

（四）有固定的生产经营场所和必要的生产经营条件

由于个人独资企业是一个经营实体，因此，它应当有一定的稳定性，并应当具备与所经营项目相适应的人力、物力、财力条件，这样才能保证企业实际运行起来，而不是一个"空壳子"。

（五）有必要的从业人员

从业人员包括个人独资企业投资人本人及亲属、依法招用的职工以及聘用的其他负责企业事务管理的人员等。总之，在我国境内设立个人独资企业，依法必须具备上述条件。

二、个人独资企业的设立程序

从个人独资企业的特点出发，个人独资企业的设立程序比较简便易行。其具体程序包括以下方面。

（一）申请

可以是投资人直接提出，也可以委托代理人提出。按《个人独资企业法》第十条规定，个人独资企业设立申请书应当载明下列事项：(1) 企业的名称和住所；(2) 投资人的姓名和居所；(3) 投资人的出资额和出资方式；(4) 经营范围。

（二）提交申请的有关文件

这些文件包括：(1) 投资人签署的个人独资企业设立申请书；(2) 投资人身份证明；(3) 企业住所证明；(4) 国家市场监督管理局规定的其他文件。如果从事法律、行政法规规定须报经有关部门审批的业务的，应当提交有关部门的批准文件。委托代理人申请设立登记的，应当提交投资人的委托书和代理人的身份证明或者资格证明。

（三）审查与登记

登记机关自收到全部设立申请文件之日起十五日内，作出核准登记或者不予登记的决定。予以核准的，发给营业执照；不予核准的，发给企业登记驳回通知书，并说明理由。

（四）成立

个人独资企业营业执照的签发日期为个人独资企业成立日期。

（五）设立分支机构或者登记事项发生变更，都应依法办理登记手续

经过登记机关核准，即予以登记，发给个人独资企业营业执照，企业于当日成立。个人独资企业要设立分支机构的，应当在分支机构所在地的企业登记机关申请登记，领取个人独资企业分支机构营业执照。

第四节　个人独资企业的权利与企业管理

一、个人独资企业的权利与义务

个人独资企业主对企业的权利主要体现在以下方面：(1) 对企业资产及运营收益享有完全的所有权，即可以依法占有、使用、收益、处分；(2) 对企业的生产经营活动有完全的决策权、指挥权和管理权；(3) 有权销售所属企业生产的产品和提供商业性服务；(4) 有权依据《中华人民共和国中小企业促进法》规定，申请政府对中小企业的各种优惠鼓励措施的资助；(5) 有权将企业的全部营业及财产转让、赠送、以遗嘱方式处分；(6) 有为扩大其经营规模而收购、并入其他企业的权利和设置分支机构的权利；(7) 有权以独资企业名义取得土地使用权；(8) 为维护其合法权益，有权以自己的名义或者企业的名义提起诉

讼，获得司法救济。

个人独资企业主的义务包括：依法开展经营活动；为企业建立财务、会计制度，依法缴纳税收；保障职工利益；做好环保工作等。

二、个人独资企业的事务管理

个人独资企业的事务管理，是控制和协调个人独资企业生产经营活动的行为，包括个人独资企业的生产经营管理，以及个人独资企业对内对外事务的处理。这是个人独资企业生产经营活动的一个重要内容，也是个人独资企业投资人行使其财产所有权、实现其财产的经济效益的重要方式。个人独资企业的特点及其财产法律关系所具有的基本性质，决定了个人独资企业事务管理方式的多样性。根据《个人独资企业法》第十九条的规定，独资企业投资人可以采取如下两种方式管理企业事务。

第一，由投资人自行管理企业事务。

第二，由投资人委托或者聘用其他具有民事行为能力的人管理企业事务。委托或聘用他人管理独资企业事务的，应当采用书面形式，由投资人与受委托的人或者被聘用的人签订合同，确定委托的具体内容和授予的权利范围。订立合同的双方都有责任恪守信用，认真执行。但是，投资人对受托人或者被聘用的人员职权的限制，不得对抗善意第三人。

三、个人独资企业的权益保护

《个人独资企业法》明确规定了对个人独资企业合法权益的保护，在“总则”中即强调“国家依法保护个人独资企业的财产和其合法权益”，这为个人独资企业的正常存在与发展提供了法律保障。具体主要包括以下几个方面。

（一）保护企业财产权的依法转让或继承

《个人独资企业法》第十七条规定：“个人独资企业投资人对本企业的财产依法享有所有权，其有关权利可以依法进行转让或继承。”

（二）防止在委托、授权管理中其合法权益受到侵害

《个人独资企业法》第二十条明确规定，投资人委托或者聘用的管理独资企业事务的人员不得有下列十种侵权的违法行为：(1) 利用职务上的便利，索取或者收受贿赂；(2) 利用职务或者工作上的便利侵占企业财产；(3) 挪用企业的资金归个人使用或者借贷给他人；(4) 擅自将企业资金以个人名义或者以他人名义开立账户存储；(5) 擅自以企业财产提供担保；(6) 未经投资人同意，从事与本企业相竞争的业务；(7) 未经投资人同意，同本企业订立合同或者进行交易；(8) 未经投资人同意，擅自将企业商标或者其他知识产权转让给他人使用；(9) 泄露本企业的商业秘密；(10) 法律、行政法规禁止的其他行为。《个人独资企业法》第四十条规定，如果投资人委托或聘用的人员违反上述侵犯个人独资

企业财产权益的，责令退还侵占的财产；给企业造成损失的，依法承担赔偿责任；有违法所得的，没收违法所得；构成犯罪的，依法追究刑事责任。这些规定既是对受委托或者被聘用人员行为的规范，也是对个人独资企业合法权益的切实保护。

（三）禁止任何不法的侵害行为

《个人独资企业法》第二十五条规定："任何单位和个人不得违反法律、行政法规的规定，以任何方式强制个人独资企业提供财力、物力、人力；对于违法强制提供财力、物力、人力的行为，个人独资企业有权拒绝。"《个人独资企业法》第四十一条还规定了违法强制个人独资企业提供财力、物力、人力者应承担的法律责任。

（四）确认应当享有的权利

个人独资企业不但有作为企业存在的权利，而且还应当享有依法申请贷款、取得土地使用权，以及法律、行政法规规定的其他权利。

四、个人独资企业的社会责任和对职工权利的保护

（一）个人独资企业的社会责任

个人独资企业是在社会中存在的经济实体，它应当对社会负有责任。《个人独资企业法》对个人独资企业的社会责任主要有以下五点规定。(1) 依法行事、合法经营的责任。个人独资企业从事经营活动必须遵守法律、行政法规，不得从事法律、行政法规禁止经营的业务。(2) 不损害社会公共利益的责任。个人独资企业可以依法谋取利益、追求利润，但是要以不损害社会公共利益为前提。(3) 遵守诚实信用原则，不得欺骗消费者和不得对社会公众有欺诈行为的责任。(4) 依法纳税的义务与责任。(5) 遵守社会公德及依法履行其他义务的责任。

（二）个人独资企业职工权利的保护

《个人独资企业法》对个人独资企业职工权利的保护作了如下规定：(1) 个人独资企业应当依法招用职工，职工的合法权益受法律保护；(2) 个人独资企业职工依法建立工会，工会依法开展活动；(3) 个人独资企业招用职工的，应当依照劳动法及其他有关法律与职工签订劳动合同，保障职工的劳动安全，按时、足额发放职工工资；(4) 应当按照国家规定参加社会保险，为职工缴纳社会保险费。

思考题

个人独资企业与公司相比较，有何特殊性？

第十二章 合伙企业法

第一节 引　　言

【案例】

A、B、C三位律师共同投资15万元人民币设立了甲律师事务所，确定甲律师事务所为“特殊”合伙。其中，A、B、C分别投资5万元。经过几年的积累，甲律师事务所资产共计30万元。一次，C代表甲律师事务所与乙公司签订代理风险投资控制合同。合同约定：先由乙公司预先支付律师费30万元，如果最后投资成功，再支付律师费30万元。但是，如果投资失败，甲律师事务所需要赔偿乙公司120万元。合同签订后，C非常努力，但还是出现了重大失误，造成乙公司投资失败。按照合同的约定，甲律师事务所需要赔偿乙公司120万元。

现在，乙公司派代表咨询：根据相关法律规定，乙公司应当如何维护自己的合法权利？为什么？甲律师事务所，以及A、B、C三位律师分别应当如何承担责任？为什么？

【案例分析】

《合伙企业法》规定：“以专业知识和专门技能为客户提供有偿服务的专业服务机构，可以设立为特殊的普通合伙企业。特殊的普通合伙企业名称中应当标明‘特殊普通合伙’字样。”

一个合伙人或者数个合伙人在执业活动中因故意或者重大过失造成企业债务的，应当承担无限责任或者无限连带责任，其他合伙人以其在合伙企业中的财产份额为限承担责任。合伙人执业活动中因故意或者重大过失造成的合伙企业债务，以合伙财产对外承担责任后，该合伙人应当按照合伙协议的约定对给合伙企业造成的损失承担赔偿责任。

本案中，A、B、C三位律师共同投资设立了甲律师事务所，确定为“特殊”合伙。所以，对于甲律师事务所及其合伙人的法律责任应当按照“特殊合伙企业”相关法律处理。

C代表甲律师事务所与乙公司签订代理风险投资控制合同，属于执业活动。C存在重大失误，造成乙公司投资失败，需要赔偿乙公司120万元。C作为“特殊合伙企业”甲律师事务所的合伙人，在执业活动中，存在重大失误，造成甲律师事务所120万元损失，其个人应当对此承担无限责任。甲律师事务所的其他合伙人仅以其个人在甲律师事务所的财产承担责任，即A、B分别以其在甲律师事务所的5万元，合计10万元对该120万元债务承担责任，不需要承担其他责任。甲律师事务所以其全部财产30万元，对因C的执业行为而形成的乙公司债务承担责任。但是C还要按照协议约定对自己给甲律师事务所造成的损失承担赔偿责任。

所以，乙公司应当要求甲律师事务所承担因其合伙人C的行为给自己造成的120万元损失，并要求C本人对该债务承担无限责任。

【评析】

普通合伙企业具有典型的"人合性"，是基于合伙人彼此信任而聚集在一起的组织。"特殊普通合伙"企业是以专业知识和专门技能为客户提供有偿服务的专业服务机构，合伙人的专业素养及道德修养特别重要。同时，合伙人具有很强的独立性。所以，"特殊普通合伙"企业有较好的"防火墙"制度，以阻止因为个别或者其他合伙人的故意或者重大过失而牵连其他合伙人和合伙企业。本案中的C缺乏很好的风险意识，最后导致自己承担沉重的经济责任，也给自己所在的甲律师事务所带来损失和麻烦。所以，合伙人，特别是普通合伙人在执业时，必须专业素质过硬，对自己的业务心存敬畏，且懂得合理防范风险。

第二节 合伙企业法概述

一、合伙企业法的概念及其适用

合伙企业法有广义和狭义之分。狭义的合伙企业法是指由国家最高立法机关依法制定的、规范合伙企业合伙关系的专门法律，即《中华人民共和国合伙企业法》。该法于1997年2月23日由第八届全国人民代表大会常务委员会第二十四次会议通过，自1997年8月1日起施行。2006年8月27日，第十届全国人民代表大会常务委员会第二十三次会议对原《合伙企业法》进行了大规模修订，形成了全新的《合伙企业法》。广义的合伙企业法是指国家立法机关或者其他有权机关依法制定的、调整合伙企业合伙关系的各种法律规范的总称。本书主要介绍狭义的合伙企业法。

根据我国《合伙企业法》规定，本法仅适用于其规定的合伙企业。具体适用该法时，需注意以下三个方面的问题。

第一，该法不适用于不具备企业形态的契约型合伙。合伙企业与契约型合伙的主要区别在于：(1) 合伙企业必须具有营利目的，而契约型合伙不一定具有营利目的；(2) 合伙企业具有较为长期稳定的营业，而契约型合伙的营业往往是临时性的；(3) 合伙企业必须有自己的名称，而契约型合伙则不一定有名称；(4) 设立合伙企业必须向企业登记机关申请登记，而契约型合伙则只要订立合伙合同即为成立。

第二，该法规定的合伙企业，仅限于应由市场监督管理机关登记管理的企业。对由其他行政主管部门登记管理的同样采用合伙制的律师事务所、会计师事务所等组织，不适用于《合伙企业法》。

第三，该法规定的合伙企业，仅限于以自然人为合伙人的企业，不包括企业法人之间的合伙型联营。

二、合伙企业的概念与分类

《合伙企业法》第二条规定："本法所称合伙企业，是指自然人、法人和其他组织依照本法在中国境内设立的普通合伙企业和有限合伙企业。普通合伙企业由普通合伙人组成，合伙人对合伙企业债务承担无限连带责任。本法对普通合伙人承担责任的形式有特别规定的，从其规定。有限合伙企业由普通合伙人和有限合伙人组成，普通合伙人对合伙企业债务承担无限连带责任，有限合伙人以其认缴的出资额为限对合伙企业债务承担责任。"从逻辑学的角度看，《合伙企业法》对合伙企业采取的是外延定义法，只是确定了合伙企业的外延，而没有提炼出合伙企业的本质特性。本书认为，我国合伙企业为依法设立的，部分或者全部合伙人对合伙企业债务承担无限连带责任的企业。

按照合伙人对合伙企业承担的责任不同，我国合伙企业分为普通合伙企业和有限合伙企业。若合伙企业的全部合伙人对合伙企业债务承担无限连带责任，则为普通合伙企业；若合伙企业存在合伙人对合伙企业债务承担有限责任情形的，则为有限合伙企业。按照普通合伙企业合伙人对企业承担责任的方式不同，普通合伙企业又可以分为一般普通合伙企业和特殊的普通合伙企业。一般普通合伙企业合伙人对企业债务承担无限连带责任；特殊的普通合伙企业的一个合伙人或者数个合伙人在执业活动中因故意或者重大过失造成合伙企业债务的，应当承担无限责任或者无限连带责任，其他合伙人以其在合伙企业中的财产份额为限承担责任。

三、合伙企业的特征

根据我国《合伙企业法》的规定，合伙企业具有以下特征。

（一）合伙企业必须由两个或者两个以上合伙人组成

合伙企业不是单个人的行为，而是多个人的联合。至于合伙企业由多少合伙人组成，有些国家的法律作了限制性规定。我国《合伙企业法》规定，普通合伙企业的合伙人为两人以上，没有规定人数上限。但是，对于有限合伙企业，《合伙企业法》第六十一条规定："有限合伙企业由二个以上五十个以下合伙人设立；但是，法律另有规定的除外。有限合伙企业至少应当有一个普通合伙人。"

（二）合伙企业以合伙协议为基础

设立合伙企业，全体合伙人必须协商一致，签订书面合伙协议。合伙协议是合伙人建立合伙关系、确定合伙人各自的权利和义务，使合伙企业得以设立的前提，也是合伙企业的基础。如果没有合伙协议，合伙人之间未形成合伙关系，合伙企业便不能成立。

（三）合伙企业不是企业所得税纳税人

《合伙企业法》第六条规定："合伙企业的生产经营所得和其他所得，按照国家有关税收规定，由合伙人分别缴纳所得税。"

（四）不同类型的合伙企业合伙人对企业债务不同的法律责任

普通合伙企业的合伙人对合伙企业债务承担无限连带责任。但是，特殊的普通合伙企业的合伙人对企业债务承担的责任具有特殊性。《合伙企业法》第五十七条规定：特殊的普通合伙"一个合伙人或者数个合伙人在执业活动中因故意或者重大过失造成合伙企业债务的，应当承担无限责任或者无限连带责任，其他合伙人以其在合伙企业中的财产份额为限承担责任。"有限合伙企业的普通合伙人对合伙企业的债务承担无限责任或者无限连带责任；有限合伙人则以其在合伙企业的出资为限承担有限责任。

（五）合伙企业由普通合伙人经营，其他合伙人不直接参与经营

《合伙企业法》规定，普通合伙企业的合伙人对执行合伙事务享有同等的权利。普通合伙企业按照合伙协议的约定或者经全体合伙人决定，可以委托一个或者数个合伙人对外代表合伙企业，执行合伙事务。

有限合伙企业由普通合伙人执行合伙事务。执行事务合伙人可以要求在合伙协议中确定执行事务的报酬及报酬提取方式。

（六）合伙企业设立程序简单

与设立公司相比较，设立合伙企业的程序相对简单，企业发起人需要递交的材料较少。《合伙企业法》规定，申请设立合伙企业，申请人应当向企业登记机关提交登记申请书、合伙协议书、合伙人身份证明等文件。合伙企业的经营范围中有属于法律、行政法规规定登记前须经批准的项目的，该项经营业务应当依法经过批准，并在登记时提交批准文件。申请人提交的登记申请材料齐全、符合法定形式，企业登记机关能够当场登记的，应予当场登记，发给营业执照。除前述规定情形外，企业登记机关应当自受理申请之日起二十日内，作出是否登记的决定。予以登记的，发给营业执照；不予登记的，应当给予书面答复，并说明理由。合伙企业的营业执照签发日期，为合伙企业成立日期。合伙企业领取营业执照前，合伙人不得以合伙企业名义从事合伙业务。

合伙企业设立分支机构，应当向分支机构所在地的企业登记机关申请登记，领取营业执照。

合伙企业登记事项发生变更的，执行合伙事务的合伙人应当自作出变更决定或者发生变更事由之日起十五日内，向企业登记机关申请办理变更登记。

第三节 普通合伙企业

一、普通合伙企业的设立条件

《合伙企业法》第十四条规定，设立合伙企业应当具备下列五项条件。

（一）有两个以上合伙人。合伙人为自然人的，应当具有完全民事行为能力

至于合伙人人数的上限，法律并未作出明确的规定，而是允许当事人自行选择。不过由于合伙企业具有典型的人合性，注重合伙人之间的相互信任关系，所以一般而言，在合伙企业中，合伙人不会太多。

合伙人应当具备如下三点资格。(1) 合伙人可以是法人等组织，也可以是自然人。法律规定，由于其自身的特点，国有独资公司、国有企业、上市公司以及公益性的事业单位、社会团体不得成为普通合伙人；自然人合伙人必须是具有完全民事行为能力的人。(2) 法律、行政法规禁止从事营利性活动的人，不得成为合伙企业的合伙人，如法官、检察官等。(3) 合伙人应当是依法承担无限责任者。

（二）有书面合伙协议

合伙协议为要式合同，是成立合伙的基本文件。它由各合伙人通过协商一致以书面方式订立，对全体合伙人均具有法律上的约束力。《合伙企业法》第十八条规定："合伙协议应当载明下列事项：（一）合伙企业的名称和主要经营场所的地点；（二）合伙目的和合伙经营范围；（三）合伙人的姓名或者名称、住所；（四）合伙人的出资方式、数额和缴付期限；（五）利润分配、亏损分担方式；（六）合伙事务的执行；（七）入伙与退伙；（八）争议解决办法；（九）合伙企业的解散与清算；（十）违约责任。"

合伙协议经全体合伙人签名、盖章后生效。合伙人按照合伙协议享有权利，履行义务。修改或者补充合伙协议，应当经全体合伙人一致同意；但是，合伙协议另有约定的除外。合伙协议未约定或者约定不明确的事项，由合伙人协商决定；协商不成的，依照《合伙企业法》和其他有关法律、行政法规的规定处理。

（三）有合伙人认缴或者实际缴付的出资

作为合伙企业成立的前提条件之一，各合伙人应向合伙企业投入合伙协议约定的出资，作为合伙企业存续期间的财产组成部分。合伙人可以用货币、实物、知识产权、土地使用权或者其他财产权利出资，也可以用劳务出资。合伙人以实物、知识产权、土地使用权或者其他财产权利出资，需要评估作价的，可以由全体合伙人协商确定，也可以由全体合伙人委托法定评估机构评估。合伙人以劳务出资的，其评估办法由全体合伙人协商确定，并在合伙协议中载明。

合伙人应当按照合伙协议约定的出资方式、数额和缴付期限，履行出资义务。以非货

币财产出资的，依照法律、行政法规的规定，需要办理财产权转移手续的，应当依法办理。合伙人按照合伙协议的约定或者经全体合伙人决定，可以增加或者减少对合伙企业的出资。

(四) 有合伙企业的名称和生产经营场所

在合伙期间，合伙企业拥有自己的名称，才能以自己的名义从事各种民事活动。合伙企业对其登记的名称享有专有使用权，其他任何人未经许可，不得使用合伙企业的名称，否则将构成民事侵权行为。《合伙企业法》第十五条规定，普通合伙企业名称中应当标明“普通合伙”字样。

生产经营场所是指合伙企业从事生产经营活动的所在地。其必要条件是指就某一特定的合伙企业而言，根据其所从事业务的特点和要求，它正常开展业务所需要的条件和设施。

(五) 法律、行政法规规定的其他条件

设立合伙企业还应当具备法律、行政法规规定的其他条件。

二、合伙企业的财产及利润分配

(一) 合伙企业财产的构成

《合伙企业法》第二十条规定，合伙人的出资、以合伙企业名义取得的收益和依法取得的其他财产，均为合伙企业的财产。根据上述规定可知，合伙企业财产由以下两部分构成：(1) 合伙人的出资；(2) 合伙企业的收益。

另外，《合伙企业法》规定，合伙人在合伙企业清算前，不得请求分割合伙企业的财产；但是，本法另有规定的除外。合伙人在合伙企业清算前私自转移或者处分合伙企业财产的，合伙企业不得以此对抗善意第三人。

(二) 合伙企业财产的转让

合伙企业财产的转让，是指合伙人将自己在合伙企业中的财产份额转让予他人。由于合伙企业各合伙人是基于相互的信任而结成的一个人合性组织体，因此，合伙企业财产的转让，必将影响合伙企业以及各合伙人的切身利益。除合伙协议另有约定外，合伙人向合伙人以外的人转让其在合伙企业中的全部或者部分财产份额时，须经其他合伙人一致同意。合伙企业财产转让分为合伙人之间转让和合伙人对外转让两种类型。(1) 合伙人之间转让。《合伙企业法》第二十二条规定：“合伙人之间转让在合伙企业中的全部或者部分财产份额时，应当通知其他合伙人。”(2) 合伙人对外转让。《合伙企业法》规定，合伙人向合伙人以外的人转让其在合伙企业中的财产份额的，在同等条件下，其他合伙人有优先购买权；但是，合伙协议另有约定的除外。合伙人以外的人依法受让合伙人在合伙企业中的财产份额的，经修改合伙协议即成为合伙企业的合伙人，依照本法和修改后的合伙协议享有权利，履行义务。合伙人以其在合伙企业中的财产份额出质的，须经其他合伙人一致同意；未经其他合伙人一致同意，其行为无效，由此给善意第三人造成损失的，由行为人依法承担赔偿责任。

（三）合伙企业的利润分配及亏损分担

合伙企业的利润分配、亏损分担，按照合伙协议的约定办理；合伙协议未约定或者约定不明确的，由合伙人协商决定；协商不成的，由合伙人按照实缴出资比例分配、分担；无法确定出资比例的，由合伙人平均分配、分担。合伙协议不得约定将全部利润分配给部分合伙人或者由部分合伙人承担全部亏损。

三、普通合伙企业的事务执行

（一）普通合伙事务执行的方式

《合伙企业法》第二十六条规定："合伙人对执行合伙事务享有同等的权利。"

普通合伙企业可以按照以下两种方式执行合伙企业事务。

(1) 委托经营管理模式。《合伙企业法》规定，合伙企业可以按照合伙协议的约定或者经全体合伙人决定，委托一个或者数个合伙人对外代表合伙企业，执行合伙事务。作为合伙人的法人、其他组织执行合伙事务的，由其委派的代表执行。委托一个或者数个合伙人执行合伙事务的，其他合伙人不再执行合伙事务。不执行合伙事务的合伙人有权监督执行事务合伙人执行合伙事务的情况。由一个或者数个合伙人执行合伙事务的，执行事务合伙人应当定期向其他合伙人报告事务执行情况以及合伙企业的经营和财务状况，其执行合伙事务所产生的收益归合伙企业，所产生的费用和亏损由合伙企业承担。合伙人为了解合伙企业的经营状况和财务状况，有权查阅合伙企业会计账簿等财务资料。受委托执行合伙事务的合伙人不按照合伙协议或者全体合伙人的决定执行事务的，其他合伙人可以决定撤销该委托。被聘任的合伙企业的经营管理人员应当在合伙企业授权范围内履行职务。

(2) 合伙人分别经营管理模式。《合伙企业法》规定，合伙企业可以由各合伙人分别执行合伙事务。如果各合伙人分别执行合伙事务，执行事务合伙人可以对其他合伙人执行的事务提出异议。提出异议时，应当暂停该项事务的执行。如果发生争议，合伙协议有规定的，按照约定执行；没有约定的，则按照合伙人一人一票原则，经全体合伙人过半数通过的表决办法来决定最后结果。

（二）普通合伙事务执行的表决方式

合伙企业事项分为两类，即合伙企业重大事项和普通事项。对于合伙企业重大事项，《合伙企业法》第三十一条规定："除合伙协议另有约定外，合伙企业的下列事项应当经全体合伙人一致同意：（一）改变合伙企业的名称；（二）改变合伙企业的经营范围、主要经营场所的地点；（三）处分合伙企业的不动产；（四）转让或者处分合伙企业的知识产权和其他财产权利；（五）以合伙企业名义为他人提供担保；（六）聘任合伙人以外的人担任合伙企业的经营管理人员。”

对于其他事项，即普通事项的决议，按照合伙协议约定的表决办法办理。合伙协议未约定或者约定不明确的，实行合伙人一人一票并经全体合伙人过半数通过的表决办法。

（三）普通合伙人在执行合伙事务中的义务

普通合伙人不得自营或者同他人合作经营与本合伙企业相竞争的业务。除合伙协议另有约定或者经全体合伙人一致同意外，普通合伙人不得同本合伙企业进行交易。普通合伙人不得从事损害本合伙企业利益的活动。

被聘任的合伙企业的经营管理人员，超越合伙企业授权范围履行职务，或者在履行职务过程中因故意或者重大过失给合伙企业造成损失的，依法承担赔偿责任。

四、普通合伙企业与第三人关系

（一）合伙人的对外代表权

关于合伙人对外代表权的法律性质，从各国的立法例和法学理论来看，都认为是代理关系，即对外执行合伙企业事务的合伙人是合伙企业和其他合伙人的代理人，在其代表权（也称执行权）范围内代表着其他合伙人，该合伙人以合伙企业或其他合伙人的名义所为的行为，直接对合伙企业发生法律效力。但是，这种代理与一般委托代理还不能完全等同。一般委托代理是基于委托合同或雇佣合同产生的，但是，委任合同或雇佣合同的成立和生效，并不当然地产生代理权，只有当委托人作出委托授权的单方行为时，代理权才能产生。而合伙企业中的代理则是直接根据合伙协议关系产生的，合伙人既有对外代理合伙企业的权利，也有对外代理合伙企业的义务。

根据《合伙企业法》规定，在我国合伙企业中，合伙人的对外代表权包含以下内容。

1. 以所有合伙人都拥有对外代表权为原则

合伙企业事务由全体合伙人执行时，每个合伙人只要在合伙企业业务范围之内，以该行业通常方式作出的任何行为，都对合伙企业及其他合伙人有约束力。实践中，合伙人应当根据实际情况确定执行合伙企业事务的方法。如果合伙人人数较少，经营内容单一，最好由全体合伙人共同执行事务，并就全部的合伙企业事务共同对外代表合伙企业；如果合伙人人数较多，经营管理环节繁多，则以全体合伙人分别执行事务，并在各自授权执行事务的范围内对外代表合伙企业为宜。

2. 委托一名或数名合伙人代表合伙企业

根据合伙协议的约定或由全体合伙人共同决定，合伙企业也可委托一名或数名合伙人执行合伙企业事务，并对外代表合伙企业。具体方式有：第一，由一名合伙人执行，此时，该合伙人对全部合伙企业事务拥有对外代表权；第二，由数名合伙人共同执行，此时，该数名合伙人对全部合伙企业事务拥有对外代表权：第三，由数名合伙人分别执行，此时，各个合伙人只有在合伙企业授权的范围之内，享有对外代表合伙企业的权利。

3. 普通合伙企业对合伙人执行合伙企业事务以及对外代表合伙企业权利的限制，不得对抗不知情的善意第三人

合伙人执行合伙事务的权利和对外代表合伙企业的权利，都会受到一定的内部限制。如果这种内部限制对第三人发生效力，则必须以第三人知道这一情况为条件，否则，该内部限制不对该第三人发生抗辩力。《合伙企业法》第三十七条对此专门作了规定，合伙企业对合伙人执行合伙企业事务以及对外代表合伙企业所作的限制，不得对抗不知情的善意第三人。因此，在实践中，合伙人以合伙企业的名义与该第三人进行交易的法律后果仍然应当由合伙企业承担，但是，合伙企业在对外承担了对第三人的责任之后，可以向超越授权范围的合伙人行使追偿权。没有该项事务执行权的合伙人，擅自执行合伙企业的该项事务，从而给合伙企业或者其他合伙人造成损失的，应当承担赔偿责任。如果合伙人在执行合伙企业事务的过程中给他人造成了损害，侵犯了他人的合法权益，则应当先由合伙企业承担赔偿责任。

享有对外代表权的合伙人，其执行合伙企业事务的行为视为合伙企业和其他合伙人的代理行为，应当由合伙企业和全体合伙人承担该行为的法律后果，合伙人的侵权行为也应先由合伙企业承担赔偿责任。在合伙企业对外承担赔偿责任之后，再在合伙企业内部根据合伙人是否有过错、过错程度如何，追究合伙人的责任。

（二）普通合伙企业和合伙人的债务清偿

1. 普通合伙企业债务与合伙人的关系

合伙企业债务是指在合伙关系存续期间，合伙企业以其字号或全体合伙人的名义，在与第三人发生民事法律关系中所承担的债务。对于合伙企业债务，按《合伙企业法》第三十九条的规定，首先，债务清偿的标的，必须是合伙企业到期债务。其次，债务清偿的顺序，必须是先以合伙企业的全部财产进行清偿，只有当合伙企业财产不足以清偿时，才由合伙人以其个人财产进行清偿。最后，各合伙人承担无限连带清偿责任。这是合伙企业最重要的法律特征之一，也是合伙企业区别于公司的重要标志之一。无限责任是指合伙人不仅要以其出资的财产承担清偿合伙债务，当出资的财产不足以清偿时，还要用其尚未出资的个人所有或经营管理的全部财产承担清偿责任。连带责任是指每个合伙人均负有清偿全部合伙债务的义务，合伙的债权人有权向任何一个、几个或全体合伙人提出履行债务的请求，被请求的合伙人不得以合伙人之间的债务分担比例加以拒绝。各合伙人的无限连带责任是一种法定责任，也是一种加重责任。这样规定主要是基于法律对合伙人的出资标的、最低出资数额、盈余分配前一定后备基金的提取很少有要求，以及合伙财产的共有性质和全体合伙人对第三人的共同行为而决定的。

合伙人之间的债务分担比例虽然对债权人没有约束力，但是，如果合伙人实际支付的清偿数额超过了其依照既定比例所应承担的数额，依照《合伙企业法》第四十条的规定，该合伙人有权就该超过部分，向其他未支付或者未足额支付应承担数额的合伙人追偿。

2. 普通合伙人个人债务与合伙企业的关系

在合伙企业存续期间，可能发生个别合伙人因不能偿还其私人债务而被追索的情况。由于合伙人在合伙企业中拥有财产利益，合伙人的债权人可能向合伙企业提出各种清偿请求。为保护合伙企业和其他合伙人的合法权益，同时也保护债权人的合法权益，《合伙企业法》规定了两种不同的方式。第一，如果合伙人发生与合伙企业无关的债务，相关债权人不得以其债权抵销其对合伙企业的债务；也不得代位行使合伙人在合伙企业中的权利。第二，如果合伙人的自有财产不足以清偿其与合伙企业无关的债务的，该合伙人可以以其从合伙企业中分取的收益用于清偿；债权人也可以依法请求人民法院强制执行该合伙人在合伙企业中的财产份额用于清偿。人民法院强制执行合伙人的财产份额时，应当通知全体合伙人，其他合伙人有优先购买权；其他合伙人未购买，又不同意将该财产份额转让给他人的，应当依法为该合伙人办理退伙结算，或者办理削减该合伙人相应财产份额的结算。

五、入伙与退伙

（一）入伙

入伙，是指合伙成立后，第三人加入合伙并取得合伙人资格的行为。《合伙企业法》第四十三条规定，普通合伙企业的新合伙人入伙时，除合伙协议另有约定外，应当经全体合伙人一致同意，并依法订立书面入伙协议。订立入伙协议时，原合伙人应当向新合伙人如实告知原合伙企业的经营状况和财务状况。

入伙的新合伙人与原合伙人享有同等权利，承担同等责任。入伙协议另有约定的，从其约定。新合伙人对入伙前合伙企业的债务承担无限连带责任。

（二）退伙

退伙，是指合伙人脱离合伙组织，丧失合伙人资格的行为。

1. 退伙的形式与条件

根据退伙的原因不同，退伙可分为声明退伙、法定退伙和除名。

声明退伙也称为任意退伙，是指出于合伙人自己的意思而退伙。根据《合伙企业法》第四十五条规定："合伙协议约定合伙期限的，在合伙企业存续期间，有下列情形之一的，合伙人可以退伙：（一）合伙协议约定的退伙事由出现；（二）经全体合伙人一致同意；（三）发生合伙人难以继续参加合伙的事由；（四）其他合伙人严重违反合伙协议约定的义务。"

合伙协议未约定合伙期限的，合伙人在不给合伙企业事务执行造成不利影响的情况下，可以退伙，但应当提前三十日通知其他合伙人。合伙人违反上述规定，擅自退伙的，应当赔偿由此给合伙企业造成的损失。

法定退伙是指并非基于合伙人本人的意思，而是根据法律规定的条件退伙。《合伙企业法》第四十八条规定："合伙人有下列情形之一的，当然退伙：（一）作为合伙人的自然人死亡或者被依法宣告死亡；(二) 个人丧失偿债能力；(三) 作为合伙人的法人或者其他组织依法被吊销营业执照、责令关闭、撤销，或者被宣告破产；(四) 法律规定或者合伙协议约定合伙人必须具有相关资格而丧失该资格；(五) 合伙人在合伙企业中的全部财产份额被人民法院强制执行。合伙人被依法认定为无民事行为能力人或者限制民事行为能力人的，经其他合伙人一致同意，可以依法转为有限合伙人，普通合伙企业依法转为有限合伙企业。其他合伙人未能一致同意的，该无民事行为能力或者限制民事行为能力的合伙人退伙。退伙事由实际发生之日为退伙生效日。”该法第五十条规定：“合伙人死亡或者被依法宣告死亡的，对该合伙人在合伙企业中的财产份额享有合法继承权的继承人，按照合伙协议的约定或者经全体合伙人一致同意，从继承开始之日起，取得该合伙企业的合伙人资格。有下列情形之一的，合伙企业应当向合伙人的继承人退还被继承合伙人的财产份额：(一) 继承人不愿意成为合伙人；(二) 法律规定或者合伙协议约定合伙人必须具有相关资格，而该继承人未取得该资格；(三) 合伙协议约定不能成为合伙人的其他情形。合伙人的继承人为无民事行为能力人或者限制民事行为能力人的，经全体合伙人一致同意，可以依法成为有限合伙人，普通合伙企业依法转为有限合伙企业。全体合伙人未能一致同意的，合伙企业应当将被继承合伙人的财产份额退还该继承人。”

除名是依照合伙企业的多数合伙人依据法律或者合伙人协议作出处罚决议而导致的退伙。《合伙企业法》第四十九条规定：“合伙人有下列情形之一的，经其他合伙人一致同意，可以决议将其除名：(一) 未履行出资义务；(二) 因故意或者重大过失给合伙企业造成损失；(三) 执行合伙事务时有不正当行为；(四) 发生合伙协议约定的事由。对合伙人的除名决议应当书面通知被除名人。被除名人接到除名通知之日，除名生效，被除名人退伙。被除名人对除名决议有异议的，可以自接到除名通知之日起三十日内，向人民法院起诉。”

2. 退伙的效力

退伙的效力即退伙所引起的法律后果。具体而言，退伙的效力表现在：合伙人退伙，其他合伙人应当与该退伙人按照退伙时的合伙企业财产状况进行结算，退还退伙人的财产份额。退伙人对给合伙企业造成的损失负有赔偿责任的，相应扣减其应当赔偿的数额。退伙时有未了结的合伙企业事务的，待该事务了结后进行结算。退伙人在合伙企业中财产份额的退还办法，由合伙协议约定或者由全体合伙人决定，可以退还货币，也可以退还实物。退伙人对基于其退伙前的原因发生的合伙企业债务，承担无限连带责任。合伙人退伙时，合伙企业财产少于合伙企业债务的，退伙人应当依照法律规定或者合伙企业协议的约定分担亏损。

六、特殊的普通合伙企业

（一）特殊的普通合伙企业适用范围

会计师事务所、律师事务所等专业服务机构是以专业知识和专门技能为客户提供有偿服务的专业服务机构。这类合伙企业的利润和风险完全依赖于合伙人的执业状况。如果合伙企业的合伙人认真、努力执业，企业将会得到较多的利润，合伙人也会得到丰厚的回报。如果合伙企业的合伙人在执业过程中，存在故意损害企业利益或者存在重大过失损害企业利益情形，仍然要求其他合伙企业合伙人对其给企业造成的损失承担无限连带责任，显得不合情理。为此，《合伙企业法》第五十五条规定："以专业知识和专门技能为客户提供有偿服务的专业服务机构，可以设立为特殊的普通合伙企业。"

（二）特殊的普通合伙企业的特点

特殊的普通合伙企业具有普通合伙企业的一般特征，但其还具有自身的以下特点。

1. 特殊的普通合伙企业名称中应当标明"特殊普通合伙"字样

由于特殊的合伙企业在对外承担责任方面具有特点，所以《合伙企业法》规定，这类合伙企业的名称中具有明显标识，使合伙企业的相对人知晓该企业具有特殊性。这样，如果发生该合伙企业一个合伙人或者数个合伙人在执业活动中因故意或者重大过失造成合伙企业债务情形，且合伙企业无法独立清偿这些债务的，该债务相对人能够依法要求以上行为人对该债务承担无限责任或者无限连带责任。

2. 特殊的普通合伙企业的合伙人对其他合伙人的严重错误行为承担有限责任

一般的普通合伙企业合伙人的职务行为给企业形成的债务，无论其是否存在故意或者重大过失，如果合伙企业无法独立清偿，那么，全体合伙企业的合伙人都应当对该债务承担无限连带责任。但是，如果该企业为特殊的普通合伙企业，企业合伙人对合伙企业债务的责任具有自己的特点。《合伙企业法》规定，一个合伙人或者数个合伙人在执业活动中因故意或者重大过失造成合伙企业债务的，应当承担无限责任或者无限连带责任，其他合伙人以其在合伙企业中的财产份额为限承担责任。合伙人在执业活动中非因故意或者重大过失造成的合伙企业债务以及合伙企业的其他债务，由全体合伙人承担无限连带责任。这样，特殊的普通合伙企业的合伙人对其他合伙人在执业活动中因故意或者重大过失造成合伙企业债务的，以其在合伙企业中的财产份额为限，承担有限责任。

3. 特殊的普通合伙企业应当尽量减轻企业的执业风险

特殊的普通合伙企业合伙人的执业活动为职务行为，其产生的法律后果应当由该合伙企业承继，包括因其故意或者重大过失造成的合伙企业债务。法律没有直接规定因故意或者重大过失造成合伙企业债务的合伙人的法律责任，所以，合伙协议可以约定：合伙人执业活动中因故意或者重大过失造成的合伙企业债务，应当由其承担赔偿责任。如果合伙协议有以上约定的，合伙企业可以按照约定追究该合伙人的赔偿责任。

另外，特殊的普通合伙企业应当建立执业风险基金，并办理职业保险。执业风险基金用于偿付合伙人执业活动造成的债务。执业风险基金应当单独立户管理。

第四节　有限合伙企业

一、有限合伙企业的设立

设立有限合伙企业，除了应当具备普通合伙企业及其合伙人的条件外，还应当具备以下条件。

（一）有限合伙人人数应当限制

有限合伙企业为有限合伙人和普通合伙人共同设立。有限合伙企业由二个以上五十个以下合伙人设立，其中至少应当有一个普通合伙人；但是，法律另有规定的除外。

（二）有限合伙企业的名称应当符合要求

有限合伙企业名称中应当标明“有限合伙”字样，登记事项中应当载明有限合伙人的姓名或者名称及认缴的出资数额。

（三）有限合伙企业的合伙协议应当体现有限合伙人的权责

《合伙企业法》第六十三条规定，有限合伙企业的合伙协议除符合关于普通合伙协议的规定外，还应当载明下列事项：(1) 普通合伙人和有限合伙人的姓名或者名称、住所；(2) 执行事务合伙人应具备的条件和选择程序；(3) 执行事务合伙人的权限与违约处理办法；(4) 执行事务合伙人的除名条件和更换程序；(5) 有限合伙人入伙、退伙的条件、程序以及相关责任；(6) 有限合伙人和普通合伙人相互转变程序。

（四）有限合伙人的出资应当符合要求

有限合伙人可以用货币、实物、知识产权、土地使用权或者其他财产权利作价出资。有限合伙人不得以劳务出资。有限合伙人应当按照合伙协议的约定按期足额缴纳出资；未按期足额缴纳的，应当承担补缴义务，并对其他合伙人承担违约责任。

二、有限合伙企业的有限合伙人的权利

（一）有限合伙企业的有限合伙人不执行合伙事务，合伙事务由普通合伙人执行

有限合伙人不执行合伙事务，不得对外代表有限合伙企业。有限合伙企业由普通合伙人执行合伙事务。执行事务合伙人可以要求在合伙协议中确定执行事务的报酬及报酬提取方式。

（二）有限合伙企业的有限合伙人具有合伙事务执行监督权

有限合伙企业的合伙人不执行合伙事务，但有权监督普通合伙人执行合伙事务。《合伙企业法》第六十八条规定，有限合伙人具有以下权利：(1) 参与决定普通合伙人入伙、退伙；(2) 对企业的经营管理提出建议；(3) 参与选择承办有限合伙企业审计业务的会计师事务所；(4) 获取经审计的有限合伙企业财务会计报告；(5) 对涉及自身利益的情况，查阅

有限合伙企业财务会计账簿等财务资料；(6) 在有限合伙企业中的利益受到侵害时，向有责任的合伙人主张权利或者提起诉讼；(7) 执行事务合伙人怠于行使权利时，督促其行使权利或者为了本企业的利益以自己的名义提起诉讼；(8) 依法为本企业提供担保。

(三) 在合伙协议没有规定的情形下，有限合伙人有较大的自由权

《合伙企业法》规定，有限合伙人可以同本有限合伙企业进行交易；可以自营或者同他人合作经营与本有限合伙企业相竞争的业务；可以将其在有限合伙企业中的财产份额出质；但是，合伙协议另有约定的除外。

(四) 有限合伙人有权转让其在合伙企业中的财产份额

有限合伙人可以按照合伙协议的约定，向合伙人以外的人转让其在有限合伙企业中的财产份额，但应当提前三十日通知其他合伙人。

有限合伙人的自有财产不足清偿其与合伙企业无关的债务的，该合伙人可以以其从有限合伙企业中分取的收益用于清偿；债权人也可以依法请求人民法院强制执行该合伙人在有限合伙企业中的财产份额用于清偿。人民法院在强制执行有限合伙人的财产份额时，应当通知全体合伙人，在同等条件下，其他合伙人有优先购买权。

三、有限合伙企业的有限合伙人的责任

(一) 一般情形下，有限合伙人对有限合伙企业债务的法律责任

有限合伙企业由普通合伙人和有限合伙人组成，普通合伙人对合伙企业债务承担无限连带责任，有限合伙人以其认缴的出资额为限，对合伙企业债务承担责任。

(二) 特殊情形下，有限合伙人对有限合伙企业债务的法律责任

如果第三人有理由相信有限合伙人为普通合伙人并与其交易的，则该有限合伙人对该笔交易承担与普通合伙人同样的责任。有限合伙人未经授权以有限合伙企业名义与他人进行交易，给有限合伙企业或者其他合伙人造成损失的，该有限合伙人应当承担赔偿责任。

四、有限合伙企业的特殊义务

有限合伙企业不得将全部利润分配给部分合伙人；但是，合伙协议另有约定的除外。

有限合伙企业仅剩有限合伙人的，应当解散；有限合伙企业仅剩普通合伙人的，转为普通合伙企业。

五、有限合伙企业的有限合伙人的入伙与退伙

(一) 入伙

有限合伙人以其认缴的出资额为限对合伙企业债务承担责任。新入伙的有限合伙人对入伙前有限合伙企业的债务，以其认缴的出资额为限承担责任。

（二）退伙

若有限合伙人出现以下情形之一的，则当然退伙：作为合伙人的自然人死亡或者被依法宣告死亡；作为合伙人的法人或者其他组织依法被吊销营业执照、责令关闭、撤销，或者被宣告破产；法律规定或者合伙协议约定合伙人必须具有相关资格而丧失该资格；合伙人在合伙企业中的全部财产份额被人民法院强制执行。

作为有限合伙人的自然人在有限合伙企业存续期间丧失民事行为能力的，其他合伙人不得因此要求其退伙。

在作为有限合伙人的自然人死亡、被依法宣告死亡或者作为有限合伙人的法人及其他组织终止时，其继承人或者权利承受人可以依法取得该有限合伙人在有限合伙企业中的资格。

有限合伙人在退伙后，对基于其退伙前的原因发生的有限合伙企业债务，以其退伙时从有限合伙企业中取回的财产承担责任。

六、有限合伙企业中的有限合伙人和普通合伙人之间的相互转变

除合伙协议另有约定外，普通合伙人转变为有限合伙人，或者有限合伙人转变为普通合伙人，应当经全体合伙人一致同意。有限合伙人转变为普通合伙人的，对其作为有限合伙人期间有限合伙企业发生的债务承担无限连带责任。普通合伙人转变为有限合伙人的，对其作为普通合伙人期间合伙企业发生的债务承担无限连带责任。

第五节　合伙企业的解散、清算及法律责任

一、合伙企业解散的法定情形

《合伙企业法》第八十五条规定："合伙企业有下列情形之一的，应当解散：（一）合伙期限届满，合伙人决定不再经营；（二）合伙协议约定的解散事由出现；（三）全体合伙人决定解散；（四）合伙人已不具备法定人数满三十天；（五）合伙协议约定的合伙目的已经实现或者无法实现；（六）依法被吊销营业执照、责令关闭或者被撤销；（七）法律、行政法规规定的其他原因。"

二、合伙企业清算制度

合伙企业解散，应当由清算人进行清算。清算人由全体合伙人担任；经全体合伙人过半数同意，可以自合伙企业解散事由出现后十五日内指定一个或者数个合伙人，或者委托第三人，担任清算人。自合伙企业解散事由出现之日起十五日内未确定清算人的，合伙人或者其他利害关系人可以申请人民法院指定清算人。

清算人在清算期间执行下列事务：(1) 清理合伙企业财产，分别编制资产负债表和财

产清单;(2) 处理与清算有关的合伙企业未了结事务;(3) 清缴所欠税款;(4) 清理债权、债务;(5) 处理合伙企业清偿债务后的剩余财产;(6) 代表合伙企业参加诉讼或者仲裁活动。

清算人自被确定之日起十日内将合伙企业解散事项通知债权人,并于六十日内在报纸上公告。债权人应当自接到通知书之日起三十日内,未接到通知书的自公告之日起四十五日内,向清算人申报债权。

债权人申报债权,应当说明债权的有关事项,并提供证明材料。清算人应当对债权进行登记。清算期间,合伙企业存续,但不得开展与清算无关的经营活动。

合伙企业财产在支付清算费用和职工工资、社会保险费用、法定补偿金以及缴纳所欠税款、清偿债务后的剩余财产,按照合伙协议的约定办理;合伙协议未约定或者约定不明确的,由合伙人协商决定;协商不成的,由合伙人按照实缴出资比例分担;无法确定出资比例的,由合伙人平均分担。

清算结束,清算人应当编制清算报告,经全体合伙人签名、盖章后,在十五日内向企业登记机关报送清算报告,申请办理合伙企业注销登记。

合伙企业注销后,原普通合伙人对合伙企业存续期间的债务仍应承担无限连带责任。

合伙企业不能清偿到期债务的,债权人可以依法向人民法院提出破产清算申请,也可以要求普通合伙人清偿。

合伙企业依法被宣告破产的,普通合伙人对合伙企业债务仍应承担无限连带责任。

三、法律责任

我国《合伙企业法》第五章专门规定了合伙人的法律责任。

(一) 行政责任

1. 骗取合伙企业登记的行政责任

违反本法规定,提交虚假文件或者采取其他欺骗手段,取得合伙企业登记的,由企业登记机关责令改正,处以五千元以上五万元以下的罚款;情节严重的,撤销企业登记,并处以五万元以上二十万元以下的罚款。

2. 未依法在合伙企业名称中标明特殊字样的行政责任

违反本法规定,合伙企业未在其名称中标明“普通合伙”、“特殊普通合伙”或者“有限合伙”字样的,由企业登记机关责令限期改正,处以二千元以上一万元以下的罚款。

3. 未依法领取合伙企业营业执照,但却依照合伙企业名义从事合伙业务的行政责任

违反本法规定,未领取营业执照,而以合伙企业或者合伙企业分支机构名义从事合伙业务的,由企业登记机关责令停止,处以五千元以上五万元以下的罚款。

合伙企业登记事项发生变更时,未依照本法规定办理变更登记的,由企业登记机关责令限期登记;逾期不登记的,处以二千元以上二万元以下的罚款。

合伙企业登记事项发生变更,执行合伙事务的合伙人未按期申请办理变更登记的,应

当赔偿由此给合伙企业、其他合伙人或者善意第三人造成的损失。

4. 有关行政管理人员的行政责任

有关行政管理机关的工作人员违反本法规定，滥用职权、徇私舞弊、收受贿赂、侵害合伙企业合法权益的，依法给予行政处分。

（二）民事责任

1. 合伙人违反《合伙企业法》应当承担的民事责任

合伙人执行合伙事务，或者合伙企业从业人员利用职务上的便利，将应当归合伙企业的利益据为己有的，或者采取其他手段侵占合伙企业财产的，应当将该利益和财产退还合伙企业；给合伙企业或者其他合伙人造成损失的，依法承担赔偿责任。

合伙人对本法规定或者合伙协议约定必须经全体合伙人一致同意始得执行的事务擅自处理，给合伙企业或者其他合伙人造成损失的，依法承担赔偿责任。

不具有事务执行权的合伙人擅自执行合伙事务，给合伙企业或者其他合伙人造成损失的，依法承担赔偿责任。合伙人违反本法规定或者合伙协议的约定，从事与本合伙企业相竞争的业务或者与本合伙企业进行交易的，该收益归合伙企业所有；给合伙企业或者其他合伙人造成损失的，依法承担赔偿责任。

2. 合伙企业清算人违反《合伙企业法》的民事责任

清算人未依照本法规定向企业登记机关报送清算报告，或者报送清算报告隐瞒重要事实，或者有重大遗漏的，由企业登记机关责令改正。由此产生的费用和损失，由清算人承担和赔偿。

清算人执行清算事务，牟取非法收入或者侵占合伙企业财产的，应当将该收入和侵占的财产退还合伙企业；给合伙企业或者其他合伙人造成损失的，依法承担赔偿责任。清算人违反本法规定，隐匿、转移合伙企业财产，对资产负债表或者财产清单作虚假记载，或者在未清偿债务前分配财产，损害债权人利益的，依法承担赔偿责任。

3. 合伙人违反合伙协议应当承担的民事责任

合伙人违反合伙协议的，应当依法承担违约责任。

合伙人履行合伙协议发生争议的，合伙人可以通过协商或者调解解决。不愿通过协商、调解解决或者协商、调解不成的，可以按照合伙协议约定的仲裁条款或者事后达成的书面仲裁协议，向仲裁机构申请仲裁。合伙协议中未订立仲裁条款，事后又没有达成书面仲裁协议的，可以向人民法院起诉。

思考题

1. 甲、乙、丙三人关系特别好，号称“刘关张”。2015 年 3 月，三人达成口头协议，合伙出资购买位于常州市中心的商品房一套，其中甲出资 50 万元，乙出资 50 万元，丙出资

30 万元。房产证登记为甲、乙、丙三人所有。2019 年 5 月，甲、乙、丙三人将房屋出售，获人民币 400 万元。于是甲、乙、丙三人商量注册成立 A 普通合伙企业，专门从事房产买卖中介业务，将这 400 万元作为出资，委托没有工作的丙进行投资。由于以前太顺利，三人都有点飘飘然。他们将 400 万元的 380 万元作为投资期货本金，再借贷了部分资金。但没想到的是，期货投资完全失败，还欠下 300 万元外债。其中，A 普通合伙企业欠下 B 公司260 万元债务。

现在，甲咨询：甲对此应当承担什么法律责任？为什么？

2. 甲、乙、丙三人关系很好，共同出资设立了 A 普通合伙企业（以下简称“A 企业”），经营餐饮业务。其中甲出资 30 万元，乙出资 35 万元，丙以其技术出资作价 10 万元。受疫情影响，A 企业当年业务很清淡，处于亏损状态。甲、乙、丙三位合伙人开会讨论是否修改企业投资方向，将餐馆以低价出售，改为经营旅游业务。最后，甲、丙同意，但乙反对。会议以少数服从多数通过决议。会议决定由甲全权经营 A 企业。但是，甲发现旅游业务不好做，于是将自己掌握的30 万元用于投资股市。虽然前期有盈利，但后来甲由于贪婪，导致 A 企业反而亏损 50 万元，即本钱全部亏损，还负债 20 万元。乙对甲很有意见，总觉得是甲导致 A 企业亏损，使得自己利益受损的。

乙咨询：根据相关法律，其可以如何维护自己的合法权益？为什么？

第十三章 企业与企业法

第一节 企业概述

一、企业的概念

企业一词，源于英语中的"enterprise"，原意为"企图冒险从事某项事业"，后来用以指经营组织或者经营体。日本人用汉字将其意译为"企业"，传入中国。[①]

企业是一个经济学概念，而不是法学概念。《牛津法律大词典》中就没有企业这个词条。究其原因，是因为"企业"不能反映任何法律关系，只是反映了一类具有经营性质的组织。

对于企业的概念，中外学者存在着多种表述。

美国《布莱克法律词典》认为："企业是一种冒险活动或事业、尤指投入财产的冒险事业。(Enterprise is a venture or undertaking especially involving financial commitment.)"[②]

德国教授卡尔斯腾·施密特认为，企业应具备三个标志，即独立性、在市场中从事有偿的活动、其持续经营具有计划性和目的性。[③]

日本学者认为"企业通常是指从事一定财物生产和提供劳务的经济组织"，包括"在政府和地方政府指导下，从事以不追求利润为目的的公共财物生产和劳务提供的公营企业"。[④]

我国学者对企业的概念的表述也很多。有人认为，"企业是在社会分工的条件下从事生产、贸易、运输等经济活动的独立单位"[⑤]；有人认为，"企业是指依法设立并具有一定的组织形式，以营利为目的，独立从事商品生产经营活动和商业服务的经济组织"[⑥]；还有人认为，"企业是经营性的从事生产、流通或者服务的某种主体；作为概括的资产或者资本和

---

① 汉语外来语词典[M].上海：上海辞书出版社，1984：284.
② 史际春.国有企业法论[M].北京：中国法制出版社，1997：1.
③ 范健.德国商法[M].北京：中国大百科全书出版社，1993：71－74.
④ 中日经济法律辞典[M].北京：中国展望出版社，1987：55.
⑤ 许涤新.政治经济学词典(上)[M].北京：人民出版社，1980：562.
⑥ 甘培忠.企业与公司法学[M].北京：北京大学出版社，2004：2.

人员集合之经营体，企业也可以作为交易的客体”①。

本书认为，企业是依法设立、以营利为目的的经营性经济组织。

二、企业的特征

企业是现代社会中人类为了进行有规模的生产经营活动而组织起来的组织，它与其他社会组织比较，具有以下四项特征。

（一）企业必须依法设立

企业必须按照法律规定的设立条件和设立程序才能成立，并取得权利能力和行为能力。在我国，由于企业类型的不同，其设立时所依据的法律也有所不同。如全民所有制企业（国有企业）的设立依照《中华人民共和国全民所有制工业企业法》（以下简称《全民所有制工业企业法》），公司企业的设立依照《公司法》，合伙企业的设立依照《合伙企业法》，个人独资企业的设立依照《个人独资企业法》。

企业的依法设立，还意味着企业的组织形式只能在法律规定的范围之内选择，而不能自定企业组织形式。如在我国只允许设立有限责任公司和股份有限公司两种公司企业形式，不可选择其他的公司形式（如两合公司、无限公司等）。

（二）企业是一种经济组织

作为社会组织，企业必须是由多人组成，是一个群体，并且必须有自己的机构及工作程序要求。作为经济组织，企业必须要从事生产经营或服务等经济活动。企业作为社会经济组织，必须是一定数量的人的要素和物的要素在特定组织形式下的有机结合。

（三）企业是从事经营性活动的经济组织

企业从事的经营性活动包括物质资料的生产、销售等生产经营活动，还包括信息、技术、咨询等满足人们生产、生活各方面需要的服务活动。企业经营的目的一般是为了营利。所谓营利，就是企业谋取超出投资的利益，并将其分配于投资者的行为。当然，也有些政策性或公益性企业，如政府设立的水电等公用企业、政策性银行等，其经营的目的是为了追求某种社会效益，而不是营利。

（四）企业是具有独立或相对独立的法律人格的组织

不同类型的企业，其法律地位各不相同。在我国，公司企业属法人企业，具有独立的法律人格。个人独资企业和合伙企业则属非法人企业，只具有相对独立的法律人格。因此，公司的财产和债务责任与股东的个人财产和责任是完全分开的，公司拥有可独立支配的财产，并以其所有的全部财产对企业债务承担责任，而个人独资企业和合伙企业的企业财产与企业主和合伙人的个人财产不完全分离，企业的债务要由企业主和合伙人承担无限的或连带的责任。当然，作为非法人企业，其仍具有法律上的主体资格，仍可以自己的

---

① 史际春，温烨，邓峰.企业和公司法[M].北京：中国人民大学出版社，2001：2.

名义从事各种民事活动，只有在企业的财产不足以清偿债务时，才由企业主和合伙人个人承担补充的财产责任。

所以，企业是不同于国家机关、事业单位、社会团体等组织的一种经济组织。

三、企业的沿革

人类社会的发展史充满了探索、冒险和开拓的经历，企业的生产和发展则把这种冒险和开拓的精神延伸到经营活动。

企业中的独资企业和合伙企业出现得比较早。完整的独资、合伙企业形式最早可以追溯到古罗马时代。在罗马法中，已经有普通合伙与简易合伙之分别。到了中世纪，各国制度有了较大发展，在地中海沿岸的意大利各商业城市中出现了家族经营团体，家族经营团体是从独资经营中演变出来的，它是后来的无限公司及有限公司的“胚胎”形式。到了地理大发现时代，西方殖民主义者开始向海外掠夺、积累资本。当时出现了海商贸易方面的两种组织形式：一种是共同筹集资金、共担风险、共享利益的船舶共有制；另一种是有产者出资，将资产交船舶所有人或者他人在海外贩售货物，盈利按出资额分配，亏损时有产者负有限责任，贩售人负无限责任的康孟达(Commenda)组织。这两种形式的贸易发展对公司的形成具有重要作用，特别是康孟达组织的出现，意味着家族经营团体的亲情因素日益淡化，商人之间约定投资和利益分配及风险分担的结合体则占有重要位置。康孟达组织后来演变为隐名合伙和两合公司。

在中世纪的英国，曾有一种经皇家颁发特许状设立的贸易团体，成为独立的法人。1600 年，英国成立了国王特许的享有法人资格的东印度公司，该公司有独资的章程，开设时总资本为 68 372 英镑，总资本划分为若干股份，成立时有 198 名有限责任的股东。1602 年，荷兰成立了东印度公司。这两个公司的成立，真正揭开了公司制度的篇章。

19 世纪中叶，美国横贯东西的铁路建设开始，股份有限公司制度起了巨大作用，股份公司在美国得到了相当规模的发展。资本空前地得到积累并集中使用，许多的工程建设得以实现，公司的资产日益膨胀。到了 20 世纪，尤其是第二次世界大战后，股份公司迅速膨胀，母公司、子公司、孙公司等形成了多层次的控股网络，在国际上形成了跨国公司体系。

四、企业的分类

企业是社会经济活动的主体，其形式多样、情况复杂。按照不同的标准，可以把企业分为不同的种类。

（一）独资企业、合伙企业和公司企业

这是以企业的资本构成和投资人的责任形式的不同为标准，对企业所作的最基本的、法律上的划分。独资企业是由单个投资主体投资组建的企业。合伙企业是由两个以上投

资主体根据契约相互约定出资和共同经营的企业。公司企业是依据有关公司的法律、法规设立的，从事经营性活动的，具有法人资格的经济组织，在我国，包括有限责任公司与股份有限公司。

（二）全民所有制企业、集体所有制企业、私营企业和混合所有制企业

这是根据生产资料所有制形式的不同所作的划分。这种分类在我国曾具有重要的法律意义。全民所有制企业（国有企业）是企业生产资料归全体劳动人民所有的企业。集体所有制企业是企业财产归劳动群众集体所有，企业生产经营由劳动群众民主管理，实行集体积累、按劳分配、适当分红的企业。我国目前的集体所有制企业有城镇集体所有制企业、乡村集体所有制企业及农民股份合作企业。私营企业是指由自然人投资设立或由自然人控股，以雇佣劳动为基础的营利性经济组织。私营企业是私人投资企业的一种方式。随着我国《个人独资企业法》的颁布、施行，将来私人投资企业或采用公司形式，或采用合伙企业形式，或采用独资企业形式，相关的私营企业法事实上已被取代。混合所有制企业是指由两种以上所有制的企业、事业单位或其他投资主体共同投资设立的企业。

（三）法人企业与非法人企业

这是根据企业的法律地位及能力不同所作的划分。符合法人条件，依法取得法人资格的企业是法人企业。法人企业在法律上具有独立的人格，其典型如有限责任公司与股份有限公司。不符合法人条件，依法不能取得法人资格的企业为非法人企业。非法人企业在法律上只具有相对独立的人格，在我国包括自然人设立的合伙企业与个人独资企业、不符合法人条件的中外合作经营企业和外资企业、合伙型和协作型的联营企业。

（四）涉外企业与非涉外企业

这是根据企业是否具有涉外因素所作的划分。涉外企业即外商投资企业，是指外国人依照中国法律，在中国境内以私人直接投资方式参与或独立设立的各类企业的总称，包括中外合资经营企业、中外合作经营企业和外资企业。中国香港特别行政区、澳门特别行政区和台湾地区的投资者在内地（大陆）投资企业，参照适用有关外商投资企业的规定。非涉外企业是指上述外商投资企业之外的由中国内地投资者举办的企业。可以说，我国企业立法体系形成了涉外企业法和非涉外企业法两个系统。

此外，还有其他一些对企业的划分方法，此处不再赘述。

由于各国的情况不同，对企业的划分标准可能不同，或者是在同一种划分标准下，其具体划分内容也不同。相对而言，以企业资本构成和投资者责任形式的不同为标准对企业所作的划分，既与西方传统的企业分类方式相一致，是商品经济和商业活动的客观要求在商业主体形式上的反映，也顺应了我国实行社会主义市场经济、建立现代企业制度和现代企业法律体系的需要。目前，我国已经制定了《公司法》《合伙企业法》《个人独资企业法》，以企业资本构成和投资者责任形式为标准的新的企业立法体系正在形成。

生产资料的不同所有制形式，在改革开放前的中国，曾是任何企业组织不可忽视、生

死攸关的身份标记。但是改革开放以来，随着现代企业制度的逐步确立。企业的所有制色彩日益淡化，而按所有制性质对企业进行的法定分类及相应的立法越来越受到人们的责难。事实上，目前我国在对企业进行的立法分类中，所有制属性已不再作为主要或唯一的因素，企业组成形式、成员的财产责任等将成为日益重要的依据。当然，由于国有企业、集体企业所固有的一些问题为《独资企业法》《合伙企业法》《公司法》所无法解决的，因此，所有制这种划分方式，一时也难以摒弃，还有一个逐步演化的过程。

第二节　企业法律形式的选择

一、公司与合伙企业、个人独资企业的比较

一个新的企业在创办之初，发起人必须选择企业经营模式。在我国，基本的选择方案包括：公司制、合伙制和个人独资企业制。公司制企业又包括有限责任公司和股份有限公司。有限责任公司可以分为一般有限责任公司、一人有限责任公司、国有独资公司和外商投资的有限责任公司；股份有限公司可以分为发起式设立的股份有限公司和募集式设立的股份有限公司。募集式设立的股份有限公司可以分为公开募集式设立的股份有限公司和非公开募集式设立的股份有限公司。有些由于行业的特殊性，发起人不能依照公司法组建公司，如律师事务所，只能选择合伙制或者我国所特有的合作制。如果发起人没有经过仔细思考，就开办了企业，那就可能为今后企业的运行带来隐患。

发起人要准确选择适合自己的企业形式，必须了解各种企业形式的特点，明确各种企业的优点和缺点。

公司、合伙与个人独资企业之间的主要区别可以概括如下：

（一）是否具有“有限责任”性

公司具有有限责任的特点，即股东一般不对公司债务承担个人责任，而仅仅以其同意投入公司的资本为限承担责任。

传统合伙企业没有有限责任的特点，合伙人对合伙企业的债务承担无限责任，即合伙人不以其同意投入的财产为限承担风险，合伙人的其他财产也是其对企业承担责任的物质担保。同时，在合伙企业中，合伙人之间还相互承担连带责任，即可能出现代为人受过的局面。

但是，我国合伙企业法为各国合伙企业法最前列，不但规定了传统合伙企业形式，即普通合伙企业，还专门确认了有限合伙企业形式。在有限合伙企业中，有限合伙人以其认缴的出资额为限对合伙企业承担“有限责任”。另外，特殊的普通合伙企业中的一个或者数个合伙人因故意或者重大过失行为造成合伙企业债务，应当承担无限责任或者无限连带责任，而其他合伙人只是以其在合伙企业中的财产份额无限承担“有限责任”。为此，在

我国，投资人是否承担“有限责任”已经不是公司与合伙企业的根本区别了。

个人独资企业的投资人对企业的债务承担无限责任。

（二）投资人是否直接参与企业管理

公司的特点之一就是集中管理，即公司事务的管理权被授予了董事、监事和高级管理人员，而这些人可能是公司股东，也可能与公司没有任何关系。股东不能直接管理公司。

合伙企业的管理权由普通合伙人直接行使，每个普通合伙人都有权直接代表企业执业业务，而有限合伙人不能执行合伙业务，不能对外代表合伙企业。

个人独资企业的管理权完全由投资人一人控制，其他人无权干涉。

（三）企业是否永久存在

公司通常是为了永久存在而设立的。公司的股东死亡或者退股都不会终止公司的存在。所以，从理论上讲，公司具有永久存在性。

传统合伙企业都是普通合伙企业，人合性特点显著，合伙人多是自然人。由于自然人都有寿命，所以，合伙人全部死亡或者只剩下一人，合伙企业就需要解散。因此，这样的合伙企业不具有永久存在性。但是，我国的合伙企业，特别是有限合伙企业的合伙人可以身份转变，既可以从普通合伙人转为有限合伙人，也可以从有限合伙人转为普通合伙人。为此，现在的合伙企业就不一定会随着自然人合伙人的死亡而最终解散，具有永久存在性。

个人独资企业的存亡，取决于投资人的情况。如果投资人死亡或者变成无民事行为能力人、限制民事行为能力人，个人独资企业就无法存在。

（四）投资是否自由转让

相对来说，公司的出资或者股份转让比较自由，其中，股份有限公司对无记名股份的转让几乎没有限制。

在合伙企业中，普通合伙人转让自己在企业的投资就会受到很多约束。一般情况下，普通合伙人只能在合伙人内部转让投资，除非其他合伙人同意其向外转让。由于普通合伙企业入伙人必须对以前的债务承担无限连带责任，所以，愿意购买合伙人投资份额的第三人不会太多，投资转让不自由。但是，有限合伙企业的有限合伙人对企业债务承担有限责任，且不执行合伙业务，为此，有限合伙人转让其在合伙企业中的财产份额没有多少限制，甚至比有限责任公司股东转让其在公司的出资更加自由。

个人独资企业的业主转让投资，就是转让整个企业，涉及许多法律关系，转让也不容易。

（五）是否有设立法定最低资本限额

2014 年 3 月 1 日前，我国《公司法》规定了成立公司的最低资本限额，其中，有限责任公司的最低资本限额为人民币 3 万元，一人有限责任公司为人民币 10 万元，股份有限公司为人民币 500 万元。但是，现《公司法》已经对此进行了修订，不再设置最低注册资本限额。

合伙企业法没有规定成立合伙企业的最低资本限额，设立门槛较低。

个人独资企业法也没有规定成立企业的最低资本限额，即没有资本限制门槛。

（六）是否有财务会计监管制度

我国《公司法》规定了公司财务会计制度，规定公司应当在每一会计年度终了时编制财务会计报告，并依法经会计师事务所审计。合伙企业法和个人独资企业法都没有规定企业财务会计制度，企业无须编制财务会计报告，并接受会计师事务所审计。

（七）是否应当缴纳企业所得税

公司是典型的独立纳税主体。国家不但对公司所得征收所得税，而且对股东的股息、红利征税。这样，股东最后的收入经过了两次所得税征收。合伙企业被看作是合伙人自己的延伸。为了反映合伙企业的收支情况，法律要求单独的合伙企业纳税申报，但只是提交申报不需要纳税。合伙企业的纯利润或者纯损失都由合伙人分享或者分摊，直接转入每个合伙人个人的纳税申报中。因为合伙企业的收入不论是否已经实际分配，都应当向每个合伙人征税，所以，合伙企业向合伙人分配收益本身一般是不予征税。

个人独资企业不是企业所得税纳税主体，无须缴纳企业所得税。

二、企业法律形式选择的主要因素

法律规定了市场经济条件下投资者从事商业活动的企业模式，创办企业就是从这些模式中进行选择。在法定形式中的选择是有效的，超出法定范围的选择不受法律保护。

企业发起人在进行投资活动时，应当根据自己的客观情况和主观愿望，从法律规定的企业模式中进行选择。通常，发起人选择企业模式应当关注以下几个方面：(1) 准备经营事业的规模；(2) 发起人的人数、素质、相互的信任关系状况；(3) 利润分配和亏损负担结构；(4) 资本和信用的需求程度；(5) 风险的大小；(6) 投资转让的自由度等。

（一）税收

企业创办人创办企业的目的就是利用企业为自己盈利，而企业是否能够盈利，盈利多少，与国家税收紧密相关。所以，企业创办人首先应当考虑的因素是税收。

公司具有独立的法律人格，与其投资人严格区分，所以，公司是公司所得税的纳税义务人。公司盈利缴纳完税后，股东分得的股息和红利，为股东个人所得，也要缴纳个人所得税。由此可见，公司利润分到股东手中时，已经征收了两次所得税，即公司所得税和个人所得税。

合伙企业和个人独资企业则不同。合伙企业没有独立的法人资格，本身不是纳税义务人；个人独资企业也不是独立的法人，不是纳税义务人。所以，对合伙人和个人独资企业业主来讲，他们应当按从合伙企业收得的利润或者从个人独资企业取得的收入缴纳个人所得税，无须对合伙企业和个人独资企业所得缴纳所得税。这样，合伙企业和个人独资企业的利润分到投资人手中时，只需缴纳一次所得税，即个人所得税。

我国法律规定，公司企业的所得税税率为25%；公司分配给其股东的股息和红利所得税的税率为 20%；合伙企业的合伙人和个人独资企业业主生产、经营所得，适用 5%～35%的超额累进税率。如果一个公司一年的税前利润为人民币 100 万元，公司应当缴纳企业所得税人民币 25 万元，那么，其税后利润为人民币 75 万元。如果再将全部利润分配给股东，则还应当缴纳个人所得税人民币 15 万元，股东最后实际所得 60 万元。相反，如果一个合伙企业或者个人独资企业的税前利润为人民币 100 万元，那么，投资人应当缴纳的所得税包括：5 000 元以内的，税率按照 5%计算，即 250 元；超过 5 000 元至 1 万元的部分，按照税率为 10%计算，即 500 元；超过 1 万元至 3 万元的部分，按照税率 20%计算，即 4 000 元；超过 3 万元至 5 万元的部分，按照税率 30%计算，即 6 000 元；超过 5 万元的部分，按照税率 35%计算，本例超过 5 万元的为人民币 95 万元，即需缴税人民币 33.25 万元；合计应当缴纳个人所得税人民币 34.325 万元。投资人实际所得为人民币 65.675 万元。通过以上对比，我们发现，在企业税前利润同为人民币 100 万元的情况下，选择公司模式的投资人实际所得较选择合伙企业或者个人独资企业模式的投资人实际所得相差人民币 5.675 万元。所以，企业发起人应当重视税收的意义。

（二）开办程序的繁简与费用的多少

企业的设立必须按照法律规定的程序进行。有的企业设立程序复杂，有的设立程序相对简单。设立程序复杂，自然花费的时间和精力较多，花费的费用较多；设立程序简单，花费的时间和精力也较少，花费的费用也较少。所以，发起人创办企业时还要考虑开办程序的繁简程度。

依照我国法律规定，设立个人独资企业程序简单，只要发起人提供户籍证明或者身份证明，提供营业场地使用证明，提供非国家党政机关工作人员身份证明，即可直接向工商行政管理机关申请营业执照。设立个人独资企业的费用很少。

设立合伙企业的程序也比较简单，只要提供合伙协议、合伙人身份证明、企业经营场地使用证明等文件，就可以向工商行政管理机关申请营业执照。合伙企业的设立费用与个人独资企业相近，费用不多。

设立公司的程序较个人独资企业和合伙企业复杂，开办费用也大。依照相关法律规定，设立有限责任公司，应当由发起人签订发起人协议，订立公司章程，报经主管部门审批，缴纳出资，确定公司管理机构和申请公司登记等。

股份有限公司的设立分为发起式设立和募集式设立。发起式设立股份有限公司的程序与有限责任公司相近。募集式设立股份有限公司又可以分为公开募集设立和非公开募集设立，其中，公开募集设立股份有限公司的程序更为复杂。公开募集设立股份有限公司的程序较募集设立股份有限公司多了以下程序：发起人认足公司股份总数的百分之三十五以上，制作招股说明书，呈报国务院证券监督管理机构或者国务院授权部门核准，公告和招募股份，召开创立大会。非公开募集设立股份有限公司较公开募集设立股份有限公司简单，无须呈报国务院证券监督管理机构或者国务院授权部门核准，也不必要公告。

所以，依照我国法律，公开募集设立股份有限公司的程序最为复杂，费用最多；非公开募集设立股份有限公司的程序较复杂，费用较多；设立有限责任公司的程序相对简单，费用也相对较少；设立合伙企业的程序简单，费用少；设立个人独资企业的程序最简单，费用最少。

（三）资本和信用的需求程度

资本和信用是企业生存和发展的基础。有的企业具有较大的融资功能，有的企业融资功能不强。为此，发起人在创办企业时应当考虑到企业的这些特点，选择适合自己的企业模式。

个人独资企业的投资人只有一个，其资本和信用完全取决于业主本人。因此，个人独资企业的融资功能不强，只适合规模较小的事业。

传统合伙企业的投资人在两人以上，其信用和资本取决于全体合伙人，其具有一定的融资功能，但很有限，不适合规模较大的事业。但是，有限合伙企业可以向普通合伙人之外的不超过五十人的范围募集资本，且这些人仅以其认缴的出资额为限对合伙企业债务承担有限责任。这就大大提高了合伙企业的融资能力。

有限责任公司的出资人在五十人以下，其融资能力被限制在一定的范围，且其信用仅仅以注册资本为限制，一般无法适应大规模的事业。发起式设立股份有限公司和非公开募集设立股份有限公司，其信用取决于公司注册资本，融资范围有一定限制，被控制在二百人的范围，能够适合较大事业的经营需要。公开募集设立股份有限公司，可以面向社会公开募集股份，融资范围覆盖全世界，能够满足需要巨额资金的事业。当然，现实社会也存在规模巨大的有限责任公司和规模不算很大的公开募集设立的股份有限公司。

（四）企业控制和管理方式

企业投资人创办企业的目的主要是为了盈利，但也有的投资人希望自己管理或者参与管理企业。为此，企业的控制与管理方式也成为发起人选择企业形式时需要考虑的因素。

个人独资企业的控制和管理完全集中在业主手中，而不论业主是否喜欢这样。

传统合伙企业的合伙人共同经营企业，共同管理企业。合伙企业按照合伙协议来处理合伙事务。即使合伙协议限制部分合伙人参与公司的经营管理，被限制的合伙人仍然可以代表企业对外活动。但是，有限合伙企业的管理模式在于：普通合伙人执业合伙企业业务，代表企业对外发生法律关系；有限合伙人只能监督普通合伙人的执业行为，不能直接执行合伙业务。

公司的管理权授予了董事、监事、高级管理人员，他们可以是股东，也可以不是股东。一人有限责任公司的股东完全控制和管理了公司，但也可以将公司事务委托给公司的董事、监事、高级管理人员。一般有限责任公司和股份有限公司的管理权是按照股东在公司中的出资或者股份的比例来分配的，所以，公司的管理权主要掌握在大股东手中，小股东难以参与公司管理，但可以依法行使监督权。

（五）利润分配和亏损承担方式

个人独资企业的业主无须与他人分享企业利润，同时自己独自承担企业亏损。

传统合伙企业的利润和亏损按照合伙协议分配和承担，既可以平均分配承担，也可以其出资比例分配承担。但如果合伙企业不能清偿企业债务的，全部合伙人对债务承担无限连带责任。有限合伙企业的合伙人按照合伙协议分配利润、承担风险；但如果合伙企业不能清偿企业债务时，普通合伙人对企业债务承担无限责任或者无限连带责任，有限合伙人则以其认缴的出资额为限承担有限责任。

有限责任公司的股东一般按照其实缴的出资比例分取红利，但全体股东也可以约定不按照出资比例分取红利。股份有限公司按照股东所持有的股份比例分配利润，但股份有限公司章程规定不按持股比例分配的，按照公司章程分配。对于公司的亏损，股东个人不承担投资额之外的责任，虽然亏损的事实会影响和减少他们的股息、红利以及出售投资的价格。

（六）投资转让的自由性

个人独资企业业主如果转让全部投资，就是出售企业；如果转让部分投资，就可以形成新的企业类型，如合伙企业或者公司。

传统合伙企业的合伙人的投资一般来讲是可以转让的，但转让必须经过其他合伙人一致同意。合伙人转让投资就是转让其在合伙企业中的权利。这些权利主要包括：第一，基于出资形成的与其他合伙人对财产的共有权；第二，合伙人对合伙事务的管理权；第三，合伙人从合伙企业可能分配的利益。合伙人转让投资后，仍然对合伙期间的全部债务承担连带责任。受让合伙投资人对入伙前的企业债务承担连带责任。所以，传统合伙企业的合伙人转让投资限制很多，自由性较差。

有限合伙企业的有限合伙人由于其对合伙企业债务承担有限责任且不直接执行合伙业务，故其转让其在合伙企业中的财产份额受到的限制较少。

有限责任公司股东转让出资也有一定的限制。股东向其他股东转让出资没有具体限制，但股东向外转让出资必须经过其他股东半数以上同意。

股份有限公司的股东一般可以自由转让其股份，但必须按照法律和公司章程进行。非上市的股份有限公司，股东转让股份时应当按照法律和公司章程办理；上市公司的流通盘股份可以在证券交易所自由转让，一般没有限制。

第三节　企 业 法

一、企业法的概念

所谓企业法，就是指调整企业在设立、组织、活动、终止过程中所发生的社会关系的法律规范的总称。

在理解企业法的概念时，需要注意，企业法并不是指哪一部有关企业的法律，而是指包括调整有关企业从设立到终止发生的社会关系的全部法律规范的总称。在具体表现形式上，企业法既包括有关企业的专门法律（如《全民所有制工业企业法》《公司法》等）、法规（如《中华人民共和国企业法人登记管理条例》《个人独资企业登记管理办法》等），也包括企业法律、法规之外的其他规范性文件中调整与企业有关的社会关系的法律规范，如我国的《宪法》《民法典》。

二、现代企业的法律形态及其立法体系

如前所述，以所有制为标准划分企业，已难以适应市场经济所要求的市场主体地位必须平等的基本条件。因此，从进一步促进我国社会主义市场经济发展的角度考虑，根据企业资本构成和投资者责任形式来划分企业，已成为我国经济发展的必然。依此标准，我国现代企业制度的主要企业法律形态应包括公司、个人独资企业、合伙企业、国有企业、股份合作企业（主要适用于城乡集体企业和国有小型企业）；其中，公司作为最适应市场经济要求的企业形式，是最典型的现代企业法律形态。

按照上述标准构筑我国现代企业立法体系，不仅要对我国现有的企业立法体系进行重大清理和改革，还必须进行企业制度的改革，加速原有企业向现代企业的转变。最终形成以公司法为主干，以个人独资企业法、合伙企业法、股份合作企业法、国有企业法为基干，科学、统一、规范的我国现代企业立法体系。

思考题

A、B、C是三位硕士三年级在读研究生，现在他们准备休学创业，创办一家环保科技企业。

A、B、C咨询：公司、个人独资企业和合伙企业各自有哪些法律特征？该如何选择最合适的企业形式？

附录 中华人民共和国公司法

（1993年12月29日第八届全国人民代表大会常务委员会第五次会议通过　根据1999年12月25日第九届全国人民代表大会常务委员会第十三次会议《关于修改〈中华人民共和国公司法〉的决定》第一次修正　根据2004年8月28日第十届全国人民代表大会常务委员会第十一次会议《关于修改〈中华人民共和国公司法〉的决定》第二次修正　2005年10月27日第十届全国人民代表大会常务委员会第十八次会议修订　2013年12月28日第十二届全国人民代表大会常务委员会第六次会议《关于修改〈中华人民共和国海洋环境保护法〉等七部法律的规定》修正　2018年10月26日第十三届全国人民代表大会常务委员会第六次会议《关于修改〈中华人民共和国公司法〉的决定》第四次修正）

目　录

第一章　总　则

第一条　为了规范公司的组织和行为，保护公司、股东和债权人的合法权益，维护社会经济秩序，促进社会主义市场经济的发展，制定本法。

第二条　本法所称公司是指依照本法在中国境内设立的有限责任公司和股份有限公司。

第三条　公司是企业法人，有独立的法人财产，享有法人财产权。公司以其全部财产对公司的债务承担责任。

有限责任公司的股东以其认缴的出资额为限对公司承担责任；股份有限公司的股东以其认购的股份为限对公司承担责任。

第四条　公司股东依法享有资产收益、参与重大决策和选择管理者等权利。

第五条　公司从事经营活动，必须遵守法律、行政法规，遵守社会公德、商业道德，诚实守信，接受政府和社会公众的监督，承担社会责任。

公司的合法权益受法律保护，不受侵犯。

第六条　设立公司，应当依法向公司登记机关申请设立登记。符合本法规定的设立条件的，由公司登记机关分别登记为有限责任公司或者股份有限公司；不符合本法规定的设立条件的，不得登记为有限责任公司或者股份有限公司。

法律、行政法规规定设立公司必须报经批准的，应当在公司登记前依法办理批准手续。

公众可以向公司登记机关申请查询公司登记事项，公司登记机关应当提供查询服务。

第七条　依法设立的公司，由公司登记机关发给公司营业执照。公司营业执照签发日期为公司成立日期。

公司营业执照应当载明公司的名称、住所、注册资本、经营范围、法定代表人姓名等事项。

公司营业执照记载的事项发生变更的，公司应当依法办理变更登记，由公司登记机关换发营业执照。

第八条 依照本法设立的有限责任公司，必须在公司名称中标明有限责任公司或者有限公司字样。

依照本法设立的股份有限公司，必须在公司名称中标明股份有限公司或者股份公司字样。

第九条 有限责任公司变更为股份有限公司，应当符合本法规定的股份有限公司的条件。股份有限公司变更为有限责任公司，应当符合本法规定的有限责任公司的条件。

有限责任公司变更为股份有限公司的，或者股份有限公司变更为有限责任公司的，公司变更前的债权、债务由变更后的公司承继。

第十条 公司以其主要办事机构所在地为住所。

第十一条 设立公司必须依法制定公司章程。公司章程对公司、股东、董事、监事、高级管理人员具有约束力。

第十二条 公司的经营范围由公司章程规定，并依法登记。公司可以修改公司章程，改变经营范围，但是应当办理变更登记。

公司的经营范围中属于法律、行政法规规定须经批准的项目，应当依法经过批准。

第十三条 公司法定代表人依照公司章程的规定，由董事长、执行董事或者经理担任，并依法登记。公司法定代表人变更，应当办理变更登记。

第十四条 公司可以设立分公司。设立分公司，应当向公司登记机关申请登记，领取营业执照。分公司不具有法人资格，其民事责任由公司承担。

公司可以设立子公司，子公司具有法人资格，依法独立承担民事责任。

第十五条 公司可以向其他企业投资；但是，除法律另有规定外，不得成为对所投资企业的债务承担连带责任的出资人。

第十六条 公司向其他企业投资或者为他人提供担保，依照公司章程的规定，由董事会或者股东会、股东大会决议；公司章程对投资或者担保的总额及单项投资或者担保的数额有限额规定的，不得超过规定的限额。

公司为公司股东或者实际控制人提供担保的，必须经股东会或者股东大会决议。

前款规定的股东或者受前款规定的实际控制人支配的股东，不得参加前款规定事项的表决。该项表决由出席会议的其他股东所持表决权的过半数通过。

第十七条 公司必须保护职工的合法权益，依法与职工签订劳动合同，参加社会保险，加强劳动保护，实现安全生产。

公司应当采用多种形式，加强公司职工的职业教育和岗位培训，提高职工素质。

第十八条 公司职工依照《中华人民共和国工会法》组织工会，开展工会活动，维护职工合法权益。公司应当为本公司工会提供必要的活动条件。公司工会代表职工就职工的劳动报酬、工作时间、福利、保险和劳动安全卫生等事项依法与公司签订集体合同。

公司依照宪法和有关法律的规定，通过职工代表大会或者其他形式，实行民主管理。

公司研究决定改制以及经营方面的重大问题、制定重要的规章制度时，应当听取公司工会的意见，并通过职工代表大会或者其他形式听取职工的意见和建议。

第十九条 在公司中，根据中国共产党章程的规定，设立中国共产党的组织，开展党的活动。公司应当为党组织的活动提供必要条件。

第二十条 公司股东应当遵守法律、行政法规和公司章程，依法行使股东权利，不得滥用股东权利损害公司或者其他股东的利益；不得滥用公司法人独立地位和股东有限责任损害公司债权人的利益。

公司股东滥用股东权利给公司或者其他股东造成损失的，应当依法承担赔偿责任。

公司股东滥用公司法人独立地位和股东有限责任，逃避债务，严重损害公司债权人利益的，应当对公司债务承担连带责任。

第二十一条 公司的控股股东、实际控制人、董事、监事、高级管理人员不得利用其关联关系损害公司利益。

违反前款规定，给公司造成损失的，应当承担赔偿责任。

第二十二条 公司股东会或者股东大会、董事会的决议内容违反法律、行政法规的无效。

股东会或者股东大会、董事会的会议召集程序、表决方式违反法律、行政法规或者公司章程，或者决议内容违反公司章程的，股东可以自决议作出之日起六十日内，请求人民法院撤销。

股东依照前款规定提起诉讼的，人民法院可以应公司的请求，要求股东提供相应担保。

公司根据股东会或者股东大会、董事会决议已办理变更登记的，人民法院宣告该决议无效或者撤销该决议后，公司应当向公司登记机关申请撤销变更登记。

第二章 有限责任公司的设立和组织机构

第一节 设 立

第二十三条 设立有限责任公司，应当具备下列条件：

（一）股东符合法定人数；

（二）有符合公司章程规定的全体股东认缴的出资额；

（三）股东共同制定公司章程；

（四）有公司名称，建立符合有限责任公司要求的组织机构；

（五）有公司住所。

第二十四条 有限责任公司由五十个以下股东出资设立。

第二十五条 有限责任公司章程应当载明下列事项：

（一）公司名称和住所；

（二）公司经营范围；

（三）公司注册资本；

（四）股东的姓名或者名称；

（五）股东的出资方式、出资额和出资时间；

（六）公司的机构及其产生办法、职权、议事规则；

（七）公司法定代表人；

（八）股东会会议认为需要规定的其他事项。

股东应当在公司章程上签名、盖章。

第二十六条 有限责任公司的注册资本为在公司登记机关登记的全体股东认缴的出资额。法律、行政法规以及国务院决定对有限责任公司注册资本实缴、注册资本最低限额另有规定的，从其规定。

第二十七条 股东可以用货币出资，也可以用实物、知识产权、土地使用权等可以用货币估价并可以依法转让的非货币财产作价出资；但是，法律、行政法规规定不得作为出资的财产除外。

对作为出资的非货币财产应当评估作价，核实财产，不得高估或者低估作价。法律、行政法规对评估作价有规定的，从其规定。

第二十八条 股东应当按期足额缴纳公司章程中规定的各自所认缴的出资额。股东以货币出资的，应当将货币出资足额存入有限责任公司在银行开设的账户；以非货币财产出资的，应当依法办理其财产权的转移手续。

股东不按照前款规定缴纳出资的，除应当向公司足额缴纳外，还应当向已按期足额缴纳出资的股东承担违约责任。

第二十九条 股东认足公司章程规定的出资后，由全体股东指定的代表或者共同委托的代理人向公司登记机关报送公司登记申请书、公司章程、验资证明等文件，申请设立登记。

第三十条 有限责任公司成立后，发现作为设立公司出资的非货币财产的实际价额显著低于公司章程所定价额的，应当由交付该出资的股东补足其差额；公司设立时的其他股东承担连带责任。

第三十一条 有限责任公司成立后，应当向股东签发出资证明书。

出资证明书应当载明下列事项：

（一）公司名称；

（二）公司成立日期；

（三）公司注册资本；

（四）股东的姓名或者名称、缴纳的出资额和出资日期；

（五）出资证明书的编号和核发日期。

出资证明书由公司盖章。

第三十二条 有限责任公司应当置备股东名册，记载下列事项：

（一）股东的姓名或者名称及住所；

（二）股东的出资额；

（三）出资证明书编号。

记载于股东名册的股东，可以依股东名册主张行使股东权利。

公司应当将股东的姓名或者名称向公司登记机关登记；登记事项发生变更的，应当办理变更登记。未经登记或者变更登记的，不得对抗第三人。

第三十三条 股东有权查阅、复制公司章程、股东会会议记录、董事会会议决议、监事会会议决议和财务会计报告。

股东可以要求查阅公司会计账簿。股东要求查阅公司会计账簿的，应当向公司提出书面请求，说明目的。公司有合理根据认为股东查阅会计账簿有不正当目的，可能损害公司合法利益的，可以拒绝提供查阅，并应当自股东提出书面请求之日起十五日内书面答复股东并说明理由。公司拒绝提供查阅的，股东可以请求人民法院要求公司提供查阅。

第三十四条 股东按照实缴的出资比例分取红利；公司新增资本时，股东有权优先按照实缴的出资比例认缴出资。但是，全体股东约定不按照出资比例分取红利或者不按照出资比例优先认缴出资的除外。

第三十五条 公司成立后，股东不得抽逃出资。

第二节 组织机构

第三十六条 有限责任公司股东会由全体股东组成。股东会是公司的权力机构，依照本法行使职权。

第三十七条 股东会行使下列职权：

（一）决定公司的经营方针和投资计划；

（二）选举和更换非由职工代表担任的董事、监事，决定有关董事、监事的报酬事项；

（三）审议批准董事会的报告；

（四）审议批准监事会或者监事的报告；

（五）审议批准公司的年度财务预算方案、决算方案；

（六）审议批准公司的利润分配方案和弥补亏损方案；

（七）对公司增加或者减少注册资本作出决议；

（八）对发行公司债券作出决议；

（九）对公司合并、分立、解散、清算或者变更公司形式作出决议；

（十）修改公司章程；

（十一）公司章程规定的其他职权。

对前款所列事项股东以书面形式一致表示同意的，可以不召开股东会会议，直接作出决定，并由全体股东在决定文件上签名、盖章。

第三十八条 首次股东会会议由出资最多的股东召集和主持，依照本法规定行使职权。

第三十九条 股东会会议分为定期会议和临时会议。

定期会议应当依照公司章程的规定按时召开。代表十分之一以上表决权的股东，三分之一以上的董事，监事会或者不设监事会的公司的监事提议召开临时会议的，应当召开临时会议。

第四十条 有限责任公司设立董事会的，股东会会议由董事会召集，董事长主持；董事长不能履行职务或者不履行职务的，由副董事长主持；副董事长不能履行职务或者不履行职务的，由半数以上董事共同推举一名董事主持。

有限责任公司不设董事会的，股东会会议由执行董事召集和主持。

董事会或者执行董事不能履行或者不履行召集股东会会议职责的，由监事会或者不设监事会的公司的监事召集和主持；监事会或者监事不召集和主持的，代表十分之一以上表决权的股东可以自行召集和主持。

第四十一条 召开股东会会议，应当于会议召开十五日前通知全体股东；但是，公司章程另有规定或者全体股东另有约定的除外。

股东会应当对所议事项的决定作成会议记录，出席会议的股东应当在会议记录上签名。

第四十二条 股东会会议由股东按照出资比例行使表决权；但是，公司章程另有规定的除外。

第四十三条 股东会的议事方式和表决程序，除本法有规定的外，由公司章程规定。

股东会会议作出修改公司章程、增加或者减少注册资本的决议，以及公司合并、分立、解散或者变更公司形式的决议，必须经代表三分之二以上表决权的股东通过。

第四十四条 有限责任公司设董事会，其成员为三人至十三人；但是，本法**第五十条**另有规定的除外。

两个以上的国有企业或者两个以上的其他国有投资主体投资设立的有限责任公司，其董事会成员中应当有公司职工代表；其他有限责任公司董事会成员中可以有公司职工代表。董事会中的职工代表由公司职工通过职工代表大会、职工大会或者其他形式民主选举产生。

董事会设董事长一人，可以设副董事长。董事长、副董事长的产生办法由公司章程规定。

第四十五条 董事任期由公司章程规定，但每届任期不得超过三年。董事任期届满，连选可以连任。

董事任期届满未及时改选，或者董事在任期内辞职导致董事会成员低于法定人数的，在改选出的董事就任前，原董事仍应当依照法律、行政法规和公司章程的规定，履行董事职务。

第四十六条 董事会对股东会负责，行使下列职权：

（一）召集股东会会议，并向股东会报告工作；

（二）执行股东会的决议；

（三）决定公司的经营计划和投资方案；

（四）制订公司的年度财务预算方案、决算方案；

（五）制订公司的利润分配方案和弥补亏损方案；

（六）制订公司增加或者减少注册资本以及发行公司债券的方案；

（七）制订公司合并、分立、解散或者变更公司形式的方案；

（八）决定公司内部管理机构的设置；

（九）决定聘任或者解聘公司经理及其报酬事项，并根据经理的提名决定聘任或者解聘公司副经理、财务负责人及其报酬事项；

（十）制定公司的基本管理制度；

（十一）公司章程规定的其他职权。

第四十七条 董事会会议由董事长召集和主持；董事长不能履行职务或者不履行职务的，由副董事长召集和主持；副董事长不能履行职务或者不履行职务的，由半数以上董事共同推举一名董事召集和主持。

第四十八条 董事会的议事方式和表决程序，除本法有规定的外，由公司章程规定。

董事会应当对所议事项的决定作成会议记录，出席会议的董事应当在会议记录上签名。

董事会决议的表决，实行一人一票。

第四十九条 有限责任公司可以设经理，由董事会决定聘任或者解聘。经理对董事会负责，行使下列职权：

（一）主持公司的生产经营管理工作，组织实施董事会决议；

（二）组织实施公司年度经营计划和投资方案；

（三）拟订公司内部管理机构设置方案；

（四）拟订公司的基本管理制度；

（五）制定公司的具体规章；

（六）提请聘任或者解聘公司副经理、财务负责人；

（七）决定聘任或者解聘除应由董事会决定聘任或者解聘以外的负责管理人员；

（八）董事会授予的其他职权。

公司章程对经理职权另有规定的，从其规定。

经理列席董事会会议。

第五十条 股东人数较少或者规模较小的有限责任公司，可以设一名执行董事，不设董事会。执行董事可以兼任公司经理。

执行董事的职权由公司章程规定。

第五十一条 有限责任公司设监事会，其成员不得少于三人。股东人数较少或者规模较小的有限责任公司，可以设一至二名监事，不设监事会。

监事会应当包括股东代表和适当比例的公司职工代表，其中职工代表的比例不得低于三分之一，具体比例由公司章程规定。监事会中的职工代表由公司职工通过职工代表大会、职工大会或者其他形式民主选举产生。

监事会设主席一人，由全体监事过半数选举产生。监事会主席召集和主持监事会会议；监事会主席不能履行职务或者不履行职务的，由半数以上监事共同推举一名监事召集和主持监事会会议。

董事、高级管理人员不得兼任监事。

第五十二条 监事的任期每届为三年。监事任期届满，连选可以连任。

监事任期届满未及时改选，或者监事在任期内辞职导致监事会成员低于法定人数的，在改选出的监事就任前，原监事仍应当依照法律、行政法规和公司章程的规定，履行监事职务。

第五十三条 监事会、不设监事会的公司的监事行使下列职权：

（一）检查公司财务；

（二）对董事、高级管理人员执行公司职务的行为进行监督，对违反法律、行政法规、公司章程或者股东会决议的董事、高级管理人员提出罢免的建议；

（三）当董事、高级管理人员的行为损害公司的利益时，要求董事、高级管理人员予以纠正；

（四）提议召开临时股东会会议，在董事会不履行本法规定的召集和主持股东会会议职责时召集和主持股东会会议；

（五）向股东会会议提出提案；

（六）依照本法**第一百五十一条**的规定，对董事、高级管理人员提起诉讼；

（七）公司章程规定的其他职权。

第五十四条 监事可以列席董事会会议，并对董事会决议事项提出质询或者建议。

监事会、不设监事会的公司的监事发现公司经营情况异常，可以进行调查；必要时，可以聘请会计师事务所等协助其工作，费用由公司承担。

第五十五条 监事会每年度至少召开一次会议，监事可以提议召开临时监事会会议。

监事会的议事方式和表决程序，除本法有规定的外，由公司章程规定。

监事会决议应当经半数以上监事通过。

监事会应当对所议事项的决定作成会议记录，出席会议的监事应当在会议记录上签名。

第五十六条 监事会、不设监事会的公司的监事行使职权所必需的费用，由公司承担。

第三节 一人有限责任公司的特别规定

第五十七条 一人有限责任公司的设立和组织机构，适用本节规定；本节没有规定的，适用本章第一节、第二节的规定。

本法所称一人有限责任公司，是指只有一个自然人股东或者一个法人股东的有限责任公司。

第五十八条 一个自然人只能投资设立一个一人有限责任公司。该一人有限责任公司不能投资设立新的一人有限责任公司。

第五十九条 一人有限责任公司应当在公司登记中注明自然人独资或者法人独资，并在公司营业执照中载明。

第六十条 一人有限责任公司章程由股东制定。

第六十一条 一人有限责任公司不设股东会。股东作出本法**第三十七条**第一款所列决定时，应当采用书面形式，并由股东签名后置备于公司。

第六十二条 一人有限责任公司应当在每一会计年度终了时编制财务会计报告，并经会计师事务所审计。

第六十三条 一人有限责任公司的股东不能证明公司财产独立于股东自己的财产的，应当对公司债务承担连带责任。

第四节 国有独资公司的特别规定

第六十四条 国有独资公司的设立和组织机构，适用本节规定；本节没有规定的，适用本章第一节、第二节的规定。

本法所称国有独资公司，是指国家单独出资、由国务院或者地方人民政府授权本级人民政府国有资产监督管理机构履行出资人职责的有限责任公司。

第六十五条 国有独资公司章程由国有资产监督管理机构制定，或者由董事会制订报国有资产监督管理机构批准。

第六十六条 国有独资公司不设股东会，由国有资产监督管理机构行使股东会职权。国有资产监督管理机构可以授权公司董事会行使股东会的部分职权，决定公司的重大事项，但公司的合并、分立、解散、增加或者减少注册资本和发行公司债券，必须由国有资产监督管理机构决定；其中，重要的国有独资公司合并、分立、解散、申请破产的，应当由国有资产监督管理机构审核后，报本级人民政府批准。

前款所称重要的国有独资公司，按照国务院的规定确定。

第六十七条 国有独资公司设董事会，依照本法**第四十六条、第六十六条**的规定行使职权。董事每届任期不得超过三年。董事会成员中应当有公司职工代表。

董事会成员由国有资产监督管理机构委派；但是，董事会成员中的职工代表由公司职工代表大会选举产生。

董事会设董事长一人，可以设副董事长。董事长、副董事长由国有资产监督管理机构从董事会成员中指定。

第六十八条 国有独资公司设经理，由董事会聘任或者解聘。经理依照本法**第四十九条**规定行使职权。

经国有资产监督管理机构同意，董事会成员可以兼任经理。

第六十九条 国有独资公司的董事长、副董事长、董事、高级管理人员，未经国有资产监督管理机构同意，不得在其他有限责任公司、股份有限公司或者其他经济组织兼职。

第七十条 国有独资公司监事会成员不得少于五人，其中职工代表的比例不得低于三分之一，具体比例由公司章程规定。

监事会成员由国有资产监督管理机构委派；但是，监事会成员中的职工代表由公司职工代表大会选举产生。监事会主席由国有资产监督管理机构从监事会成员中指定。

监事会行使本法**第五十三条**第（一）项至第（三）项规定的职权和国务院规定的其他职权。

第三章 有限责任公司的股权转让

第七十一条 有限责任公司的股东之间可以相互转让其全部或者部分股权。

股东向股东以外的人转让股权，应当经其他股东过半数同意。股东应就其股权转让事项书面通知其他股东征求同意，其他股东自接到书面通知之日起满三十日未答复的，视为同意转让。其他股东半数以上不同意转让的，不同意的股东应当购买该转让的股权；不购买的，视为同意转让。

经股东同意转让的股权，在同等条件下，其他股东有优先购买权。两个以上股东主张行使优先购买权的，协商确定各自的购买比例；协商不成的，按照转让时各自的出资比例行使优先购买权。

公司章程对股权转让另有规定的，从其规定。

第七十二条 人民法院依照法律规定的强制执行程序转让股东的股权时，应当通知公司及全体股东，其他股东在同等条件下有优先购买权。其他股东自人民法院通知之日起满二十日不行使优先购买权的，视为放弃优先购买权。

第七十三条 依照本法**第七十一条、第七十二条**转让股权后，公司应当注销原股东的出资证明书，向新股东签发出资证明书，并相应修改公司章程和股东名册中有关股东及其出资额的记载。对公司章程的该项修改不需再由股东会表决。

第七十四条 有下列情形之一的，对股东会该项决议投反对票的股东可以请求公司按照合理的价格收购其股权：

（一）公司连续五年不向股东分配利润，而公司该五年连续盈利，并且符合本法规定的分配利润条件的；

（二）公司合并、分立、转让主要财产的；

（三）公司章程规定的营业期限届满或者章程规定的其他解散事由出现，股东会会议通过决议修改章程使公司存续的。

自股东会会议决议通过之日起六十日内，股东与公司不能达成股权收购协议的，股东可以自股东会会议决议通过之日起九十日内向人民法院提起诉讼。

第七十五条 自然人股东死亡后，其合法继承人可以继承股东资格；但是，公司章程另有规定的除外。

第四章 股份有限公司的设立和组织机构

第一节 设 立

第七十六条 设立股份有限公司，应当具备下列条件：

（一）发起人符合法定人数；

（二）有符合公司章程规定的全体发起人认购的股本总额或者募集的实收股本总额；

（三）股份发行、筹办事项符合法律规定；

（四）发起人制订公司章程，采用募集方式设立的经创立大会通过；

（五）有公司名称，建立符合股份有限公司要求的组织机构；

（六）有公司住所。

第七十七条 股份有限公司的设立，可以采取发起设立或者募集设立的方式。

发起设立，是指由发起人认购公司应发行的全部股份而设立公司。

募集设立，是指由发起人认购公司应发行股份的一部分，其余股份向社会公开募集或者向特定对象募集而设立公司。

第七十八条 设立股份有限公司，应当有二人以上二百人以下为发起人，其中须有半数以上的发起人在中国境内有住所。

第七十九条 股份有限公司发起人承担公司筹办事务。

发起人应当签订发起人协议，明确各自在公司设立过程中的权利和义务。

第八十条 股份有限公司采取发起设立方式设立的，注册资本为在公司登记机关登记的全体发起人认购的股本总额。在发起人认购的股份缴足前，不得向他人募集股份。

股份有限公司采取募集方式设立的，注册资本为在公司登记机关登记的实收股本总额。

法律、行政法规以及国务院决定对股份有限公司注册资本实缴、注册资本最低限额另有规定的，从其规定。

第八十一条 股份有限公司章程应当载明下列事项：

（一）公司名称和住所；

（二）公司经营范围；

（三）公司设立方式；

（四）公司股份总数、每股金额和注册资本；

（五）发起人的姓名或者名称、认购的股份数、出资方式和出资时间；

（六）董事会的组成、职权和议事规则；

（七）公司法定代表人；

（八）监事会的组成、职权和议事规则；

（九）公司利润分配办法；

（十）公司的解散事由与清算办法；

（十一）公司的通知和公告办法；

（十二）股东大会会议认为需要规定的其他事项。

第八十二条 发起人的出资方式，适用本法第二十七条的规定。

第八十三条 以发起设立方式设立股份有限公司的，发起人应当书面认足公司章程规定其认购的股份；并按照公司章程规定缴纳出资。以非货币财产出资的，应当依法办理其财产权的转移手续。

发起人不依照前款规定缴纳出资的，应当按照发起人协议承担违约责任。

发起人认足公司章程规定的出资后，应当选举董事会和监事会，由董事会向公司登记机关报送公司章程以及法律、行政法规规定的其他文件，申请设立登记。

第八十四条 以募集设立方式设立股份有限公司的，发起人认购的股份不得少于公司股份总数的百分之三十五；但是，法律、行政法规另有规定的，从其规定。

第八十五条 发起人向社会公开募集股份，必须公告招股说明书，并制作认股书。认股书应当载明本法**第八十六条**所列事项，由认股人填写认购股数、金额、住所，并签名、盖章。认股人按照所认购股数缴纳股款。

第八十六条 招股说明书应当附有发起人制订的公司章程，并载明下列事项：

（一）发起人认购的股份数；

（二）每股的票面金额和发行价格；

（三）无记名股票的发行总数；

（四）募集资金的用途；

（五）认股人的权利、义务；

（六）本次募股的起止期限及逾期未募足时认股人可以撤回所认股份的说明。

第八十七条　发起人向社会公开募集股份，应当由依法设立的证券公司承销，签订承销协议。

第八十八条　发起人向社会公开募集股份，应当同银行签订代收股款协议。

代收股款的银行应当按照协议代收和保存股款，向缴纳股款的认股人出具收款单据，并负有向有关部门出具收款证明的义务。

第八十九条　发行股份的股款缴足后，必须经依法设立的验资机构验资并出具证明。发起人应当自股款缴足之日起三十日内主持召开公司创立大会。创立大会由发起人、认股人组成。

发行的股份超过招股说明书规定的截止期限尚未募足的，或者发行股份的股款缴足后，发起人在三十日内未召开创立大会的，认股人可以按照所缴股款并加算银行同期存款利息，要求发起人返还。

第九十条　发起人应当在创立大会召开十五日前将会议日期通知各认股人或者予以公告。创立大会应有代表股份总数过半数的发起人、认股人出席，方可举行。

创立大会行使下列职权：

（一）审议发起人关于公司筹办情况的报告；

（二）通过公司章程；

（三）选举董事会成员；

（四）选举监事会成员；

（五）对公司的设立费用进行审核；

（六）对发起人用于抵作股款的财产的作价进行审核；

（七）发生不可抗力或者经营条件发生重大变化直接影响公司设立的，可以作出不设立公司的决议。

创立大会对前款所列事项作出决议，必须经出席会议的认股人所持表决权过半数通过。

第九十一条　发起人、认股人缴纳股款或者交付抵作股款的出资后，除未按期募足股份、发起人未按期召开创立大会或者创立大会决议不设立公司的情形外，不得抽回其股本。

第九十二条　董事会应于创立大会结束后三十日内，向公司登记机关报送下列文件，申请设立登记：

（一）公司登记申请书；

（二）创立大会的会议记录；

（三）公司章程；

（四）验资证明；

（五）法定代表人、董事、监事的任职文件及其身份证明；

（六）发起人的法人资格证明或者自然人身份证明；

（七）公司住所证明。

以募集方式设立股份有限公司公开发行股票的，还应当向公司登记机关报送国务院证券监督管理机构的核准文件。

第九十三条 股份有限公司成立后，发起人未按照公司章程的规定缴足出资的，应当补缴；其他发起人承担连带责任。

股份有限公司成立后，发现作为设立公司出资的非货币财产的实际价额显著低于公司章程所定价额的，应当由交付该出资的发起人补足其差额；其他发起人承担连带责任。

第九十四条 股份有限公司的发起人应当承担下列责任：

（一）公司不能成立时，对设立行为所产生的债务和费用负连带责任；

（二）公司不能成立时，对认股人已缴纳的股款，负返还股款并加算银行同期存款利息的连带责任；

（三）在公司设立过程中，由于发起人的过失致使公司利益受到损害的，应当对公司承担赔偿责任。

第九十五条 有限责任公司变更为股份有限公司时，折合的实收股本总额不得高于公司净资产额。有限责任公司变更为股份有限公司，为增加资本公开发行股份时，应当依法办理。

第九十六条 股份有限公司应当将公司章程、股东名册、公司债券存根、股东大会会议记录、董事会会议记录、监事会会议记录、财务会计报告置备于本公司。

第九十七条 股东有权查阅公司章程、股东名册、公司债券存根、股东大会会议记录、董事会会议决议、监事会会议决议、财务会计报告，对公司的经营提出建议或者质询。

第二节 股东大会

第九十八条 股份有限公司股东大会由全体股东组成。股东大会是公司的权力机构，依照本法行使职权。

第九十九条 本法**第三十七条**第一款关于有限责任公司股东会职权的规定，适用于股份有限公司股东大会。

第一百条 股东大会应当每年召开一次年会。有下列情形之一的，应当在两个月内召开临时股东大会：

（一）董事人数不足本法规定人数或者公司章程所定人数的三分之二时；

（二）公司未弥补的亏损达实收股本总额三分之一时；

（三）单独或者合计持有公司百分之十以上股份的股东请求时；

（四）董事会认为必要时；

（五）监事会提议召开时；

（六）公司章程规定的其他情形。

第一百零一条 股东大会会议由董事会召集，董事长主持；董事长不能履行职务或者不履行职务的，由副董事长主持；副董事长不能履行职务或者不履行职务的，由半数以上董事共同推举一名董事主持。

董事会不能履行或者不履行召集股东大会会议职责的，监事会应当及时召集和主持；监事会不召集和主持的，连续九十日以上单独或者合计持有公司百分之十以上股份的股东可以自行召集和主持。

第一百零二条 召开股东大会会议，应当将会议召开的时间、地点和审议的事项于会议召开二十日前通知各股东；临时股东大会应当于会议召开十五日前通知各股东；发行无记名股票的，应当于会议召开三十日前公告会议召开的时间、地点和审议事项。

单独或者合计持有公司百分之三以上股份的股东，可以在股东大会召开十日前提出临时提案并书面提交董事会；董事会应当在收到提案后二日内通知其他股东，并将该临时提案提交股东大会审议。临时提案的内容应当属于股东大会职权范围，并有明确议题和具体决议事项。

股东大会不得对前两款通知中未列明的事项作出决议。

无记名股票持有人出席股东大会会议的，应当于会议召开五日前至股东大会闭会时将股票交存于公司。

第一百零三条 股东出席股东大会会议，所持每一股份有一表决权。但是，公司持有的本公司股份没有表决权。

股东大会作出决议，必须经出席会议的股东所持表决权过半数通过。但是，股东大会作出修改公司章程、增加或者减少注册资本的决议，以及公司合并、分立、解散或者变更公司形式的决议，必须经出席会议的股东所持表决权的三分之二以上通过。

第一百零四条 本法和公司章程规定公司转让、受让重大资产或者对外提供担保等事项必须经股东大会作出决议的，董事会应当及时召集股东大会会议，由股东大会就上述事项进行表决。

第一百零五条 股东大会选举董事、监事，可以依照公司章程的规定或者股东大会的决议，实行累积投票制。

本法所称累积投票制，是指股东大会选举董事或者监事时，每一股份拥有与应选董事或者监事人数相同的表决权，股东拥有的表决权可以集中使用。

第一百零六条 股东可以委托代理人出席股东大会会议，代理人应当向公司提交股东授权委托书，并在授权范围内行使表决权。

第一百零七条 股东大会应当对所议事项的决定作成会议记录，主持人、出席会议的董事应当在会议记录上签名。会议记录应当与出席股东的签名册及代理出席的委托书一并保存。

第三节　董事会、经理

第一百零八条　股份有限公司设董事会，其成员为五人至十九人。

董事会成员中可以有公司职工代表。董事会中的职工代表由公司职工通过职工代表大会、职工大会或者其他形式民主选举产生。

本法**第四十五条**关于有限责任公司董事任期的规定，适用于股份有限公司董事。

本法**第四十六条**关于有限责任公司董事会职权的规定，适用于股份有限公司董事会。

第一百零九条　董事会设董事长一人，可以设副董事长。董事长和副董事长由董事会以全体董事的过半数选举产生。

董事长召集和主持董事会会议，检查董事会决议的实施情况。副董事长协助董事长工作，董事长不能履行职务或者不履行职务的，由副董事长履行职务；副董事长不能履行职务或者不履行职务的，由半数以上董事共同推举一名董事履行职务。

第一百一十条　董事会每年度至少召开两次会议，每次会议应当于会议召开十日前通知全体董事和监事。

代表十分之一以上表决权的股东、三分之一以上董事或者监事会，可以提议召开董事会临时会议。董事长应当自接到提议后十日内，召集和主持董事会会议。

董事会召开临时会议，可以另定召集董事会的通知方式和通知时限。

第一百一十一条　董事会会议应有过半数的董事出席方可举行。董事会作出决议，必须经全体董事的过半数通过。

董事会决议的表决，实行一人一票。

第一百一十二条　董事会会议，应由董事本人出席；董事因故不能出席，可以书面委托其他董事代为出席，委托书中应载明授权范围。

董事会应当对会议所议事项的决定作成会议记录，出席会议的董事应当在会议记录上签名。

董事应当对董事会的决议承担责任。董事会的决议违反法律、行政法规或者公司章程、股东大会决议，致使公司遭受严重损失的，参与决议的董事对公司负赔偿责任。但经证明在表决时曾表明异议并记载于会议记录的，该董事可以免除责任。

第一百一十三条　股份有限公司设经理，由董事会决定聘任或者解聘。

本法**第四十九条**关于有限责任公司经理职权的规定，适用于股份有限公司经理。

第一百一十四条　公司董事会可以决定由董事会成员兼任经理。

第一百一十五条　公司不得直接或者通过子公司向董事、监事、高级管理人员提供借款。

第一百一十六条　公司应当定期向股东披露董事、监事、高级管理人员从公司获得报酬的情况。

第四节 监事会

第一百一十七条 股份有限公司设监事会，其成员不得少于三人。

监事会应当包括股东代表和适当比例的公司职工代表，其中职工代表的比例不得低于三分之一，具体比例由公司章程规定。监事会中的职工代表由公司职工通过职工代表大会、职工大会或者其他形式民主选举产生。

监事会设主席一人，可以设副主席。监事会主席和副主席由全体监事过半数选举产生。监事会主席召集和主持监事会会议；监事会主席不能履行职务或者不履行职务的，由监事会副主席召集和主持监事会会议；监事会副主席不能履行职务或者不履行职务的，由半数以上监事共同推举一名监事召集和主持监事会会议。

董事、高级管理人员不得兼任监事。

本法**第五十二条**关于有限责任公司监事任期的规定，适用于股份有限公司监事。

第一百一十八条 本法**第五十三条**、**第五十四条**关于有限责任公司监事会职权的规定，适用于股份有限公司监事会。

监事会行使职权所必需的费用，由公司承担。

第一百一十九条 监事会每六个月至少召开一次会议。监事可以提议召开临时监事会会议。

监事会的议事方式和表决程序，除本法有规定的外，由公司章程规定。

监事会决议应当经半数以上监事通过。

监事会应当对所议事项的决定作成会议记录，出席会议的监事应当在会议记录上签名。

第五节 上市公司组织机构的特别规定

第一百二十条 本法所称上市公司，是指其股票在证券交易所上市交易的股份有限公司。

第一百二十一条 上市公司在一年内购买、出售重大资产或者担保金额超过公司资产总额百分之三十的，应当由股东大会作出决议，并经出席会议的股东所持表决权的三分之二以上通过。

第一百二十二条 上市公司设立独立董事，具体办法由国务院规定。

第一百二十三条 上市公司设董事会秘书，负责公司股东大会和董事会会议的筹备、文件保管以及公司股东资料的管理，办理信息披露事务等事宜。

第一百二十四条 上市公司董事与董事会会议决议事项所涉及的企业有关联关系的，不得对该项决议行使表决权，也不得代理其他董事行使表决权。该董事会会议由过半数的无关联关系董事出席即可举行，董事会会议所作决议须经无关联关系董事过半数通过。出席董事会的无关联关系董事人数不足三人的，应将该事项提交上市公司股东大会审议。

第五章　股份有限公司的股份发行和转让

第一节　股份发行

第一百二十五条　股份有限公司的资本划分为股份，每一股的金额相等。

公司的股份采取股票的形式。股票是公司签发的证明股东所持股份的凭证。

第一百二十六条　股份的发行，实行公平、公正的原则，同种类的每一股份应当具有同等权利。

同次发行的同种类股票，每股的发行条件和价格应当相同；任何单位或者个人所认购的股份，每股应当支付相同价额。

第一百二十七条　股票发行价格可以按票面金额，也可以超过票面金额，但不得低于票面金额。

第一百二十八条　股票采用纸面形式或者国务院证券监督管理机构规定的其他形式。

股票应当载明下列主要事项：

（一）公司名称；

（二）公司成立日期；

（三）股票种类、票面金额及代表的股份数；

（四）股票的编号。

股票由法定代表人签名，公司盖章。

发起人的股票，应当标明发起人股票字样。

第一百二十九条　公司发行的股票，可以为记名股票，也可以为无记名股票。

公司向发起人、法人发行的股票，应当为记名股票，并应当记载该发起人、法人的名称或者姓名，不得另立户名或者以代表人姓名记名。

第一百三十条　公司发行记名股票的，应当置备股东名册，记载下列事项：

（一）股东的姓名或者名称及住所；

（二）各股东所持股份数；

（三）各股东所持股票的编号；

（四）各股东取得股份的日期。

发行无记名股票的，公司应当记载其股票数量、编号及发行日期。

第一百三十一条　国务院可以对公司发行本法规定以外的其他种类的股份，另行作出规定。

第一百三十二条　股份有限公司成立后，即向股东正式交付股票。公司成立前不得向股东交付股票。

第一百三十三条　公司发行新股，股东大会应当对下列事项作出决议：

（一）新股种类及数额；

（二）新股发行价格；

（三）新股发行的起止日期；

（四）向原有股东发行新股的种类及数额。

第一百三十四条 公司经国务院证券监督管理机构核准公开发行新股时，必须公告新股招股说明书和财务会计报告，并制作认股书。

本法**第八十七条**、**第八十八条**的规定适用于公司公开发行新股。

第一百三十五条 公司发行新股，可以根据公司经营情况和财务状况，确定其作价方案。

第一百三十六条 公司发行新股募足股款后，必须向公司登记机关办理变更登记，并公告。

第二节 股份转让

第一百三十七条 股东持有的股份可以依法转让。

第一百三十八条 股东转让其股份，应当在依法设立的证券交易场所进行或者按照国务院规定的其他方式进行。

第一百三十九条 记名股票，由股东以背书方式或者法律、行政法规规定的其他方式转让；转让后由公司将受让人的姓名或者名称及住所记载于股东名册。

股东大会召开前二十日内或者公司决定分配股利的基准日前五日内，不得进行前款规定的股东名册的变更登记。但是，法律对上市公司股东名册变更登记另有规定的，从其规定。

第一百四十条 无记名股票的转让，由股东将该股票交付给受让人后即发生转让的效力。

第一百四十一条 发起人持有的本公司股份，自公司成立之日起一年内不得转让。公司公开发行股份前已发行的股份，自公司股票在证券交易所上市交易之日起一年内不得转让。

公司董事、监事、高级管理人员应当向公司申报所持有的本公司的股份及其变动情况，在任职期间每年转让的股份不得超过其所持有本公司股份总数的百分之二十五；所持本公司股份自公司股票上市交易之日起一年内不得转让。上述人员离职后半年内，不得转让其所持有的本公司股份。公司章程可以对公司董事、监事、高级管理人员转让其所持有的本公司股份作出其他限制性规定。

第一百四十二条 公司不得收购本公司股份。但是，有下列情形之一的除外：

（一）减少公司注册资本；

（二）与持有本公司股份的其他公司合并；

（三）将股份用于员工持股计划或者股权激励；

（四）股东因对股东大会作出的公司合并、分立决议持异议，要求公司收购其股份；

（五）将股份用于转换上市公司发行的可转换为股票的公司债券；

（六）上市公司为维护公司价值及股东权益所必需。

公司因前款第（一）项、第（二）项规定的情形收购本公司股份的，应当经股东大会决议；公司因前款第（三）项、第（五）项、第（六）项规定的情形收购本公司股份的，可以依照公司章程的规定或者股东大会的授权，经三分之二以上董事出席的董事会会议决议。

公司依照本条第一款规定收购本公司股份后，属于第（一）项情形的，应当自收购之日起十日内注销；属于第（二）项、第（四）项情形的，应当在六个月内转让或者注销；属于第（三）项、第（五）项、第（六）项情形的，公司合计持有的本公司股份数不得超过本公司已发行股份总额的百分之十，并应当在三年内转让或者注销。上市公司收购本公司股份的，应当依照《中华人民共和国证券法》的规定履行信息披露义务。上市公司因本条第一款第（三）项、第（五）项、第（六）项规定的情形收购本公司股份的，应当通过公开的集中交易方式进行。

公司不得接受本公司的股票作为质押权的标的。

第一百四十三条 记名股票被盗、遗失或者灭失，股东可以依照《中华人民共和国民事诉讼法》规定的公示催告程序，请求人民法院宣告该股票失效。人民法院宣告该股票失效后，股东可以向公司申请补发股票。

第一百四十四条 上市公司的股票，依照有关法律、行政法规及证券交易所交易规则上市交易。

第一百四十五条 上市公司必须依照法律、行政法规的规定，公开其财务状况、经营情况及重大诉讼，在每会计年度内半年公布一次财务会计报告。

第六章 公司董事、监事、高级管理人员的资格和义务

第一百四十六条 有下列情形之一的，不得担任公司的董事、监事、高级管理人员：

（一）无民事行为能力或者限制民事行为能力；

（二）因贪污、贿赂、侵占财产、挪用财产或者破坏社会主义市场经济秩序，被判处刑罚，执行期满未逾五年，或者因犯罪被剥夺政治权利，执行期满未逾五年；

（三）担任破产清算的公司、企业的董事或者厂长、经理，对该公司、企业的破产负有个人责任的，自该公司、企业破产清算完结之日起未逾三年；

（四）担任因违法被吊销营业执照、责令关闭的公司、企业的法定代表人，并负有个人责任的，自该公司、企业被吊销营业执照之日起未逾三年；

（五）个人所负数额较大的债务到期未清偿。

公司违反前款规定选举、委派董事、监事或者聘任高级管理人员的，该选举、委派或者

聘任无效。

董事、监事、高级管理人员在任职期间出现本条第一款所列情形的，公司应当解除其职务。

第一百四十七条 董事、监事、高级管理人员应当遵守法律、行政法规和公司章程，对公司负有忠实义务和勤勉义务。

董事、监事、高级管理人员不得利用职权收受贿赂或者其他非法收入，不得侵占公司的财产。

第一百四十八条 董事、高级管理人员不得有下列行为：

（一）挪用公司资金；

（二）将公司资金以其个人名义或者以其他个人名义开立账户存储；

（三）违反公司章程的规定，未经股东会、股东大会或者董事会同意，将公司资金借贷给他人或者以公司财产为他人提供担保；

（四）违反公司章程的规定或者未经股东会、股东大会同意，与本公司订立合同或者进行交易；

（五）未经股东会或者股东大会同意，利用职务便利为自己或者他人谋取属于公司的商业机会，自营或者为他人经营与所任职公司同类的业务；

（六）接受他人与公司交易的佣金归为己有；

（七）擅自披露公司秘密；

（八）违反对公司忠实义务的其他行为。

董事、高级管理人员违反前款规定所得的收入应当归公司所有。

第一百四十九条 董事、监事、高级管理人员执行公司职务时违反法律、行政法规或者公司章程的规定，给公司造成损失的，应当承担赔偿责任。

第一百五十条 股东会或者股东大会要求董事、监事、高级管理人员列席会议的，董事、监事、高级管理人员应当列席并接受股东的质询。

董事、高级管理人员应当如实向监事会或者不设监事会的有限责任公司的监事提供有关情况和资料，不得妨碍监事会或者监事行使职权。

第一百五十一条 董事、高级管理人员有本法**第一百四十九条**规定的情形的，有限责任公司的股东、股份有限公司连续一百八十日以上单独或者合计持有公司百分之一以上股份的股东，可以书面请求监事会或者不设监事会的有限责任公司的监事向人民法院提起诉讼；监事有本法**第一百四十九条**规定的情形的，前述股东可以书面请求董事会或者不设董事会的有限责任公司的执行董事向人民法院提起诉讼。

监事会、不设监事会的有限责任公司的监事，或者董事会、执行董事收到前款规定的股东书面请求后拒绝提起诉讼，或者自收到请求之日起三十日内未提起诉讼，或者情况紧急、不立即提起诉讼将会使公司利益受到难以弥补的损害的，前款规定的股东有权为了公司的利益以自己的名义直接向人民法院提起诉讼。

他人侵犯公司合法权益，给公司造成损失的，本条第一款规定的股东可以依照前两款的规定向人民法院提起诉讼。

第一百五十二条 董事、高级管理人员违反法律、行政法规或者公司章程的规定，损害股东利益的，股东可以向人民法院提起诉讼。

第七章 公司债券

第一百五十三条 本法所称公司债券，是指公司依照法定程序发行、约定在一定期限还本付息的有价证券。

公司发行公司债券应当符合《中华人民共和国证券法》规定的发行条件。

第一百五十四条 发行公司债券的申请经国务院授权的部门核准后，应当公告公司债券募集办法。

公司债券募集办法中应当载明下列主要事项：

（一）公司名称；

（二）债券募集资金的用途；

（三）债券总额和债券的票面金额；

（四）债券利率的确定方式；

（五）还本付息的期限和方式；

（六）债券担保情况；

（七）债券的发行价格、发行的起止日期；

（八）公司净资产额；

（九）已发行的尚未到期的公司债券总额；

（十）公司债券的承销机构。

第一百五十五条 公司以实物券方式发行公司债券的，必须在债券上载明公司名称、债券票面金额、利率、偿还期限等事项，并由法定代表人签名，公司盖章。

第一百五十六条 公司债券，可以为记名债券，也可以为无记名债券。

第一百五十七条 公司发行公司债券应当置备公司债券存根簿。

发行记名公司债券的，应当在公司债券存根簿上载明下列事项：

（一）债券持有人的姓名或者名称及住所；

（二）债券持有人取得债券的日期及债券的编号；

（三）债券总额，债券的票面金额、利率、还本付息的期限和方式；

（四）债券的发行日期。

发行无记名公司债券的，应当在公司债券存根簿上载明债券总额、利率、偿还期限和方式、发行日期及债券的编号。

第一百五十八条 记名公司债券的登记结算机构应当建立债券登记、存管、付息、兑付等相关制度。

第一百五十九条 公司债券可以转让，转让价格由转让人与受让人约定。

公司债券在证券交易所上市交易的，按照证券交易所的交易规则转让。

第一百六十条 记名公司债券，由债券持有人以背书方式或者法律、行政法规规定的其他方式转让；转让后由公司将受让人的姓名或者名称及住所记载于公司债券存根簿。

无记名公司债券的转让，由债券持有人将该债券交付给受让人后即发生转让的效力。

第一百六十一条 上市公司经股东大会决议可以发行可转换为股票的公司债券，并在公司债券募集办法中规定具体的转换办法。上市公司发行可转换为股票的公司债券，应当报国务院证券监督管理机构核准。

发行可转换为股票的公司债券，应当在债券上标明可转换公司债券字样，并在公司债券存根簿上载明可转换公司债券的数额。

第一百六十二条 发行可转换为股票的公司债券的，公司应当按照其转换办法向债券持有人换发股票，但债券持有人对转换股票或者不转换股票有选择权。

第八章 公司财务、会计

第一百六十三条 公司应当依照法律、行政法规和国务院财政部门的规定建立本公司的财务、会计制度。

第一百六十四条 公司应当在每一会计年度终了时编制财务会计报告，并依法经会计师事务所审计。

财务会计报告应当依照法律、行政法规和国务院财政部门的规定制作。

第一百六十五条 有限责任公司应当依照公司章程规定的期限将财务会计报告送交各股东。

股份有限公司的财务会计报告应当在召开股东大会年会的二十日前置备于本公司，供股东查阅；公开发行股票的股份有限公司必须公告其财务会计报告。

第一百六十六条 公司分配当年税后利润时，应当提取利润的百分之十列入公司法定公积金。公司法定公积金累计额为公司注册资本的百分之五十以上的，可以不再提取。

公司的法定公积金不足以弥补以前年度亏损的，在依照前款规定提取法定公积金之前，应当先用当年利润弥补亏损。

公司从税后利润中提取法定公积金后，经股东会或者股东大会决议，还可以从税后利润中提取任意公积金。

公司弥补亏损和提取公积金后所余税后利润，有限责任公司依照本法**第三十四条**的规定分配；股份有限公司按照股东持有的股份比例分配，但股份有限公司章程规定不按持股比例分配的除外。

股东会、股东大会或者董事会违反前款规定，在公司弥补亏损和提取法定公积金之前向股东分配利润的，股东必须将违反规定分配的利润退还公司。

公司持有的本公司股份不得分配利润。

第一百六十七条 股份有限公司以超过股票票面金额的发行价格发行股份所得的溢价款以及国务院财政部门规定列入资本公积金的其他收入，应当列为公司资本公积金。

第一百六十八条 公司的公积金用于弥补公司的亏损、扩大公司生产经营或者转为增加公司资本。但是，资本公积金不得用于弥补公司的亏损。

法定公积金转为资本时，所留存的该项公积金不得少于转增前公司注册资本的百分之二十五。

第一百六十九条 公司聘用、解聘承办公司审计业务的会计师事务所，依照公司章程的规定，由股东会、股东大会或者董事会决定。

公司股东会、股东大会或者董事会就解聘会计师事务所进行表决时，应当允许会计师事务所陈述意见。

第一百七十条 公司应当向聘用的会计师事务所提供真实、完整的会计凭证、会计账簿、财务会计报告及其他会计资料，不得拒绝、隐匿、谎报。

第一百七十一条 公司除法定的会计账簿外，不得另立会计账簿。

对公司资产，不得以任何个人名义开立账户存储。

第九章 公司合并、分立、增资、减资

第一百七十二条 公司合并可以采取吸收合并或者新设合并。

一个公司吸收其他公司为吸收合并，被吸收的公司解散。两个以上公司合并设立一个新的公司为新设合并，合并各方解散。

第一百七十三条 公司合并，应当由合并各方签订合并协议，并编制资产负债表及财产清单。公司应当自作出合并决议之日起十日内通知债权人，并于三十日内在报纸上公告。债权人自接到通知书之日起三十日内，未接到通知书的自公告之日起四十五日内，可以要求公司清偿债务或者提供相应的担保。

第一百七十四条 公司合并时，合并各方的债权、债务，应当由合并后存续的公司或者新设的公司承继。

第一百七十五条 公司分立，其财产作相应的分割。

公司分立，应当编制资产负债表及财产清单。公司应当自作出分立决议之日起十日内通知债权人，并于三十日内在报纸上公告。

第一百七十六条 公司分立前的债务由分立后的公司承担连带责任。但是，公司在分立前与债权人就债务清偿达成的书面协议另有约定的除外。

第一百七十七条 公司需要减少注册资本时，必须编制资产负债表及财产清单。

公司应当自作出减少注册资本决议之日起十日内通知债权人，并于三十日内在报纸上公告。债权人自接到通知书之日起三十日内，未接到通知书的自公告之日起四十五日内，有权要求公司清偿债务或者提供相应的担保。

第一百七十八条 有限责任公司增加注册资本时，股东认缴新增资本的出资，依照本法设立有限责任公司缴纳出资的有关规定执行。

股份有限公司为增加注册资本发行新股时，股东认购新股，依照本法设立股份有限公司缴纳股款的有关规定执行。

第一百七十九条 公司合并或者分立，登记事项发生变更的，应当依法向公司登记机关办理变更登记；公司解散的，应当依法办理公司注销登记；设立新公司的，应当依法办理公司设立登记。

公司增加或者减少注册资本，应当依法向公司登记机关办理变更登记。

第十章　公司解散和清算

第一百八十条 公司因下列原因解散：

（一）公司章程规定的营业期限届满或者公司章程规定的其他解散事由出现；

（二）股东会或者股东大会决议解散；

（三）因公司合并或者分立需要解散；

（四）依法被吊销营业执照、责令关闭或者被撤销；

（五）人民法院依照本法第一百八十三条的规定予以解散。

第一百八十一条 公司有本法**第一百八十条**第（一）项情形的，可以通过修改公司章程而存续。

依照前款规定修改公司章程，有限责任公司须经持有三分之二以上表决权的股东通过，股份有限公司须经出席股东大会会议的股东所持表决权的三分之二以上通过。

第一百八十二条 公司经营管理发生严重困难，继续存续会使股东利益受到重大损失，通过其他途径不能解决的，持有公司全部股东表决权百分之十以上的股东，可以请求人民法院解散公司。

第一百八十三条 公司因本法**第一百八十条**第（一）项、第（二）项、第（四）项、第（五）项规定而解散的，应当在解散事由出现之日起十五日内成立清算组，开始清算。有限责任公司的清算组由股东组成，股份有限公司的清算组由董事或者股东大会确定的人员组成。逾期不成立清算组进行清算的，债权人可以申请人民法院指定有关人员组成清算组进行清算。人民法院应当受理该申请，并及时组织清算组进行清算。

第一百八十四条 清算组在清算期间行使下列职权：

（一）清理公司财产，分别编制资产负债表和财产清单；

（二）通知、公告债权人；

（三）处理与清算有关的公司未了结的业务；

（四）清缴所欠税款以及清算过程中产生的税款；

（五）清理债权、债务；

（六）处理公司清偿债务后的剩余财产；

（七）代表公司参与民事诉讼活动。

第一百八十五条 清算组应当自成立之日起十日内通知债权人，并于六十日内在报纸上公告。债权人应当自接到通知书之日起三十日内，未接到通知书的自公告之日起四十五日内，向清算组申报其债权。

债权人申报债权，应当说明债权的有关事项，并提供证明材料。清算组应当对债权进行登记。

在申报债权期间，清算组不得对债权人进行清偿。

第一百八十六条 清算组在清理公司财产、编制资产负债表和财产清单后，应当制定清算方案，并报股东会、股东大会或者人民法院确认。

公司财产在分别支付清算费用、职工的工资、社会保险费用和法定补偿金，缴纳所欠税款，清偿公司债务后的剩余财产，有限责任公司按照股东的出资比例分配，股份有限公司按照股东持有的股份比例分配。

清算期间，公司存续，但不得开展与清算无关的经营活动。公司财产在未依照前款规定清偿前，不得分配给股东。

第一百八十七条 清算组在清理公司财产、编制资产负债表和财产清单后，发现公司财产不足清偿债务的，应当依法向人民法院申请宣告破产。

公司经人民法院裁定宣告破产后，清算组应当将清算事务移交给人民法院。

第一百八十八条 公司清算结束后，清算组应当制作清算报告，报股东会、股东大会或者人民法院确认，并报送公司登记机关，申请注销公司登记，公告公司终止。

第一百八十九条 清算组成员应当忠于职守，依法履行清算义务。

清算组成员不得利用职权收受贿赂或者其他非法收入，不得侵占公司财产。

清算组成员因故意或者重大过失给公司或者债权人造成损失的，应当承担赔偿责任。

第一百九十条 公司被依法宣告破产的，依照有关企业破产的法律实施破产清算。

第十一章 外国公司的分支机构

第一百九十一条 本法所称外国公司是指依照外国法律在中国境外设立的公司。

第一百九十二条 外国公司在中国境内设立分支机构，必须向中国主管机关提出申请，并提交其公司章程、所属国的公司登记证书等有关文件，经批准后，向公司登记机关依法办理登记，领取营业执照。

外国公司分支机构的审批办法由国务院另行规定。

第一百九十三条 外国公司在中国境内设立分支机构，必须在中国境内指定负责该分支机构的代表人或者代理人，并向该分支机构拨付与其所从事的经营活动相适应的资金。

对外国公司分支机构的经营资金需要规定最低限额的，由国务院另行规定。

第一百九十四条 外国公司的分支机构应当在其名称中标明该外国公司的国籍及责任形式。

外国公司的分支机构应当在本机构中置备该外国公司章程。

第一百九十五条 外国公司在中国境内设立的分支机构不具有中国法人资格。

外国公司对其分支机构在中国境内进行经营活动承担民事责任。

第一百九十六条 经批准设立的外国公司分支机构，在中国境内从事业务活动，必须遵守中国的法律，不得损害中国的社会公共利益，其合法权益受中国法律保护。

第一百九十七条 外国公司撤销其在中国境内的分支机构时，必须依法清偿债务，依照本法有关公司清算程序的规定进行清算。未清偿债务之前，不得将其分支机构的财产移至中国境外。

第十二章　法律责任

第一百九十八条 违反本法规定，虚报注册资本、提交虚假材料或者采取其他欺诈手段隐瞒重要事实取得公司登记的，由公司登记机关责令改正，对虚报注册资本的公司，处以虚报注册资本金额百分之五以上百分之十五以下的罚款；对提交虚假材料或者采取其他欺诈手段隐瞒重要事实的公司，处以五万元以上五十万元以下的罚款；情节严重的，撤销公司登记或者吊销营业执照。

第一百九十九条 公司的发起人、股东虚假出资，未交付或者未按期交付作为出资的货币或者非货币财产的，由公司登记机关责令改正，处以虚假出资金额百分之五以上百分之十五以下的罚款。

第二百条 公司的发起人、股东在公司成立后，抽逃其出资的，由公司登记机关责令改正，处以所抽逃出资金额百分之五以上百分之十五以下的罚款。

第二百零一条 公司违反本法规定，在法定的会计账簿以外另立会计账簿的，由县级以上人民政府财政部门责令改正，处以五万元以上五十万元以下的罚款。

第二百零二条 公司在依法向有关主管部门提供的财务会计报告等材料上作虚假记载或者隐瞒重要事实的，由有关主管部门对直接负责的主管人员和其他直接责任人员处以三万元以上三十万元以下的罚款。

第二百零三条 公司不依照本法规定提取法定公积金的，由县级以上人民政府财政部门责令如数补足应当提取的金额，可以对公司处以二十万元以下的罚款。

第二百零四条 公司在合并、分立、减少注册资本或者进行清算时，不依照本法规定通知或者公告债权人的，由公司登记机关责令改正，对公司处以一万元以上十万元以下的罚款。

公司在进行清算时，隐匿财产，对资产负债表或者财产清单作虚假记载或者在未清偿债务前分配公司财产的，由公司登记机关责令改正，对公司处以隐匿财产或者未清偿债务前分配公司财产金额百分之五以上百分之十以下的罚款；对直接负责的主管人员和其他直接责任人员处以一万元以上十万元以下的罚款。

第二百零五条 公司在清算期间开展与清算无关的经营活动的，由公司登记机关予以警告，没收违法所得。

第二百零六条 清算组不依照本法规定向公司登记机关报送清算报告，或者报送清算报告隐瞒重要事实或者有重大遗漏的，由公司登记机关责令改正。

清算组成员利用职权徇私舞弊、谋取非法收入或者侵占公司财产的，由公司登记机关责令退还公司财产，没收违法所得，并可以处以违法所得一倍以上五倍以下的罚款。

第二百零七条 承担资产评估、验资或者验证的机构提供虚假材料的，由公司登记机关没收违法所得，处以违法所得一倍以上五倍以下的罚款，并可以由有关主管部门依法责令该机构停业、吊销直接责任人员的资格证书，吊销营业执照。

承担资产评估、验资或者验证的机构因过失提供有重大遗漏的报告的，由公司登记机关责令改正，情节较重的，处以所得收入一倍以上五倍以下的罚款，并可以由有关主管部门依法责令该机构停业、吊销直接责任人员的资格证书，吊销营业执照。

承担资产评估、验资或者验证的机构因其出具的评估结果、验资或者验证证明不实，给公司债权人造成损失的，除能够证明自己没有过错的外，在其评估或者证明不实的金额范围内承担赔偿责任。

第二百零八条 公司登记机关对不符合本法规定条件的登记申请予以登记，或者对符合本法规定条件的登记申请不予登记的，对直接负责的主管人员和其他直接责任人员，依法给予行政处分。

第二百零九条 公司登记机关的上级部门强令公司登记机关对不符合本法规定条件的登记申请予以登记，或者对符合本法规定条件的登记申请不予登记的，或者对违法登记进行包庇的，对直接负责的主管人员和其他直接责任人员依法给予行政处分。

第二百一十条 未依法登记为有限责任公司或者股份有限公司，而冒用有限责任公司或者股份有限公司名义的，或者未依法登记为有限责任公司或者股份有限公司的分公司，而冒用有限责任公司或者股份有限公司的分公司名义的，由公司登记机关责令改正或者予以取缔，可以并处十万元以下的罚款。

第二百一十一条 公司成立后无正当理由超过六个月未开业的，或者开业后自行停业连续六个月以上的，可以由公司登记机关吊销营业执照。

公司登记事项发生变更时，未依照本法规定办理有关变更登记的，由公司登记机关责令限期登记；逾期不登记的，处以一万元以上十万元以下的罚款。

第二百一十二条 外国公司违反本法规定，擅自在中国境内设立分支机构的，由公司登记机关责令改正或者关闭，可以并处五万元以上二十万元以下的罚款。

第二百一十三条 利用公司名义从事危害国家安全、社会公共利益的严重违法行为的，吊销营业执照。

第二百一十四条 公司违反本法规定，应当承担民事赔偿责任和缴纳罚款、罚金的，其财产不足以支付时，先承担民事赔偿责任。

第二百一十五条 违反本法规定，构成犯罪的，依法追究刑事责任。

第十三章 附 则

第二百一十六条 本法下列用语的含义：

（一）高级管理人员，是指公司的经理、副经理、财务负责人，上市公司董事会秘书和公司章程规定的其他人员。

（二）控股股东，是指其出资额占有限责任公司资本总额百分之五十以上或者其持有的股份占股份有限公司股本总额百分之五十以上的股东；出资额或者持有股份的比例虽然不足百分之五十，但依其出资额或者持有的股份所享有的表决权已足以对股东会、股东大会的决议产生重大影响的股东。

（三）实际控制人，是指虽不是公司的股东，但通过投资关系、协议或者其他安排，能够实际支配公司行为的人。

（四）关联关系，是指公司控股股东、实际控制人、董事、监事、高级管理人员与其直接或者间接控制的企业之间的关系，以及可能导致公司利益转移的其他关系。但是，国家控股的企业之间不仅因为同受国家控股而具有关联关系。

第二百一十七条 外商投资的有限责任公司和股份有限公司适用本法；有关外商投资的法律另有规定的，适用其规定。

第二百一十八条 本法自2014年3月1日起施行。

参 考 文 献

[1] 王保树.商事法论集(2012总第21卷)[M].北京：法律出版社，2012.

[2] 史际春.国有企业法论[M].北京：中国法制出版社，2001.

[3] 江平，赵旭东.法人制度论[M].北京：中国政法大学出版社，1998.

[4] 孔祥俊.公司法要论[M].北京：人民法院出版社，1997.

[5] 毛亚敏.公司法比较研究[M].北京：中国法制出版社，2001.

[6] 朱慈蕴.公司法人格否认法理研究[M].北京：法律出版社，1998.

[7] 吴敬琏.现代公司与企业改革[M].天津：天津人民出版社，1994.

[8] 何美欢.公众公司及其股权证券[M].北京：北京大学出版社，1999.

[9] 张开平.英美公司董事法律制度研究[M].北京：法律出版社，1997.

[10] 巴泽尔 Y.产权的经济分析[M].费方域，段毅才，译.上海：上海三联书店，上海人民出版社，1997.

[11] 科斯 R H，阿尔钦 A，诺斯 D.财产权利与制度变迁[M].刘守英，译.上海：上海三联书店，上海人民出版社，1994.

[12] 《法学研究》编辑部.新中国民法学研究综述[M].北京：中国社会科学出版社，1990.

[13] 江平，方流芳.新编公司法教程[M].北京：法律出版社，1994.

[14] 罗伯特·霍恩，海因·科茨.德国民商法导论[M].楚建，译.北京：中国大百科全书出版社，1996.

[15] 彼德罗·彭梵得.罗马法教科书[M].黄风，译.北京：中国政法大学出版社，1992.

[16] 戴维·M.沃克.牛津法律大辞典[M].北京：光明日报出版社，1988.

[17] 周小明.信托制度比较法研究[M].北京：法律出版社，1996.

[18] 刘俊海.股份有限公司股东权的保护[M].北京：法律出版社，1997.

[19] 石少侠.公司法教程(修订本)[M].北京：中国政法大学出版社，1999.

[20] 傅穹.重思公司资本制原理[M].北京：法律出版社，2004.

[21] 虞政平.股东有限责任[M].北京：法律出版社，2001.

[22] 王文钦.公司治理结构之研究[M].北京：中国人民大学出版社，2005.

[23] 施天涛.公司法论[M].北京：法律出版社，2005.

[24] 柯芳枝.公司法论[M].北京：中国政法大学出版社，2004.

[25] 甘培忠.企业与公司法学[M].北京：北京大学出版社，2004.

[26] 史际春，温烨，邓峰.企业和公司法[M].北京：中国人民大学出版社，2001.

[27] 谢朝斌.独立董事法律制度研究[M].北京：法律出版社，2004.

[28] 布莱恩·R.柴芬斯.公司法：理论、结构和运作[M].林华伟，魏旻，译.北京：法律出版社，2001.

[29] 梁上上.论股东表决权：以公司控制权争夺为中心展开[M].北京：法律出版社，2005.

[30] 王保树.日本公司法现代化的发展动向[M].于敏，译.北京：社会科学文献出版社，2004.

[31] 罗伯特·W.汉密尔顿.公司法概要[M].李存捧，译.北京：中国社会科学出版社，1999.

[32] 弗兰克·伊斯特布鲁克，丹尼尔·费希尔.公司法的经济结构[M].张建伟，罗培新，译.北京：北京大学出版社，2005.

[33] 王文杰.月旦民商法研究：公司法发展之走向[M].北京：清华大学出版社，2004.

[34] 顾功耘.公司法律评论：2002 年卷[M].上海：上海人民出版社，2002.

[35] 顾功耘.公司法律评论：2003 年卷[M].上海：上海人民出版社，2003.

[36] 蒋大兴.公司法律报告：第 1 卷[M].北京：中信出版社，2003.

[37] 卞耀武.当代外国公司法[M].北京：法律出版社，1995.

[38] 韩国商法[M].吴日焕，译.北京：中国政法大学出版社，1999.

[39] 日本商法典[M].殷建平，王书江，译.北京：中国法制出版社，2000.

[40] 吴建斌.现代日本商法研究[M].北京：人民出版社，2003.

[41] 米也天.澳门民商法[M].北京：中国政法大学出版社，1996.

[42] 中国政法大学澳门研究中心，澳门政府法律翻译办公室.澳门商法典[M].北京：中国政法大学出版社，1999.

[43] 曹顺明.股份有限公司董事损害赔偿责任研究[M].北京：中国法制出版社，2005.

[44] 意大利民法典[M].费安玲，丁玫，张宓，译.北京：中国政法大学出版社，2004.

[45] 李哲松.韩国公司法[M].吴日焕，译.北京：中国政法大学出版社，1999.